金融开放创新与风险监管：
上海国际金融中心能级提升专题研究

FINANCIAL OPENNESS INNOVATION AND RISK SUPERVISION:
STUDIES ON UPGRADING SHANGHAI INTERNATIONAL
FINANCIAL CENTER

刘功润 龙玉◎等著

中国金融出版社

责任编辑：孙　柏　王　强
责任校对：李俊英
责任印制：丁淮宾

图书在版编目（CIP）数据

金融开放创新与风险监管：上海国际金融中心能级提升专题研究／
刘功润等著 . —— 北京：中国金融出版社，2024. 11. —— （中欧陆家嘴
智库丛书）. —— ISBN 978 - 7 - 5220 - 2609 - 1

Ⅰ. F832. 0；F832. 1

中国国家版本馆 CIP 数据核字第 2024E9Z097 号

金融开放创新与风险监管：上海国际金融中心能级提升专题研究

JINRONG KAIFANG CHUANGXIN YU FENGXIAN JIANGUAN：

SHANGHAI GUOJI JINRONG ZHONGXIN NENGJI TISHENG ZHUANTI YANJIU

出版
发行　**中国金融出版社**

社址　北京市丰台区益泽路 2 号
市场开发部　（010）66024766，63805472，63439533（传真）
网 上 书 店　www. cfph. cn
　　　　　　（010）66024766，63372837（传真）
读者服务部　（010）66070833，62568380
邮编　100071
经销　新华书店
印刷　涿州市般润文化传播有限公司
尺寸　185 毫米 ×260 毫米
印张　12. 5
字数　225 千
版次　2024 年 11 月第 1 版
印次　2024 年 11 月第 1 次印刷
定价　66. 00 元
ISBN 978 - 7 - 5220 - 2609 - 1
如出现印装错误本社负责调换　联系电话（010）63263947

编委会

主　编　姜建清　汪　泓

顾　问　朱晓明　杜道明　濮方可　张维炯
　　　　王　高　忻　榕　马　磊　芮博澜

副主编　盛松成　赵欣舸　刘功润

编　委（按姓氏笔画排序）
　　　　于卫国　龙　玉　田伟杰　孙　丹
　　　　李雪静　陈　玺　蒋雪云　裘　菊

总　序

2024 年适逢中欧国际工商学院（以下简称中欧）校庆 30 周年。作为中国唯一一所由中外政府联合创建的商学院，中欧历经 30 年砥砺奋进、不懈创新，已经从西方经典管理理论的引进者、阐释者，逐渐成长为全球化时代中国管理知识的创造者、传播者，不仅建成了一所亚洲顶尖、全球一流的商学院，也构筑了中国和欧洲乃至世界经济文化交流的平台，被中国和欧盟的领导人分别赞誉为"众多优秀管理人士的摇篮"和"欧中成功合作的典范"。

30 年来，中欧秉承"教研并举、学术和实践并重"的导向，在学术研究上持续创新突破，开创了"学术研究 + 实境研究"双轮驱动模式，持续提升"2 + 4 + X"①跨学科研究领域和重点前沿领域的学术实力，构建产学研融合发展新生态。中欧将"构建学术高峰"确立为八大战略之一，打造跨学科研究高地，广泛提升学术影响力。

为更好服务于上海国际金融中心建设国家战略，推动中欧成为建设上海国际金融中心的"人才库"和"思想库"，在上海市人民政府的大力支持下，中欧与上海陆家嘴（集团）有限公司于 2007 年 10 月共同发起创办中欧陆家嘴国际金融研究院（以下简称研究院）。研究院的创办与发展，恰是中欧高端智库建设的一个缩影。研究院定位为开放、国际化的学术交流平台，依托上海作为国际金融中心的有利条件，积极研讨新发展格局下金融开放与服务业发展的机遇和路径，致力于为金融机构、金融监管部门及广大金融投资者、消费者提供一流的研究、咨询和培训服务，成为建设上海国际金融中心和推动金融机构、企业实施"走出

---

① 2021 年，中欧院长汪泓提出打造"2 + 4 + X"跨学科研究高地的目标，致力于成为解读全球环境下中国商业问题的权威。"2"指案例中心和陆家嘴国际金融研究院；"4"指四大跨学科研究领域：中国与世界，环境、社会和治理（ESG），人工智能（AI）与企业管理，以及卓越服务；"X"代表研究中心、研究院和其他重要研究领域。

去"战略的智囊团。

研究院与时偕行的 17 年，正值上海金融深化开放和蓬勃发展的重要时期：上海的金融机构从单一转向多元，金融资源配置从国内走向国际，金融改革创新从单点突破迈向系统集成。在夯实国内金融中心地位的基础上，上海已基本建成具有全球影响力的国际金融中心。

作为以服务国家金融发展战略为核心目标的智库机构，研究院始终牢记初心使命，持续躬耕前行，取得了可圈可点的阶段性成果：累计立项承接 160 多项上海金融重点委托课题，协助筹备数届"陆家嘴论坛"并举办 160 多期"中欧陆家嘴金融家沙龙"，提交决策咨询专报 200 多份，出版数十部学术报告和专著，在各大主流媒体刊发数百篇经济金融热点解读文章。

研究院始终紧扣时代脉搏，跟踪研究全球金融市场和上海金融发展前沿问题。近年来，伴随"一带一路"倡议的提出和上海国际金融中心建设迈向更高能级，研究院在传承的基础上赓续前行：2017 年设立"中东欧经济研究所"，2021年研制发布"全球资管中心评价指数"，2022 年发起成立"中欧陆家嘴金融 50 人论坛"……眼前呈现的这套中欧陆家嘴智库丛书，亦是研究院 2024 年一次别有意义的创新"试验"。从策划选题到交出书稿，大家在各项日常研究工作不打折、不走样的前提下，自我驱动，不到半年时间交出了不错的答卷。

一片冰心在玉壶。这套丛书，献给中欧 30 岁的美好年华，也献给上海国际金融中心建设的奋进时代。

前　　言

随着金融市场双向开放持续深入，叠加全球经济金融环境的快速变化，统筹金融开放与安全变得尤为紧要。党的二十大报告提出"建设更高水平开放型经济新体制"，2023年中央金融工作会议进一步明确"要着力推进金融高水平开放，确保国家金融和经济安全"。

当前，上海已实现高标准基本建成国际金融中心，确立了以人民币产品为主导、具有较强金融资源配置能力的全球性金融市场地位，特别是在《上海国际金融中心建设"十四五"规划》明确提出"两中心、两枢纽、两高地"建设的目标指引下，上海从加快金融改革创新、提升金融市场功能、健全金融机构体系、聚焦国家发展战略、扩大金融开放合作、优化金融发展环境等多个方面发力，持续推进更高水平的金融服务业对外开放与发展。与此同时，推进金融高水平开放创新发展，离不开金融市场规则、管理、标准等制度型开放，同时需要与之相匹配的金融风险管理能力，以有效应对金融深度开放中伴生的金融风险。

金融开放创新与风险监管，无疑是上海国际金融中心能级提升的关键领域。近年来，中欧陆家嘴国际金融研究院研究团队持续关注后2022时代的上海国际金融中心"升级版"建设，并就金融开放创新与风险监管议题形成了系列研究成果。管中窥豹，见微知著。

本书分上、下两辑，共收录了11篇专题研究报告。上辑以金融开放创新为主题，梳理离岸金融、资本项目可兑换、碳金融发展等金融开放创新实践的国际经验及发展趋势，并以之为参照，就建设临港创新实践区及上海国际金融中心能级提升路径研究提出政策建议。《离岸金融发展的国际经验及对上海离岸人民币市场建设的启示》认为，离岸金融市场在"岸"的界定方面并不完全与国境等同，上海人民币离岸市场需要深入思考"离岸"的"制度属性"；《临港建设离岸金融创新实践区路径研究》提出，临港建设"离岸金融创新实践区"是完善上海国际金融中心功能的一部分，更与稳慎推进人民币国际化紧密相连，在加强在岸、离岸联动方面有着不可替代的优势；《上海率先实现非金融企业资本项目可兑换的路径研究》建议上海以本币作为资本项目可兑换的"试验田"和"先行者"，大力推进人民币跨境使用；《上海金融中心能级提升的优势因素与路径选择》指出，上海金融中心朝着更高能级迈进的确定性方向，即是以科创、绿色和开放为发力点，为加快构建新发展格局提供有效金融支撑。

下辑以金融风险监管为主题，聚焦经济金融监管与改革实践、风险处置与管理等，从国际经验出发，综合理论与实际，探索适合我国的金融监管体制机制改革，为中国金融监管改革、中国数字经济监管、银行理财监管以及防范系统性风险提供全球视野参考，助力中国金融监管体系更全面、更有效地与国际接轨，促进金融领域的稳健发展。《金融监管国际经验与我国本轮改革实践：以香港、新加坡、伦敦为例》将本轮金融监管体制改革视为在中国金融转轨大背景下的一种过渡性监管革新，是当下中国特定约束条件和发展特征下的现实选择；《国际数字经济监管政策比较及对中国的启示》认为，我国数字经济的治理水平相对滞后于数字经济自身的发展，政府对数字经济监管缺少系统性、科学性的方法，存在以行政指令干预为主、监管缺失、过度监管或监管不当等问题；《上海打造金融风险管理中心的内涵、目标、路径和举措研究》提出了从金融风险监测体系、场内风险管理产品体系、金融稳定保障基金以及金融风险管理法制体系建设等方面探索打造上海金融风险管理中心的路径举措。

在我们的研究过程中，上海市委金融办和上海市政府发展研究中心给予了可贵的指导和支持，在此谨致谢忱。

目　　录

上辑　开放创新篇

下辑　风险监管篇

上辑

开放创新篇

离岸金融发展的国际经验及对
上海离岸人民币市场建设的启示①

离岸金融市场在"岸"的界定方面并不完全与国境等同,而是指一国国内金融的循环系统或体系。例如,纽约国际银行业务设施(International Banking Facilities, IBFs)就打破了传统的离岸金融业务在本国境内经营非本国货币的特点,开创了离岸金融业务经营本国货币的先河,为其他国家构建离岸金融中心提供了新的思路。这种做法很快被日本等国效仿,对世界离岸金融中心的发展产生了一定影响。我国自由贸易账户体系的构建,也提供了类似的"电子围网"式的金融监管环境。因而,人民币离岸市场也可据此分为境外和境内两部分来看待,上海离岸金融市场即属于后者。上海人民币离岸市场需要更加深入地思考"离岸"的"制度属性"。如今"离岸"和"在岸"的区分早已不再局限在地理概念上,而是具体体现在金融服务如何得到"恰到好处"的监管,制度意义(如账户体系、监管和交易规则等)越来越成为"离岸"概念的核心。

截至2022年末,离岸人民币存款和境外主体持有人民币资产合计超过12万亿元。其中,主要离岸市场人民币存款余额超过1.5万亿元,与上年末基本持平;境外主体持有境内人民币股票、债券、贷款及存款等金融资产金额合计为9.62万亿元。这反映出近年来人民币国际化的重点转向了以本币跨境使用为主导的新模式。在这一模式下,作为人民币跨境使用的首发城市,上海发挥了积极作用。

本币跨境使用模式下,境外投资者先将外币在境外离岸市场兑换成人民币(或在境外融入人民币),再以人民币跨境投资于我国境内金融市场。由于人民币的兑换、融资以及风险管理等交易发生在境外离岸市场,境外离岸市场在近些年也得到了快速发展。据国际清算银行(BIS)的统计,全球人民币外汇日均交易

---

① 本篇执笔:中欧陆家嘴国际金融研究院研究员龙玉博士、于卫国博士。

量从 2019 年的 2850 亿美元增长至 2022 年的 5260 亿美元（按"net – net"统计口径），人民币的市场份额在主要货币中增长最大，从 4.3%（2019 年）扩大至 7%（2022 年），排名也从 2019 年的第八位上升至 2022 年的第五位。境外离岸市场人民币外汇交易量已超过中国内地，占比已达全球人民币外汇交易的 70% 左右，并以衍生品交易为主，主要集中在香港地区、新加坡、伦敦和纽约。而上海离岸金融市场的发展对于统筹境内、境外离岸市场联动发展和维护金融稳定意义重大。

上海离岸金融在人民币跨境投融资便利化方面取得了积极进展。作为人民币跨境使用的首发城市，上海先后推出了人民币对外直接投资、跨境双向人民币资金池等多项先行先试业务，在全国范围内形成了积极的示范效应。2022 年，上海跨境人民币收付金额合计 19.6 万亿元，同比增长 8.5%，占全国总金额的 46.3%，继续保持全国第一。上海各类金融市场（债券市场、股票市场、黄金交易国际板、能源期货等）交易中，境外参与者以人民币开展的跨境资金结算超过七成。

上海离岸金融发展的一个突出优点在金融对实体经济的支持方面，包括跨境贸易、跨国公司资金池和股权投资等领域，帮助中国企业"走出去"，节约了其资金成本。2022 年全年新增跨境人民币结算用户企业 2000 多家，境外企业对以人民币计价结算跨境贸易投资的习惯持续养成。2021 年，上海的货物及服务贸易项下人民币跨境结算达 1.7 万亿元，同比增长 29%。2021 年，上海市与东盟地区跨境人民币结算量超过 2 万亿元，同比增长 5.9%，RCEP 对投资贸易的促进作用正在逐步显现。截至 2021 年末，上海市银行共搭建各类跨境双向人民币资金池千余个，全年各类资金池累计资金流动超过 2 万亿元，人民币支持跨国企业跨境流动性管理效用明显。随着国际环境的变化，自由贸易账户的可兑换服务功能在红筹股境内上市以及中资企业集团管理全球资金方面显现了独有的优势，正在成为我国实体经济参与全球竞争并开展全球性生产、销售、服务组织活动以及集中管理资金的优选服务载体。当然，现有的账户体系和金融基础设施在便利性方面仍有进一步提升的空间。

上海离岸金融发展应关注离岸人民币市场风险。由于境外离岸人民币货币市场深度有限，不具备成熟的逆回购市场，加上境外离岸市场并无实需原则的要求，因此境外投资者倾向于通过类型丰富的外汇衍生品（尤其是场外衍生品）从离岸人民币外汇市场间接获得人民币，用于投资境内金融市场或者在离岸市场进行外汇投机交易。这可能会加大离岸市场流动性波动，也不利于监管部门掌握金融风险。中央金融工作会议指出，"要加快建设金融强国，全面加强金融监管，完善金融体制，优化金融服务，防范化解风险"和"坚持在市场化法治化轨道上推进金融创新发展，坚持深化金融供给侧结构性改革，坚持统筹金融开放和安全"，这意味着在上海离岸人民币市场需更多关注发展与安全之间的协调性，在顺应离岸市场发展规律的同时，完善宏观审慎管理，注重风险隔离和离岸人民币流动性管理。

一、主要离岸金融发展模式

（一）香港

20 世纪 80 年代，香港以欧美消费市场为目标的制造业大规模向珠三角转移，留在香港的是企业财务、市场拓展、贸易安排、融资服务、广告设计等中后平台，香港码头、航运及机场迅速发展，成为全球首屈一指的转口港。各项转口港功能为香港金融业带来不少业务机会。香港贸易业者充分利用全球商业网络、宽松的金融环境及灵活的经营手法，大力发展离岸贸易，离岸贸易规模逐渐超过了转口贸易，并带动了金融业蜕变，形成了香港的离岸金融特色。

香港是全球重要的银行中心，全香港 164 家持牌银行中，有 133 家是在境外注册。由于大部分银行的母公司分布于各国际金融中心，香港具有开展离岸金融的优越条件。为更好地服务于全球供应链，众多跨国公司将贸易结算、融资甚至企业内部资金管理等关键环节放在香港。2019 年跨国企业在香港设立了 9025 家地区总部及办事处，其中有 46% 从事进出口贸易、批发和零售业务。香港另有 10 万家本地贸易公司，这些本地贸易公司的一项重要业务便是开展离岸转手买卖及分销，资金成为开展贸易活动的主要手段。

香港是典型的混合型离岸金融中心，在岸市场与离岸市场合一，居民与非居民账户相同，可直接向境内外支付或接受各种来源的资金，实现了全球最高水平的可自由兑换。香港金融监管部门对金融业监管以原则为本，即只设最基本的指导意见，通过行业自律机制厘定同业共同遵循的营运手册，由银行自行研究制定具体实施细则及操作办法，使银行在提供离岸金融服务时有较大的伸缩性。但同时，为防控洗钱风险，香港金融机构设有严格的账户管理制度：在客户准入环节，对账户实际持有人或公司股东背景严格把关；在内部管理上，按照全球最高等级的反洗钱、反恐怖融资、反逃税要求建立内部监控体系，引入先进技术，严格评估资金进出，一旦发现客户有违法违规行为，则立即冻结或取消账户，没有酌情权。

税制方面，香港税负低廉，税制简单且透明，是全球赋税环境最佳的地区之一。金融机构在香港经营，需要缴纳的直接税仅有企业利得税，标准税率低至

16.5%；金融从业人员缴纳的个人薪俸税标准税率为 15%。低税负有利于吸引金融机构和高端金融人才。此外，离岸金融可能会涉及其他境外地区的业务活动，收入也有不少源自香港以外，香港实施的"地域征税制"而非"全球征税制"，有助于提升金融机构开展离岸金融的竞争力。香港一直注重研究其他离岸国际金融中心经验，有针对性地制定政策措施。特别是利用税收工具促进离岸金融发展，如将企业财资中心及飞机租赁的利得税宽减 50%（从 16.5% 下降至8.25%）等。

高效、安全、便捷的金融基础设施是国际金融中心的重要支柱。在以香港金融管理局主导，各主要金融机构参与营运下，香港建立起了港元、美元、欧元及人民币四种货币即时支付系统（RTGS），迄今为止仍是全球少数可提供多币种大额支付即时总额结算的离岸金融中心之一。香港还建立了债务工具中央结算系统（CMU），为债券及票据提供结算交收，并与区内及国际系统建立联网。此外，自2003 年境外首家人民币业务清算行在香港设立以来，香港人民币业务清算量持续增长，目前占全球离岸人民币业务清算量的七成，进一步巩固了香港离岸国际金融中心的地位。

（二）新加坡

20 世纪 60 年代，西方跨国公司投资重点向东南亚转移，美国政府采取了限制资金外流的紧缩措施，美国银行策划在亚太地区设立亚洲美元中心以谋求应对。新加坡政府展现出了其敏锐的市场嗅觉，允许美国银行新加坡分行设立亚洲货币经营单位（Asian Currency Unit）开展亚洲美元业务，并取消了 ACU 业务的外汇管制。这些措施使新加坡在和中国香港的竞争中脱颖而出，于 1968 年成功建立亚洲美元市场。随后，新加坡逐步放宽外汇管制，于 1978 年实现外汇自由进出，推动新加坡离岸金融业务快速发展。同时恰逢布雷顿森林体系崩塌，发达国家大量金融资本流向亚洲市场，新加坡成为亚洲美元交易中心。

在发展初期，由于当时新加坡还属于发展中国家，经济金融都不发达，抵御外部风险的能力较弱，新加坡选择了内外分离型的发展模式。内外分离型的发展模式既可以避免国际资本自由流动对国内经济金融体系的冲击，又可以为新加坡的金融开放带来契机。

新加坡金融市场以外汇业务为突破口，体现出较强的服务境外特点。首先，新加坡地处欧亚非三洲交通要道，具备全天进行外汇交易的时区条件，可 24 小时服务全球；其次，离岸金融业务为新加坡带来了大量外汇交易和对冲风险需求，新加坡国际金融交易所与芝加哥商品交易所合作，创造了 24 小时外汇交易条件，将服务范围拓展至全球。1998 年，新加坡全年外汇期货交易量首次超越东京成为亚洲第一。2022 年国际清算银行（BIS）外汇调查显示，新加坡以 9.4% 的全球外汇交易量份额排名全球第三、亚洲第一。在证券市场建设方面，新加坡也体现了以境外为主的服务特点。虽然东南亚地区赴新加坡融资的企业数量有限且规模小，新加坡股票市场挂牌企业数量仅为中国香港股票市场的 1/4，债券发行规模仅为中国香港的 1/6，但根据彭博的统计数据，截至 2021 年 12 月，新加坡交易所挂牌企业中，境外企业占比超过 40%，为全球第一。保险方面，撤销了外资股权 49% 的上限，并开放了再保险公司（reinsurer）和自保公司（captive insurer）的市场准入。截至 2021 年末，新加坡合计有银行 159 家、资本市场服务机构 1107 家，保险公司 79 家、再保险公司 51 家、自保险公司 82 家。新加坡是亚洲目前最大的自保险中心。

新加坡在发展离岸金融之初就取消了非居民持有外汇存款 10% 的利息预扣税，随后又取消大额可转让存单、亚洲美元 ACU 贷款合同及有关文件的印花税。在发展过程中，新加坡多次调减了离岸金融业务所得的相关税收，如将 ACU 的利得税从 40% 下调至 10%，将离岸再保险业务税收降至 10%，对国际银团贷款和亚洲美元贷款债券发行相关收入免税，通过免征外国投资者投资收入税收鼓励基金业发展等。

（三）伦敦

伦敦离岸金融中心起源于欧洲美元市场，后来逐步发展为欧洲货币市场。第二次世界大战之后，美国为了改善国际收支状况，满足美国境外美元投资需要，对美元外流采取了一系列的限制性措施，而英国伦敦的金融机构又以较高的利率吸收了大量美元存款。同时，美国因逆差造成美元资金大量外流。20 世纪 70 年代，美国出现的巨额国际收支逆差以及石油输出国组织成员国以美元为主的大量石油收入，使欧洲美元市场规模急剧扩大，而整个欧洲美元市场业务量的 1/4 以上集中在伦敦。

较为宽松的监管和税收环境，使伦敦离岸金融中心具有了比在岸业务更高的金融效率。在此推动下，市场交易的币种日益多样化，从美元逐步扩展到英镑、马克、法郎、日元和港元，再到欧元等所有主要发达国家和地区的货币，这使伦敦离岸金融中心从早期狭义的欧洲美元市场逐步演变成欧洲货币市场；市场参与者结构由单一走向多样，虽然银行仍占据主导地位，但是，有越来越多的非银行金融机构参与其中；业务种类也日趋多样化，从美元存款和贷款扩展到多币种的存款、贷款、债券、商业票据和股票等；业务范围也不断扩大，目前已遍及全世界。

伦敦离岸金融中心有诸多优势。一是坚实的政治经济基础。伦敦的政局稳定，法律制度完善，即使在战时，英国法律也能很好地保护外国资本的权益。伦敦的经济也很发达，其金融城的历史可以追溯到 400 年前，长期以来一直保持国际金融中心、贸易中心、航运中心的地位，英镑也成为最重要的国际支付工具之一。伦敦金融市场的国际信贷、外汇交易量以及外国银行的集中程度均居世界第一，证券交易量居世界第二，保险、金属矿产交易量名列世界前茅。这些都给海内外投资者以安全感、信任感和稳定的投资收益。二是灵活高效的金融监管。过去较长一段时间内，英国金融监管实施的是以金融机构自律为主，以"道义劝告"为辅的监管模式，对金融机构的管制和约束较少，鼓励金融机构自我约束，自我管理。20 世纪 80 年代以来，英国政府采取了一系列措施来巩固伦敦离岸金融中心的国际地位，尤其是 1986 年进行的以金融自由化为核心的第一次"金融大爆炸"和 20 世纪 90 年代末进行的以混业监管为核心的第二次"金融大爆炸"两次重大金融改革，奠定了英国金融业持续繁荣的坚实基础。三是优越的地理位置。伦敦是世界上著名的港口城市，处在世界最重要的工业带——北美与西欧之间的关键部位，地理位置十分优越，海外贸易非常发达。一方面，伦敦与其他欧洲金融中心处于同一地区，海空交通便利；另一方面，因时差关系，伦敦在开始营业时可以及时受理远东金融市场发出的交易，而在营业结束时又能同北美市场的交易对接，实现全球 24 小时不间断交易。这些都非常有利于伦敦离岸金融中心的发展。

（四）纽约

传统观点认为，离岸金融中心的主要业务是经营非所在国的货币，而纽约 IBFs 的出现打破了这一传统的认识。IBFs 是指"银行在美国一种类似内部自由贸易区开设的国际分部（分行），它能够参与国际金融业务而不受国内银行通常受到的一些限制，如对储备金的要求和某些保险费的缴纳，并可以享受州税的特别减免"。

第二次世界大战后，欧洲的经济发展速度比美国快，美国对欧洲贸易一直处于逆差状态，同时，欧洲的利率比美国高，美国资本处于不断外流的状态。美元大量外流和金融服务业流失使美国政府认识到，必须进行金融改革来提高美国对欧洲货币的吸引力，改善国际收支状况，恢复并提高美国金融服务业的国际竞争力。为此，纽约清算协会于 1978 年提出设立 IBFs 的构想，纽约州批准给予地方税减免。1980 年，美联储获得美国货币控制法授权，制定部分监管适用范围，并于 1981 年底修改"D 条例"和"Q 条例"，允许美国各类存款机构及外国银行在美国的分行和代理机构建立 IBFs，正式宣告 IBFs 的诞生。

IBFs 的制度设计基于两个原则：一是 IBFs 的业务不受境内各项金融法律法规

和监管措施的限制；二是客户范围严格限定为非居民，资金仅用于国际业务并与国内业务相隔离，IBFs 账户内的美元视同境外美元处理。

IBFs 准入比较简单。根据美联储的规定，任何金融机构，包括美国的存款机构和外国银行在美分行，不需要向美联储理事会提出申请或事先取得认可，只要在规定时间内通知美联储理事会，设立专门账户来区分境内美元和境外美元，均可成为 IBFs 的成员，开展离岸金融业务。

IBFs 管理相对严格。因美国的 IBFs 不划定特定区域，因而其地理分布非常广泛，给监管带来了一定的难度，所以蕴含较大风险。为了避免 IBFs 对国内货币市场造成的不利影响，美国政府对 IBFs 采取了审慎的管理制度，要求其成员设置内外严格分离的账户，存放款仅限于非居民（包括银行等金融机构），且不允许投资证券。

总而言之，主要离岸金融中心中大部分采用了境外离岸金融市场的发展模式。境外离岸市场的开放程度、国际规则对接程度都较高，在推动"市场建设"方面有较大优势。而纽约 IBFs 离岸业务在本国经营本国货币的模式，则为上海境内离岸市场建设提供了启示。尤其是在系统性地进行"金融基础设施"建设和离岸流动性调控方面。例如，境外货币当局不具有调控离岸人民币流动性的法律职责、目标、手段、动力和激励，从而使其很难成为离岸人民币流动性操作的责任单位。境内人民币离岸金融体系由于位于货币发行国境内、受中国管辖，能避免很多问题和成本。此外，如果"金融基础设施"和"宏观调控"交由境外国家或地区政府，中国政府将面临跨境法律和监管权限的限制以及跨境数据传输等障碍，以及为减少这些限制和障碍所付出的成本，并且较难控制相关设施的发展。

主要国际城市离岸金融发展模式、业务类型、核心优势如表 1 所示。

表 1　　　　　主要国际城市离岸金融发展模式、业务类型、核心优势

项目	香港	新加坡	伦敦	纽约
发展模式	源自转口贸易，服务离岸贸易；内外一体型离岸金融中心	抢占亚洲美元市场先机开拓离岸金融业务；内外分离型离岸金融中心	起源于欧洲美元市场，后来逐步发展为欧洲货币市场；内外一体型离岸金融中心	主动构建以 IBFs 为基础的内外分离型离岸金融中心
业务类型	跨国公司贸易结算、融资及企业内部资金管理；私人银行、财富管理、资产管理、私募基金、保险及银行等	外汇交易和风险管理；以境外为主，服务全球的证券市场；资产管理、保险（再保险、自保业务）及银行等	国际信贷、外汇交易、证券交易、保险、金属矿产交易等	离岸业务在本国经营本国货币，交易活动享受离岸金融的各种优待

续表

项目	香港	新加坡	伦敦	纽约
核心优势	1. 国际金融中心、贸易中心及航运中心"三合一"； 2. 跨国公司"总部经济"提升资金集聚与辐射效应； 3. "原则性"和"灵活性"相兼顾的金融监管环境； 4. 建立了有利于离岸金融发展的税收制度并提供税务优惠； 5. 先进的金融基础设施	1. 放宽金融管制、市场准入，不断扩大税收优惠； 2. 地理位置优越，地处欧亚非三洲交通要道，具备全天进行外汇交易的时区条件，可24小时服务全球； 3. 亚洲最大的自保险中心； 4. 新加坡交易所挂牌企业中境外企业占比超过40%，为全球第一	1. 坚实的政治经济基础； 2. 灵活高效的金融监管； 3. 优越的地理位置，实现全球24小时不间断交易； 4. 国际信贷、外汇交易量以及外国银行的集中程度均居世界第一，证券交易量居世界第二，保险、金属矿产交易量名列世界前茅	1. 开创了离岸金融业务经营本国货币的先河； 2. 美元为全球储备货币，美联储致力于维护美元币值稳定，并在全球范围内调控美元流动性

资料来源：根据公开资料整理。

二、离岸金融发展的规律启示

从国际经验可以总结出以下三点规律：一是包容性监管和税优环境是离岸金融市场获得发展的重要推动力。国际主要货币的离岸金融体系往往是在境外自发逐步建立和发展起来的，其最初目的一般是为了规避该货币主权国的金融监管或者税务监管。欧洲美元市场的形成是较为典型的例子。二是随着离岸市场规模的增长，往往需要金融监管、风险管理进一步完善，防止离岸利率、汇率波动对本土货币政策和金融稳定产生过度冲击，后者总体上也促进了离岸金融市场的发展。例如，灵活高效的金融监管使伦敦离岸金融中心从早期狭义的欧洲美元市场逐步演变成欧洲货币市场。又如，美联储长期关注离岸美元流动性，在不同阶段设立了不同的调控工具，并在积累宏观调控经验的基础上不断完善常设美元流动性调节工具。可以说，这些监管措施和金融基础设施的完善有效稳定了离岸美元市场并巩固了美元的国际地位。三是在离岸金融市场发展的过程中，辅以金融基础设施的创新和完善，有助于境内、境外离岸市场协调发展。例如，IBFs推出之后，美国离岸金融也取得了迅速发展，其境内金融机构的离岸业务竞争力也得到提升；日本离岸市场的发展则借鉴IBFs，开设了东京离岸金融市场（JOM），政策推动在日本离岸金融市场发展中起到举足轻重的作用。

（一）包容性监管和税优环境是离岸市场形成发展的重要推力

欧洲美元业务得益于美国资本管制加强的历史阶段，并推动了伦敦国际金融中心（依靠欧洲美元市场繁荣）的重新崛起。20世纪60年代初，美国的国际收支开始出现赤字，并非是因为贸易逆差，而是由于资本外流。这些净流出显著增加了外国中央银行的美元持有量，并使美国为兑回它们而卖出一些黄金，尽管这个过程相对缓慢。1964年，外国官方持有的美元开始超过美国的库存黄金价值。随后美国开始诉诸资本管制措施，出台了《利息平衡税法》，即对资本外流征税，特别是对在纽约的外国筹资征税，税率相当于其新债券和贷款额外增加1%。这一措施原本只是临时性的，但实际上持续了十余年，税率上升、征收面也扩大了。美国的银行和欧洲投资机构与欧洲原有的商业公司合作为合法绕开管制，吸引美元、发放贷款，利率甚至高于纽约，因此一些原本可能储蓄或投资到美国的美元被吸引到国外。据伦敦《国际货币评论》计算，从1970年到1978年6月，欧洲货币市场的资金总额以平均年率27.5%的速度增长。由于离岸业务占据相当大的份额，也一定程度上使伦敦作为国际金融中心的地位超过了英镑在国际货币中的地位。

（二）离岸金融市场发展过程中的风险管控

灵活高效的金融监管使伦敦离岸金融中心从早期狭义的欧洲美元市场逐步演变成欧洲货币市场。英国金融服务监管局的监管理念为：运用谨慎的规则来监管，而不是以"控制"为基础来进行监管；对金融机构的直接干预很少，主要是在"外部"保持一定距离的监管，十分重视被监管机构的会计报告，很少到金融机构去"查账"等。英格兰银行（英国央行）允许外国金融机构在伦敦自由设立分支机构，并保证它们在同等条件下与英国的金融机构自由竞争。金融机构可以同时经营在岸和离岸两类业务。除离岸金融业务以外，伦敦离岸金融中心还允许非居民经营在岸和国内业务，但必须交纳存款准备金和有关税款，而且对金融机构严格控制"全面业务"执照的发放量。因此，非居民金融机构经营的离岸业务远远大于在岸业务的规模。

纽约IBFs则将离岸与在岸严格分离。其显著的特点在于"人为设立"和"内外分离"，其交易严格限于会员机构与非居民之间。会员机构的资格主要包括美国银行和境内外国银行的分行、子行或边缘公司（Edge Corporations），存放在该设施账户上的美元与国内美元账户严格分开，视同境外美元。交易活动享受离岸金融的各种优待，包括不受利率上限的限制、免交存款准备金、存款保险和利息预扣税等。这种内外分离型的离岸金融中心既可以在很大程度上控制资金大量进出的风险，又可以利用离岸金融的优势，促进资金流动。

此外，从美元离岸市场的发展历程看，自 20 世纪 60 年代以来，美联储便一直坚持对离岸市场进行调控，防止离岸利率、汇率波动对本土货币政策和金融稳定产生过度冲击。美联储对美元离岸市场的调控和危机应对主要可分为三个时期：一是 20 世纪 60 年代美元离岸市场发展初期，美国资本账户尚未完全开放。当时美联储开始与国际组织和外国货币当局签订货币互换协议，对离岸流动性进行调节，防止离岸利率上升给在岸货币政策和金融环境带来扰动。二是 2008 年国际金融危机期间，为应对大规模离岸美元流动性紧张，美联储在货币互换的基础上，创设了临时性的短期资金供给工具 TAF (Term Auction Facility)，并用"TAF + SWAP"发挥"最后贷款人"职能，以稳定全球美元市场。三是 2020 年新冠疫情期间，美联储在扩大货币互换签署国家范围的同时，又为外国货币当局和国际组织创设了回购工具 FIMA repo（Foreign and International Monetary Authorities repo），境外货币当局可以用美国国债作为抵押，直接从美联储获得短期贷款。相较于货币互换，FIMA repo 的操作对象更加广泛。2021 年 7 月，美联储将 FIMA repo 由危机临时工具升级为调控离岸美元流动性的常规工具。

（三）金融基础设施创新对世界离岸金融中心发展的影响

美国 IBFs 的设立是一项重要的金融基础设施创新，拓展了离岸金融中"岸"的概念——离岸的"岸"已不再与国境等同，而是指一国国内金融的循环系统或体系。有关金融活动离开这个系统或体系，从而不受该国对国内一般金融活动所实行规定、制度的限制和制约。IBFs 的成立意味着，通过在境外设立分支机构开展非本币业务不再是离岸金融的唯一模式，离岸金融业务也可以通过在岸经营本币的一种特殊账户进行，不过仍保留资产负债两头在外和客户限定为非居民的特征。IBFs 推出之后，美国离岸金融得到了迅速发展。

IBFs 打破了传统的离岸金融业务在本国境内经营非本国货币的特点，开创了离岸金融业务经营本国货币的先河，为其他国家构建离岸金融中心提供了新的思路。这种做法很快被日本等国效仿，对世界离岸金融中心的发展产生了一定影响，如东京离岸金融市场。

1970 年，日本政府决定放开日元外债发行权，欧洲日元市场逐渐形成。1985 年 3 月，大藏省大臣咨询委员会提出了推动日元国际化的具体举措，其中两条重要措施是"实行欧洲日元市场自由化"和"开设东京离岸金融市场（JOM）"。20 世纪 90 年代，日本延续了 80 年代金融自由化政策，放宽了非居民欧洲日元债券的交易标准（见表 2）。

| 表2 | 日本推动离岸日元市场发展的主要举措 |

时间	举措
1983 年 6 月	面向非居民发放的短期贷款实现自由化（欧洲日元贷款）
1984 年 4 月	放松居民欧洲日元债的指导准则
1984 年 12 月	允许外国的民间企业发行欧洲日元债券
1984 年 12 月	开放外资金融机构承销欧洲日元债
1984 年 12 月	允许发行欧洲日元 CD
1985 年 4 月	放宽非居民发行欧洲日元债券的发债标准
1985 年 4 月	非居民欧洲日元债利息收入征收预扣税问题
1985 年 4 月	非居民中长期贷款实现自由化（欧洲日元贷款）
1989 年 7 月	面向居民发放的短期贷款实现自由化（欧洲日元贷款）
1989 年 7 月	居民中长期贷款实现自由化（欧洲日元贷款）
1993 年 7 月	废止非居民欧洲日元债券发行标准
1994 年 7 月	放宽日元外债的合格债券标准
1995 年 4 月	简化非居民欧洲日元债、非居民国内债券的手续
1995 年 8 月	撤销非居民欧洲日元债回流限制
1996 年 1 月	废止非居民国内债券的合格债券标准，缩短居民欧洲日元债券的回流限制
1996 年 4 月	废止欧洲日元 CD 的发行规则
1998 年 4 月	实施新的《外汇法》，废除居民欧洲日元债券的回流限制
1998 年 12 月	实施金融体制改革法

资料来源：中条诚一，郑甘澍. 亚洲的日元国际化 [J]. 经济资料译丛，2002（4）：22 – 26；王守贞. 海南自贸区（港）离岸人民币市场建设：国际比较与经验借鉴 [J]. 海南金融，2019（3）：19 – 25。

（四）离岸金融有助于推动本币国际化，但也面临负向挑战

离岸金融对本币国际化具有促进作用。国际银行设施的建立就推动了美元国际化。一是分流部分欧洲货币市场的业务，作为管制日益扩大的欧洲货币市场的一种干预力量。二是将部分美国银行的国际银行业务转回美国本土，则监管作用将更为有效，从而能够部分消除欧洲货币市场对美国货币金融政策执行的阻碍。三是吸收流入伦敦等离岸金融中心的外币资金，增强美国商业银行在国际金融市场上的竞争力，降低其在海外开设附属机构的风险和费用。美国审计总署（GAO）调查结果显示，从 1981 年 12 月到 1983 年 6 月，位于美国的银行境外美元资产与位于其他国家银行境外美元资产的比值增长了 67%。由于吸引了大量美元流向美国，美国的国际收支状况得到改善，支撑并巩固了美元的国际通货地位。

值得一提的是，离岸金融市场对于货币国际化的推动作用并不总是正向的，这取决于离岸金融政策设计并受到当时经济金融环境等因素的制约。一般来说，以监管套利为主要动机的纯双向交易会影响在岸市场的货币与金融稳定。例如，

东京离岸金融市场设立后，日本国内仍然实行相对严格的金融管制，如经营离岸业务的商业银行把资金从"特别国际金融账户"划拨到国内账户需要缴纳准备金，而日本银行海外分行向国内居民的欧洲日元贷款并不受这些管制约束。这种政策设计导致了投机现象的出现：日本商业银行将其离岸账户的日元资金贷放给其在海外的分行，然后日本国内居民再向这些海外分行寻求低成本日元贷款。这意味着流向境外的日元资金只是在境外市场上暂时存放，最终又回到了日本境内，形成了日元资金的纯双向交易。这种纯双向交易的现象，叠加20世纪90年代日本经济泡沫破灭的经济形势，成为阻碍日元国际化的重要因素之一。具体表现为，1990年后，日元在国际金融交易中的地位下降、作为储备货币的比重下滑等，直到现在这些指标仍未恢复到20世纪90年代初的水平。上海发展离岸市场应高度重视从日本的案例中吸取教训，因为人民币交易也可能面临类似的挑战。

三、对上海发展离岸金融的有关建议

2021年4月，中共中央、国务院印发《关于支持浦东新区高水平改革开放打造社会主义现代化建设引领区的意见》，首次提出"构建与上海国际金融中心相匹配的离岸金融体系"。与上海国际金融中心相匹配的离岸金融体系被写入中央文件，意味着上海离岸金融的发展需要具备统筹全局的目标。基于前文的经验与启示，以下就结合这一离岸金融体系构建提出有关建议。

（一）在顶层设计上统筹发展与安全

"统筹发展与安全"应成为构建上海离岸金融体系的基本原则，也就是说，应将深化我国金融改革、推动人民币国际化与优化金融监管、有效管控风险协调统一起来，作为建立和发展上海人民币离岸市场的战略目标。尤其是在完善离岸市场金融基础设施和宏观调控方面展开重点探索，逐步建立离岸人民币流动性调控框架，通过央行的公开市场操作（离岸流动性的调节可以考虑由中国人民银行上海总部负责和实施），引导离岸人民币利率在合理区间运行。

应增强国际合作和协调，将更多国家和地区纳入人民币流动性安排（RMB-LA）机制[1]，以及与有关当局签订常备互换协议[2]。随着人民币国际化推进，人

---

[1] 2022年6月25日，中国人民银行与国际清算银行（BIS）签署了参加人民币流动性安排（RMBLA）的协议，首批参加方还有印度尼西亚中央银行、马来西亚中央银行、香港金融管理局、新加坡金融管理局和智利中央银行。RMBLA由所有参加方共同出资建立，各方实缴资金不低于150亿元人民币或等值美元。在有流动性需求时，参加方除可提取其出资部分外，也可凭合格抵押品从储备池中借入短期资金。

[2] 2022年7月初，中国人民银行与香港金融管理局签署人民币/港币常备互换协议，将双方自2009年起建立的货币互换安排升级为常备互换安排，从而对离岸市场输出人民币流动性提供稳定渠道，将为境外主体获得、持有、使用人民币提供更多便利。

民银行与国外货币当局签订了货币互换协议，但目前这些协议的执行往往是由国外货币当局在需要人民币时发起，人民银行处于被动响应的角色。与货币互换协议不同的是，RMBLA 的一大特点是需要实缴资金，除了为参与方提供人民币流动性支持外，更重要的是为参与方提供了一种外汇储备资产的选择。在加强政策国际协调方面，也为人民银行主动调节离岸人民币市场流动性提供了更多途径。而常备互换协议为离岸市场输出人民币流动性提供稳定渠道，有利于稳定离岸人民币市场预期。此外，我国与其他国家和地区之间的货币互换不仅有金融稳定功能，还有为双边贸易和投资提供融资的功能①。在双边贸易投资中使用本币结算，有利于降低两国企业的融资和汇兑成本，促进双边贸易发展。在当前国际货币体系面临重塑的背景下，应积极推动与更多的国家和地区在双边经贸合作中使用本币计价结算，降低对发达经济体货币的依赖。

（二）将浦东国际资产交易平台打造为境外投资者的"一站式"投资枢纽

目前主要离岸金融中心主要定位于离岸人民币外汇交易②。而人民币计价的债券、股票等更多类别的资产，则是目前人民币离岸中心所难以覆盖的，目前这些资产类别的主要交易场所为我国境内金融市场。国际投资者如果希望投资类别更为丰富的人民币资产，一般需要通过"沪港通""沪伦通""债券通"等互联互通渠道间接投资于境内市场，或通过 RQFII 或其他市场准入的方式直接参与在岸市场。

这为上海的离岸人民币市场发展提供了契机和方向。上海离岸人民币市场应基于更为丰富的人民币资产类别来构建和发展，为境外投资者提供真正意义上的"一站式"人民币资产配置的平台，包括直接参与股票（"国际板"）、债券、外汇（推出人民币外汇期货等产品）等多个资产类别的投资，满足离岸市场参与者多样化的投资和风险管理需求。如果不能做好资产类别的"集成化"，上海离岸市场可能很难吸引现有市场参与者，因为他们可以在不同的离岸人民币市场寻找适配自身需求的外汇产品，并通过现有渠道以跨境投资的形式参与在岸市场。

---

① 从过去经验看，2013 年韩国央行曾首次动用与中国签署的货币互换安排，向韩国外换银行（Korea Exchange Bank）贷款 6200 万元人民币，将资金贷给希望用人民币支付进口货款的韩国企业。之后，中国人民银行在 2014 年也曾使用中韩本币互换协议下的韩元资金支持企业贸易融资。

② 依托贸易结算、投融资交易以及人民币储备货币的发展差异，几大离岸人民币外汇市场中心各具特色。其中，中国香港地区受益于和内地的紧密贸易和投融资联系，稳居离岸人民币外汇交易的第一位，市场规模甚至超过在岸市场；英国伦敦基于深厚的外汇交易基础后发崛起，超越新加坡成为全球第二大离岸人民币外汇交易中心，且远期交易量全球最大；新加坡依托独特的地理位置和全球第三大外汇交易中心等定位，形成了产品丰富的大宗商品、外汇期货等市场，构建起场内外协调发展的"一站式"避险管理服务体系，人民币外汇期货交易规模位居全球首位。

浦东国际资产交易平台应遵循境外投资者直接参与、内外分离的原则，至少在设立初期应如此。未来可以允许境内机构有限参与，促进境内市场和离岸市场联动发展，直至我国资本项目实现全面开放。此外，浦东国际资产交易平台的建设应结合目前境内金融市场对外开放的现状，处理好与在岸市场的关系。我们认为有以下几个尝试的方向：一是考虑在挂牌资产方面与境内市场形成差异化、互补的局面。二是整合现有的互联互通模式。目前每个互联互通开放渠道都采用了打通单一市场境内外交易机制的方式，不同开放渠道之间各成体系，制度安排也不尽相同。这事实上不利于我国进一步探索制度型开放、增强全球金融资源要素配置能力，也是目前我国金融市场与境外"管道式"的互联互通可能遭遇的瓶颈之一。

（三）完善上海全球资产管理中心功能，促进人民币境内外循环，提高人民币资产在全球投资组合中的渗透率

一个能有效配置全球资产的离岸资产管理中心，既能对接非居民的需求，也能承接本国居民的海外资产配置需求。事实上，国内居民的海外资产配置需求一直存在。例如，跨境炒股，多年来一直处于中国证券监管和外汇管理之外的灰色地带。从实践看，一度有知名互联网券商和内资券商的香港子公司，接受内地客户的开户申请，并为这些客户开展离岸交易提供服务，这表明面向境内投资者的跨境证券业务需求依然没有得到充分满足。此外，毕马威发布的《2023 年香港私人财富管理报告》显示，内地仍是香港财富管理市场最重要业务来源地。而"多岸外包——在两个或两个以上地区开设账户以分散风险并实现多元化投资"成为了行业的一大趋势。因此，一个更加完善的国际资产管理中心应结合实际需要，"开前门、堵后门"，直面境内投资者的跨境投资需求。

与设立一个纯离岸的交易所不同，上海全球资管中心建设需要从统筹境内、境外的视角，来完善其功能，在更好地满足国内外投资者资产管理需求，促进人民币境内外循环的过程中，提高人民币资产在全球投资组合中的渗透率。值得一提的是，在离岸和在岸市场人民币产品存在差异的情况下，离岸人民币交易也可以成为境内外投资者资产配置的重要方面。

建议：（1）由于外资金融机构在全球资产配置方面更为领先，建议成立专门的激励方案，鼓励外资机构参与跨境人民币业务，将人民币资产更好地融入国际投资组合。（2）应继续贯彻"以开放促改革"的思路，鼓励国内金融机构的自贸区分部进行业务和产品创新，与外资机构良性竞争。内外资金融机构协同展业，有助于更好地服务非居民投资中国市场，以及在实现国内居民投资组合多元化的同时，促进人民币的国际循环。（3）顺应"安全优先"的国际趋势，借助"多岸

外包"行业发展机遇，扩大上海离岸人民币市场的影响力。

（四）强化科技赋能，提升防范跨境资金流动风险能力和成效

随着金融科技的快速发展，加强科技监管、打造数字金融监管系统，成为当前金融监管的迫切需求。离岸金融监管的制度设计和基础设施建设也应融入上述理念。一是强化技术手段在金融监管中的应用，如利用大数据、人工智能等技术实时收集、分析金融市场信息，提升风险识别能力。二是通过云计算高效存储和处理监管数据，推进数字化、智能化监管。

（五）充分利用立法自主权，建立和完善离岸金融法律体系

目前我国在司法体系上与国际主要金融中心存在巨大差异，成为制约上海国际金融中心能级提升的一个重要方面，而离岸金融市场在制度供给方面的自由度更大，理论上可以完全脱离境内的司法体系而构建。

事实上，美国和英国虽同为判例法国家，但在离岸金融的监管上均采纳了成文法的立法模式，系统制定法律对其进行规范。境内离岸市场发展较好的美国和日本，也同样有等级较高的成文法对离岸金融市场进行规范。美国离岸金融监管的法律体系包括《联邦储备法》《信贷控制法》《银行法》《证券法》和《证券交易法》等。日本离岸金融市场法律体系主要由《银行法》《证券交易法》和《金融商品法》等法律组成。目前我国对离岸金融市场的立法尚属空白，应在构建上海离岸金融体系的过程中，明确对离岸金融的法律遵循。

临港建设离岸金融创新实践区路径研究^①

离岸金融是指商业银行等金融机构对非居民（既包括外资"非居民"，如外国机构、个人，也包括内资"非居民"，如国内企业的离岸主体）的金融服务，包括存贷款业务、基金管理、保险、信托等传统的业务类型，还包括资产保护、税收筹划等。由于临港是自贸区新片区所在地，对签署了自由贸易协定地区进口的商品享受优惠关税待遇，并且已经建立了与境内其他市场有限隔离、与离岸金融市场高度接轨的自由贸易账户体系，自然也成为在岸、离岸联动的一个关键环节。

临港建设"离岸金融创新实践区"是完善上海国际金融中心功能的一部分。上海作为国际主要金融中心，仍需加强其离岸金融功能建设。作为世界上最重要的两大国际金融中心，纽约和伦敦无一例外也都具备成熟的离岸市场功能。更具战略意义的是，临港离岸金融创新实践区的建设与稳慎推进人民币国际化是分不开的，在加强在岸、离岸联动方面更有着不可替代的优势。目前人民币离岸市场以香港、新加坡、伦敦为主。从统筹发展与安全的角度，也应将上海离岸人民币市场的发展作为一项战略部署来落实，临港离岸金融创新实践区是载体。

本文在《中国（上海）自由贸易试验区临港新片区金融业发展"十四五"规划》（以下简称《临港金融"十四五"规划》）的基础上，结合国家重大战略需求，提出了临港建设离岸金融创新实践区的目标定位，并进一步提出五大重点建设领域，以持续探索差异化、特色化的人民币金融产品创新，形成在岸、离岸市场的良性互动。

2014 年 5 月，上海自贸试验区开启了以自由贸易账户为形式的分离自贸试验区境内外业务，按照区内、区外，居民、非居民，境内、境外进行划分隔离，单

---

① 本篇执笔：中欧陆家嘴国际金融研究院研究员龙玉博士。

独管理，为资金在试验区内以及向境外的自由流动创造了条件，这是我国开展跨境资本流动管理模式改革创新的一项重大举措，同时也明确了在自贸试验区内率先发展离岸金融业务的战略定位。

2019 年 8 月 6 日，国务院印发《中国（上海）自由贸易试验区临港新片区总体方案》，设立中国（上海）自由贸易试验区临港新片区。上海自贸区新片区采用特区管理模式，突出聚焦强化经济功能，要建设具有国际市场竞争力的特殊经济功能区。在金融领域，临港开启了包括跨境金融在内的多个新兴金融重点发展方向（如绿色金融、科创金融、科技金融等）。在临港建立离岸金融创新实践区并发展壮大之，有望开启离岸人民币市场发展和人民币国际化的新篇章。

一、临港建设"离岸金融创新实践区"的目标定位

《临港金融"十四五"规划》在临港新片区资源配置能力方面明确要求"金融创新引领作用更加凸显，跨境金融、离岸金融优势进一步巩固，形成在岸市场、离岸市场的更高水平联动发展，全球高端金融资源要素配置能力迈上新台阶"。目前我国金融市场以"管道式"开放为基础，已经日趋国际化，有效地控制了风险，金融对外开放实现了平稳、有序的良好开局，并有越来越多外资金融机构来华展业；跨境资金监管也不断优化，基本满足了企业对外贸易的需求。因此，临港新片区建设"离岸金融创新实践区"应更多地探索制度型开放和全球高端金融资源要素配置需求，更加突出其战略作用，在打通国内、国际"双循环"的基础上推动人民币国际化。具体而言，临港建设"离岸金融创新实践区"应致力于实现以下目标。

一是在离岸业务的发展中探索国内外金融规则体系的融合。临港离岸金融市场建设初期可以更多地接纳国际通行的金融规则和标准，并在金融市场双向开放以及离岸市场和在岸市场联动中，促进国际金融合作和加强监管协调。在此基础上，临港金融创新实践区可成为上海国际金融中心参与全球金融治理和标准制定的推动力量，在对外合作和服务输出过程中完善跨境金融基础设施、推广先进经验和举措，提升金融市场运行效率，降低市场参与者的成本。这有助于从根本上提升上海国际金融中心的地位和吸引力。

二是优化金融监管方式，稳慎推进资本账户开放。资本管制和汇兑管制并不是完全等同的。资本管制是对资本跨境流动实施的管制，这种管制可以是对资本交易本身的管制，也可以是对资金跨境流动的管制；而汇兑管制则是对不同货币间的兑换环节实施的管制。一般情况下，有汇兑管制的国家一定有资本管制，但很多国家（如 OECD 国家）没有汇兑管制也有资本管制。更多已经实现了自由汇

兑的国家将资本管制纳入对金融机构的宏微观审慎管理。[①] 临港离岸金融创新实践区本身如同一个"沙盒"，通过鼓励市场主体先行先试，可以为完善制度型开放提供更加丰富和扎实的经验基础。探索更加科学合理的人民币可自由兑换和跨境资本流动监管规则。在临港的创新实践中，尤其需要回答"哪些管制是可以放开的，哪些监管是必要的"这一问题，应避免错误地将无监管的、自由化的市场体系当作目的本身而不是达到目的的手段。

三是以尽可能小的成本，推动形成人民币跨境循环和人民币国际化。除纽约、伦敦外，其他离岸金融中心往往并非运营所在国货币的金融中心，如英属维尔京群岛、开曼群岛、百慕大地区等。临港离岸金融创新实践区的建设目标则应瞄准本币，以人民币资产为核心交易标的，形成以人民币为特色、多币种自由贸易和投资便利性高的离岸金融服务。当然，离岸市场本币流动性增加往往会对一国货币政策有效性带来一定挑战（如央行需要收紧银根时，境外的人民币流入会削弱货币政策紧缩的效果）。但随着境外持有人民币的增多和离岸人民币市场深度不断增加，兑换活动将大量地发生在境外而非境内，反而有利于本土经济金融稳定。临港离岸金融创新实践区的建设需要在促进人民币国际化和其对货币政策有效性的影响之间取得平衡。

四是完善上海国际金融中心功能，提供较为齐全的离岸业务种类，并建立完整的离岸市场体系。纽约和伦敦都是在岸市场和离岸市场高度发达的国际金融中心。从不同币种的离岸市场规模数据来看，美元离岸银行业务头寸相当于美国GDP 的157%，英镑为76%；两者国际债券存量分别相当于各自 GDP 的58% 和79%；离岸场外外汇市场日均交易量则分别相当于各自 GDP 的29% 和16%。离岸市场的规模相当可观，临港完善离岸金融业务将助力上海国际金融中心的发展迈上新台阶，扩大上海国际金融中心的交易规模和国际影响力。同时，随着人民币可兑换性增强，品类更为齐全的离岸业务也将有利于增加离岸主体持有人民币的规模。

二、临港进行离岸金融创新试点的优势

作为境内的离岸市场，在岸和离岸市场联动发展是临港建设"离岸金融创新实践区"的最大特色，也是临港离岸金融创新试点的优势所在。背靠长三角腹地，临港新片区有较好的产业基础，有助于临港的离岸金融与实体经济更加紧密结合，发挥国内国际"双循环"的枢纽作用。这也是临港与其他离岸金融中心形

---

① 资料来源于施琍娅的《当前资本项目可兑换讨论中的三大误区》，2013 年 8 月。

成差异化的重要方面。

新加坡属外贸驱动型经济，高度依赖美、日、欧和周边市场，以电子、石油化工、金融、航运、服务业为主，外贸总额是 GDP 的四倍。而中国香港目前则面临产业"空心化"严重、科技对增长贡献低的挑战。至于英属维尔京群岛、开曼群岛、百慕大地区等离岸金融中心则依赖于其"避税天堂"、管制较少等属性。2019 年以来，依据欧盟的要求，开曼群岛、英属维尔京群岛（BVI）等热门司法辖区已经陆续出台经济实质法，且根据公司所从事的经济活动，需达到对应的经济实质化要求。这一类离岸金融中心的吸引力正在下降。

即使是目前主要的国际金融中心，其离岸业务的形成也或多或少具有税收洼地的特点，抑或带有偶然性。例如，欧洲美元业务就是得益于美国资本管制加强的历史阶段，并推动了伦敦国际金融中心（依靠欧洲美元市场繁荣）的重新崛起。

临港离岸金融市场的建设路径将与前几者都不相同，应将临港离岸金融创新同提升金融对实体经济的支持相结合、与内外双循环枢纽功能的完善相结合。2021 年，临港新片区贸易型企业进出口总额近 1800 亿元人民币，同比增长 37%，贸易类企业注册资本合计近 1600 亿元人民币，离岸贸易涉及企业数量及交易规模较上年均实现双倍增长。集成电路、生物医药、人工智能、民用航空等前沿产业加快布局，智能新能源汽车和高端装备制造产业集群效应初步显现。智能制造研发与转化平台等 5 个科技创新功能型平台落地，世界顶尖科学家社区和国际联合实验室启动建设。根据《中国（上海）自由贸易试验区临港新片区发展"十四五"规划》，到 2025 年，临港要新增高新技术企业 1000 家左右，持续彰显临港作为科创中心主体承载区的功能；基本形成世界级、开放型、现代化产业体系，包括智能新能源汽车、集成电路、高端装备制造 3 个千亿元级产业集群，做大做强生物医药、人工智能、民用航空等先进制造业产业集群。

2022 年 9 月，临港创新产业园 REIT 的发售，吸引了基础设施公募 REITs 领域的境外机构投资者。该产品以优质高标准厂房作为底层资产（分别为临港奉贤智造园一期和三期），集聚了高新材料、汽车装备与精密器械领域的知名智能制造产业项目，契合临港新片区"智能新能源汽车和高端装备制造"两大先发产业集群的战略定位，充分体现资产的内在价值增长潜力以及未来区域经济的增长极。该产品基础设施资产整体已实现稳定成熟的运营状态，园区出租率达到99%，现金流稳定且保持持续增长态势，具有抗风险和抗周期优势。参考这一案例，临港新片区作为双循环的重要支点有望产生众多与金融创新融合转型发展的机会，从而为临港离岸市场的投资者提供更多具有吸引力的金融产品。

三、临港离岸金融创新实践区的重点建设领域

临港离岸金融创新实践区应积极推动离岸人民币市场发展，增加离岸、在岸联动，拓展人民币国际化的广度和深度。目前人民币跨境收付增长主要来自证券投资等资本项下交易，经常项目和直接投资等与实体经济相关的交易占比偏低，尤其是在大宗商品领域，人民币跨境收付总体处于较低水平。金融市场管道式开放虽然有效满足了不同类型机构的投资需求和偏好，但由于各渠道相互隔离、政策不完全一致，增加了境外投资者的理解和操作困难。目前我国债市和股市中的外资占比分别为3%和5%，人民币境外使用环境仍面临着货币使用惯性短期内难以改变、人民币来源不足以及投资渠道有限等制约。临港离岸金融创新实践区的建设也应着眼在这些方面有所突破，突出金融支持实体经济、在岸离岸联动以及制度型开放。

临港离岸金融市场在开展传统的离岸金融业务的同时，需要通过一些特色业务增强其吸引力，并以人民币资产为抓手来开展，这应是临港离岸金融创新实践的一个关注重点。临港离岸金融发展需要一定规模和深度的市场。市场深度能降低融资成本，增强市场抗击风险的能力，同时培育创新。因而，为了尽可能平衡上述要求和我国货币政策有效性，本文建议以直接融资、资产管理等非银金融业务作为推进临港离岸金融创新实践区的建设起点①，同时，银行系统需提供高质量的结算和托管等服务，保证离岸金融市场基础设施的完备和顺畅运转。

目前，人民币跨境流动主要通过经常项目、直接投资以及金融市场进行，融资渠道和外汇交易渠道资金流动规模相对较小。截至2021年末，主要离岸市场人民币存款余额超过1.54万亿元，同比增长21.3%；境外主体持有境内人民币股票、债券、贷款及存款等金融资产金额合计为10.83万亿元，同比增长20.5%。离岸人民币存款和境外主体持有人民币资产合计超过12万亿元，如果可以将两者打通，实现在岸、离岸市场联动发展，将释放更大的潜力。尤其是持有境内人民币资产的境外主体，如果可以在临港的人民币离岸市场为其提供更多投资标的和金融服务，同时还可以享受离岸业务的税收优惠和更低的交易成本，有助于临港人民币离岸市场在初期迅速达到一定规模，同时促进临港离岸金融业务的加速发展和创新。

---

① 离岸金融业务往往不要求缴纳存款准备金（或实行较低的准备金要求），大大扩展了商业银行的货币创造能力，从而可能对境内货币政策造成冲击。此外，离岸银行网络的扩展使各国金融市场的分离度降低，通过离岸金融活动逃避国内货币紧缩政策，容易形成货币流动的无管制，进而降低货币政策的效果，甚至影响整个宏观经济。

上海发展人民币离岸市场的条件较以往更为成熟。第一，人民币跨境使用比例不断提升，上海居全国之首。2022 年全年新增跨境人民币结算用户企业 2000 多家，境外企业对以人民币计价结算跨境贸易投资的习惯持续养成。2022 年，上海跨境人民币收付金额合计 19.6 万亿元，同比增长 8.5%，占全国总金额的 46.3%，继续保持全国第一。上海各类金融市场（债券市场、股票市场、黄金交易国际板、能源期货等）交易中，境外参与者以人民币开展的跨境资金结算超过七成。第二，随着浦东新区社会主义现代化建设引领区的确立，相对独立的司法为人民币离岸中心的运作提供了更好的制度基础。《关于支持浦东新区高水平改革开放打造社会主义现代化建设引领区的意见》（以下简称《意见》）表示："比照经济特区法规，授权上海市人民代表大会及其常务委员会立足浦东改革创新实践需要，遵循宪法规定以及法律和行政法规基本原则，制定法规，可以对法律、行政法规、部门规章等作变通规定，在浦东实施。"第三，人民币汇率弹性增强，呈双向波动态势，离岸人民币汇率强于或弱于在岸人民币汇率的交易日天数大致相当。人民银行数据显示，2021 年全年离岸在岸日均汇差为 64 个基点，较 2020 年缩小 50 个基点。因而，选择宏观环境较为有利的时机，适时、适度扩大人民币离岸市场规模的可行性进一步增加。

（一）股权融资的"临港离岸板块"

我国直接融资比重还有很大的发展空间，尤其是股权融资市场。我国资本市场改革方兴未艾，建议在总结科创板、北交所成功经验的基础上，参考港交所等的创新做法，在临港设立更低上市（或挂牌）门槛、区内和境外非居民可以参与的交易所，作为"临港离岸板块"。

目前港交所正考虑降低大型科技公司上市门槛，如大幅降低硬科技公司在港上市的营收门槛。这也是创设"临港离岸板块"可以重点借鉴的。事实上，港交所自 2018 年以来的制度创新[1]是颇为成功的。数据显示，自港交所 2018 年的上市新规生效以来，截至 2022 年上半年，香港交易所已经迎来了 98 家医疗健康公司的上市，IPO 总额接近了 2600 亿港元，其中共有 50 家未有收入的生物科技公司通过第 18a 章节上市，首发共募集资金超过 1100 亿港元，29 家已经被纳入了恒生综合指数，28 家被纳入了港股通。

此外，近年来因"中概股信任危机"、美国推出并加快实施《外国公司问责法案》等原因，令不少中资企业选择退出美国股市。据不完全统计，截至 2022

---

[1] 2018 年港交所实行了"25 年来之最大变革"。在原有的主板上市规则之外，新增了 18a、8a 和 19c 三个章节。分别允许未有收入的生物科技公司、同股不同权的创新产业公司和在海外上市的中概股在香港上市，针对新经济公司的上市规则更加包容。

年 5 月 20 日，已有超过 170 家中概股企业退市。且随着内地及香港的交易机制不断完善，预计在美国上市的中资企业回归或选择二次上市的趋势在未来还将持续。临港离岸金融创新实践区同样可以考虑承接中概股的回归。

在离岸市场设立股权投融资平台，除了可以为临港离岸金融创新实践区建设提供更为丰富的投资标的外，还能为临港新片区产业规划的落地提供多样化的金融资源和资金支持，对丰富我国多层次资本市场建设也颇有益处。

对于已经在 A 股上市的公司来说，也可以筹划在临港离岸板块发行全球存托凭证（GDR），增加投资标的来源。在"临港离岸板块"成功设立后，应将其作为在逐步拓宽境内外证券交易所互联互通存托凭证业务的一个选项，使其真正发挥出"双循环"枢纽的潜力。

（二）临港离岸人民币债券市场

债券市场也是直接融资的重要组成部分。一是考虑放宽临港特殊经济功能区创新型企业人民币离岸债券融资的外债审核。以本币形式对外进行债务融资可以规避币种错配的风险，甚至已有研究强调要将减少发行美元债提升到国家安全的高度[①]，因为从亚洲金融危机和拉美金融危机的历史经验看，上述危机都起源于对美元债发行的无管控。截至 2022 年末，中资海外债存量达到 12642.7 亿美元（行业分布见表 1），主要是企业债和金融债，企业债占比更高。

表 1　　　　　中资海外债券存量统计（2022 年 12 月 31 日）

行业	债券余额（亿美元）	余额占比（%）	发行只数	只数占比（%）
工业	873.22	6.91	493	12.82
房地产	1849.16	14.63	590	15.34
公用事业	190.66	1.51	46	1.20
能源	352.56	2.79	48	1.25
金融	3997.82	31.62	1182	30.73
其他	4103.65	32.46	1230	31.98
材料	48.27	0.38	38	0.99
信息技术	618.83	4.89	94	2.44
可选消费	547.77	4.33	102	2.65
医疗保健	11.63	0.09	6	0.16
日常消费	49.18	0.39	17	0.44
合计	12642.76	100.00	3846	100.00

资料来源：Wind。

---

① 丁剑平. 上海发展人民币离岸交易研究［J］. 科学发展，2022（3）：53 – 61.

在美联储加息周期开启后，存量外债规模较大的企业，债务成本急升。如果这些海外债务是以人民币的形式持有，则可以规避货币错配的风险。而且这些债券融资本身的用途有不少是在境内，企业往往在海外融资得到美元后，以外保内贷的形式用于境内投资。

二是考虑将一部分国债和地方政府债券的发行通过临港离岸市场进行，并增加离岸人民币债券的发行频率和规模，为离岸人民币债券市场提供定价基准。2021 年，深圳市在全国率先成功发行离岸地方债，近期拟再次启动境外发债工作。2022 年 10 月 24 日，深圳市公告将于近期赴香港发行不超过 50 亿元离岸人民币地方政府债券，债券期限为 2 年期、3 年期、5 年期，其中，3 年期、5 年期为绿色债券和蓝色债券，募集资金将投向轨道交通、水污染治理等项目。当日，海南省财政厅也发布公告称，计划发行不超过 50 亿元离岸人民币地方政府债券，这是中国地方政府首次在国际资本市场发行蓝色债券和可持续发展债券。

三是扩大点心债①和熊猫债②的发行，并实现临港人民币离岸市场和境内债券市场的相互连通，将人民币债券市场打造成受国内外企业和金融机构欢迎的主流融资渠道之一。据不完全统计，目前在中国发行主权熊猫债的有韩国、波兰、匈牙利、菲律宾、葡萄牙、德国等多个国家。中国银行间市场交易商协会数据显示，2023 年 1 月至 8 月，经协会注册熊猫债发行金额为 1060 亿元，较上年同期增长 58.2%。由于海外市场深受地缘政治和货币政策结构性变化的影响，中国境内资本市场稳定的融资环境，对境外发行人将越来越有吸引力，提高跨国企业和机构对全球人民币业务的重视程度。

（三）以家族办公室为特色的离岸财富管理中心

离岸财富管理中心也应是临港离岸金融创新的一个重要领域。国内高净值人群数量日益增加，且居民对海外资产配置的需求也日益提升。一个能有效配置全球资产的离岸资产管理中心，既能对接非居民的需求，也能承接本国居民的海外资产配置需求，完善上海全球资产管理中心的功能。

数据显示，截至 2021 年底，全球家庭财富达到 463.6 万亿美元，比上年增长12.7%，是不包括汇率因素的有史以来最快的年增长率。分国别看，美国、中国和加拿大在家庭财富扩张方面处于领先地位，分别增加了 19.5 万亿美元、11.2万亿美元和 1.8 万亿美元。中国占到了全球新增财富总额的四分之一，百万富翁数量占全球总数的 10%。2021 年，中国家庭总财富达到 85.1 万亿美元，比 2020

---

① 境外机构在离岸市场发行的人民币债券。
② 境外和多边金融机构等在中国发行的人民币债券。

年增长 15.1%。

临港打造离岸财富管理中心，可以重点引入家族办公室等机构，以对标高端金融财富管理需求。家族办公室不仅是财富管理行业的一个细分领域，其背后实质上是具有创新、创造、创富能力的企业家，这对提升临港的产业和金融生态都大有裨益。

（四）优先发展离岸再保险和自保业务，建立临港离岸保险市场

离岸保险是由一国离岸市场上的保险机构为境外标的和境外风险提供的保险服务。从业务属性来看，离岸保险是最不具投机性的离岸金融功能，同时也能与上海航运中心的优势相匹配，两者的发展相得益彰。

在直接保险业务、再保险业务和自保业务三类业务中，再保险业务没有严格的地域属性，对象主要为保险公司之间的交易，自保业务则主要是企业为了弥补商业保险市场的不足和满足自身风险管理多样化的需要而设立自保公司，这两者相对直接保险业务更容易落地。

以新加坡为例，在发展离岸保险业务的过程中，政府以再保险作为抓手，通过稳定的币值、优惠的税收优惠吸引中国、印度、泰国、日本、韩国、印度尼西亚等国家的再保险业务进入新加坡，在短时间内发展成为重要的国际离岸再保险中心，引领亚洲乃至全球的离岸再保险业务发展。截至 2021 年末，新加坡离岸保险业务总保费收入达到了 151 亿美元，其中再保险业务保费收入为 86.1 亿美元，占离岸保险保费总收入的 57%。

从自保业务看，专业自保公司具有能够直接进行再保险、降低风险管理成本及涉足传统保险不能涉及的特殊风险领域的特点。世界财富 500 强企业中有超过70% 的企业设立了专业自保公司[①]，在临港引入自保公司也有利于促进跨国企业在上海的集聚。建议出台针对离岸专业自保公司的优惠政策，吸引跨国自保公司入驻。

（五）以氢交易所引领绿色金融产品创新

上海市发展和改革委员会等部门印发的《关于支持中国（上海）自由贸易试验区临港新片区氢能产业高质量发展的若干政策》提出，探索建设氢交易平台。支持国内氢能龙头企业、碳交易专业平台机构等在临港新片区联合设立统一、高效的氢能交易平台。随着相关政策措施、标准、方法学的完善，氢交易及绿氢交易、价格指数、溯源认证、氢储能参与电力市场和氢能碳减排市场化交易机制逐步建立，将推动清洁氢产生的减排量纳入自愿碳排放交易市场。

---

① 王绪瑾，李予萱. 我国自保公司研究 [J]. 中国金融, 2016 (24): 54-55.

绿氢交易有望为绿色金融领域的产品创新提供新的方向。鉴于绿色金融领域尚未建立统一的国际市场，中国作为氢生产和氢利用的大国，也应考虑从战略层面谋划国际绿氢交易体系，力争未来掌握这一新能源品种的定价权。

四、临港建设离岸金融创新实践区的实施路径及举措

从推进路径看，建议先直接融资后间接融资，先以外币业务推进离岸市场基础设施不断完善、后逐步扩大本币离岸市场规模，并依照与人民币国际化水平的适配性，从内外分离型离岸中心向有限渗透型离岸中心转变。不同类型的离岸金融市场如表2所示。

表2 不同类型的离岸金融市场

离岸中心类型	典型代表	特点	币种
内外一体型	伦敦	市场的参与者既可以经营离岸金融业务，又可以经营自由市场业务，在管理上没有特殊限制，经营离岸业务也不必向伦敦金融局申请批准	自由兑换货币（原则上不包括本币）
内外分离型	纽约（International Banking Facilities, IBFs）	离岸业务和传统业务必须分别设立账户，即各金融机构为记载其在美国开展国际银行业务以及与此有关的收支状况而设立的一套独立于在岸业务的资产负债账户，此类账户可以享受美联储理事会颁布的法律豁免条例和税收优待；经营离岸业务的本国银行和外国银行必须向金融当局申请，经营离岸金融业务可以享有免交存款准备金、存款保险金的优惠，享有利息预扣税和地方税的豁免权。	自由兑换货币（包括本币）
内外渗透型	新加坡（Asia Currency Unit, ACU）	由内外分离型离岸金融中心演变而来，对管理经验的提升和经济的发展要求较高	自由兑换货币
避税港型	加勒比海地区	采取特别的优惠措施来吸引国际银行和离岸资金进入本国，是许多大型跨国公司和超高净值个人常用的避税金融工具	自由兑换货币

资料来源：上海锦天城律师事务所。

在实施层面，建议临港离岸金融创新实践区的建设采取以下措施。

（一）继续鼓励国内外金融机构在临港开展离岸金融业务

由于国外金融机构对离岸市场的业务和运行规则更为熟悉，以合资形式吸引国外金融机构在临港开展离岸金融服务有利于快速搭建临港离岸金融业务体系。

对于入驻临港从事离岸业务的金融机构应有较高的资质要求，同时也要相应地对其开放投资人民币产品的权限，并在税收方面比照其他主要离岸金融中心达到同样条件的优惠。例如，新加坡取消了非居民外汇存款利息扣除税、影响交易

成本的印花税、影响投资者收入的所得税等，总部在新加坡的国际机构则根据机构属性适用10%、15%的优惠税率。主要离岸金融市场的税负比较如表3所示。

表3　　　　　　　　　　　　主要离岸金融市场的税负比较

国家（地区）	个人所得税	企业所得税	资本利得税	利息预扣税	股息预扣税	印花税
新加坡	0～20%	17%	0	0	0	0
中国香港	15%	16.5%	0	0	0	1%～2%
伦敦		30%				不予减税
百慕大	0	0	0	0	0	0～15%
英属维尔京群岛	10%、14%	15%	0	0	0	4%～12%
加勒比地区	0	0	0	0	0	4%～10%

资料来源：杨帆的《探索建设自由贸易港：离岸金融市场再起航》。

（二）以FT账户为基础完善离岸市场账户体系

我国现行的涉外账户有多种类型，包括离岸账户（OSA）、NRA和FT账户。直观来看，OSA账户受到的限制最少，非居民在境外银行开设的便利性也很高，非常适合开展离岸业务，但由于我国资本账户可兑换性和跨境资本流动的限制，OSA与人民币离岸市场并不适配；NRA账户是为非居民开设的在岸账户，且币种单一，随着我国对跨境资本流动实行本外币一体化管理，其功能短板将日益凸显，在我国金融对外开放中更多的是起到一个过渡的作用；FT账户则可以实现本外币一体化管理，既可服务于区内居民，又可服务于境外非居民，国际化程度较高，唯一的问题是尚未实现真正的自由化，因为我国对跨境资金流动的限制较多，但这一缺陷可以通过逐步完善我国宏观审慎管理得到解决（见表4）。

表4　　　　　　　　　　　　不同涉外账户的比较

账户类型	资金监管要求	币种	人民币离岸交易适用性
OSA	与境内严格分离，利率和汇率使用离岸价格； 无须缴纳存款准备金和利息所得税	仅限自由兑换货币的单币种账户（目前仅外币）	不适用（除非人民币实现资本项目可兑换）
外币NRA	资金与在岸资金并不隔离，利率和汇率均使用在岸价格，按规定缴存款准备金（需在外汇局核定的外债指标范围内）； 资金性质视同在境外，与境外账户之间的划转可凭指令办理；与境内账户的资金往来视同跨境，需申报跨境交易背景真实性证明； 未经批准不得结汇，自贸区NRA账户可自由结汇	单币种（仅外币）	适用性较差（人民币NRA账户与外汇NRA账户相互隔离，结汇和购汇成本较高）

账户类型	资金监管要求	币种	人民币离岸交易适用性
人民币 NRA	资金与在岸资金并不隔离，利率和汇率均使用在岸价格，按规定缴存存款准备金（境外机构人民币银行结算账户资金余额暂不纳入现行外债管理）； 资金性质视同在境外，与境外账户之间的划转可凭指令办理（但不支持从境外同名账户中收款，未经批准不得取现）； 购汇需经交易背景审核	人民币	适用性较差（人民币 NRA 账户与外汇 NRA 账户相互隔离，结汇和购汇成本较高）
FT 账户	资金应来源于区内或境外，适用离岸汇率，利率市场化决定； 允许一定额度内向总行拆借（资金成本有优势，视境内、境外资金成本孰低可向母行或境外拆借），本外币一体化管理； 与境内账户的划转只能用人民币进行，限于经常项下业务、偿还自身名下且存续期超过6个月的上海市金融机构发放的人民币贷款、新建投资、并购投资和增资等实业投资（须对资金划转进行真实性审核）	多币种（人民币和外币）	适用性较强（本外币一体化，既可服务于区内居民，又可服务于境外非居民，国际化程度较高；但在目前有限渗透的情况下，尚未实现真正的自由化）

资料来源：根据公开网页资料整理。

（三）进一步完善金融基础设施

进一步完善金融基础设施，有助于疏通离岸业务的"堵点"，降低交易成本，提升临港离岸金融创新实践区的吸引力。根据我们对在沪资管机构的调研，平均37%的机构反映同名账户和保证金不能跨市场共用是上海金融基础设施互联互通的最大障碍，尤其是公募基金。另有30%的反馈最关切跨境划付的效率和便利性，其中信托公司持这一观点的比例高达63%。在保险资管机构看来，跨行清算成本高、跨境划付效率低以及 CIPS 不接受云服务器等问题都值得同等关注。

（四）依托临港"国际数据港"试点安全可控、先试先行数据跨境流动

数据跨境和信息安全是外资金融机构在中国展业面临的一个突出挑战。根据我们对在沪资管机构的调研，38%的在沪资管机构对合规要求方面的问题最为关切；其次是无法利用全球 IT 解决方案的困扰，反映这一困难的机构占调研样本的三分之一，尤其是公募基金，有63%的公募基金受到无法利用全球 IT 解决方案的困扰。

数据是继土地、劳动力、资本、技术之后新的重要生产要素，充分发挥数据

要素的生产力，关键是处理好数据产权和使用权的关系。建议依托临港"国际数据港"试点安全可控、先试先行数据跨境流动，充分发挥境外机构的全球资产配置功能，从而更好地服务非居民投资中国市场，以及国内居民投资组合的多元化。这是充分发挥上海国际金融中心（尤其是国际资产管理中心）全球资产配置功能的一个关键点。

此外，将数字化打造为上海国际金融中心的新特色，有助于从内在功能、底层逻辑上提升上海国际金融中心"质"的竞争力。

（五）支持上海金融法院探索建设金融法制和规则体系案例库

在司法体系上与国际主要金融中心的巨大差异是制约下阶段我国金融制度型开放的一个关键因素。建议借鉴上海金融法院首创金融市场案例测试机制，以区别于传统民事诉讼制度的司法审理模式，拓展金融司法的服务保障功能，形成契合金融市场监管沙盒治理和社会协同综合治理的金融纠纷解决新思路。例如，对目前我国尚无专门立法、但又需要形成司法意见的争议解决，通过充分诉辩、发表法律意见，作出司法意见，并充分积累有关的案例，形成对我国司法体系解决国际金融纠纷的有益补充。

上海率先实现非金融企业
资本项目可兑换的路径研究①

在当前我国资本项目 7 大类 40 个分类中，绝大多数项目已经实现可兑换或部分可兑换。在此基础上，考虑到人民币国际化进程，我国资本项目可兑换本质上已具化为资本账户双向开放问题。尽管涉及非金融企业的资本项目"名义"可兑换程度不断提高，但实际可兑换程度在政策和实操层面仍有较大提升空间。近年来，我国外汇管理方面开展诸多有益探索，包括简化外债登记管理、推进资本项目收入支付便利化、提升跨境融资便利化水平等，以"试点扩围"和"扩容提额"结合的方式，逐步将小范围先进经验向更大范围推广。在把握我国资本项目可兑换发展阶段，总结试点经验基础上，本文试图根植于上海区别于其他地区优势，探索率先实现非金融企业资本项目可兑换的若干路径。

一、引言

经过多年持续推进，我国资本项目可兑换程度大幅提升。按照经合组织《资本流动自由化通则》91 项负面清单标准，2021 年我国已有 86 个子项实现了不同程度开放；按照国际货币基金组织 7 大类 40 项分类，择优 37 项实现了不同程度开放②。我国资本项目可兑换取得显著成效：直接投资项下已实现较高水平开放和基本可兑换，跨境证券投资形成多渠道、多层次开放格局，全口径跨境融资宏观审慎管理框架已经建立等。我国资本项目可兑换进程是不断简政放权，审时度势完善制度设计，畅通资金流出入渠道的进程。

---

① 本篇执笔：中欧陆家嘴国际金融研究院副院长、研究员刘功润博士，中欧陆家嘴国际金融研究院研究员龙玉博士。

② 王蕾．探索资本项目开放的中国方案［J］．中国外汇，2021（13）：78 - 80；陆磊的《央行外汇局正深入研究未来五年推动资本项目开放的内容》，2020 年 9 月 26 日在全球财富管理论坛上海峰会的演讲。

资本项目可兑换可分为资本账户双向开放和围绕双向开放而产生的本外币兑换两个环节。在以人民币作为跨境结算支付货币的情况下，又可简化为双向开放这一个环节。2009 年后人民币跨境使用取得快速进展，到 2021 年银行代客人民币跨境收付金额合计为 36.6 万亿元，收付金额创历史新高。当市场主体选择以人民币而非通过外币兑换来实现资本项目下的投资交易时，那么资本项目可兑换问题可以简化为资本账户双向开放问题，即开放对象是谁、符合什么标准、满足哪些条件以及获得多少额度等。因此，在人民币国际化的背景下，探讨资本项目可兑换问题已不能停留在外币"兑换"层面，而是侧重于"可"的层面。立足于人民币国际化的时代背景，力争实现人民币国际化、资本项目双向开放和上海国际金融中心建设的良性互动。

当前我国资本项目可兑换已进入深水区，前期能实现、易实现的已经基本可兑换，剩下的都是具有一定风险、改革难度较大的项目。近几年政策着力点主要落在提高资本项目中"可兑换"和"部分可兑换"项目的便利程度上，不断提高企业跨境投融资渠道额度，放宽资本项目汇兑限制，给予企业更多自主选择空间等。据此，各试点地区在推进外债登记管理改革、资本项目收付便利化、提升数字化服务水平、建设本外币一体化资金池等方面作出诸多有益探索。在总结我国资本项目可兑换发展阶段和试点经验基础上，上海进一步提升非金融企业资本项目可兑换水平需把握一些基本原则，同时基于独特优势和政策鼓励方向，探索可行性路径。

二、当前我国资本项目可兑换的情况

资本账户是国际收支平衡表中资本和金融账户的总称。资本账户包括两小类，分别为：（1）资本转移以及非生产、非金融资产的收买与放弃；（2）金融账户涉及一国经济体对外资产和负债所有权变更的所有交易，包括三小类，分别是直接投资、证券投资以及其他投资。人们通常所称的资本项目或资本账户实质上是指金融账户部分。资本项目可兑换是指金融账户开放程度及相应的外汇管理问题。

沿用国际货币基金组织（IMF）的资本项目列表，资本项目包括 7 大类 40 个子项。在该列表中，股票、债券、货币市场工具、基金、衍生产品 5 类，可以先按照居民、非居民这 2 类，再按照购买、出售（或发行）这 2 类进行分类，形成20（5×2×2）个子项；信贷按照商业信贷、金融信贷、担保保证和备用融资便利 3 类，再按照居民向非居民、非居民向居民提供这 2 类，形成 6（3×2）个子项；直接投资按照对外、对内这 2 类形成 2 个子项；其他一些项目也可以按照居民、非居民的分类进行划分；总共形成 40 个子项。在实际管理中，一项资本项目可兑换举措的出台，难以做到与每个子项一一对应，可能同时涉及很多子项。也就是说，出台某一项政策可能带来 40 个子项中多个子项可兑换程度提高。IMF 只是对资本项目可兑换给出了一个大致框架，并没有规定一套标准来界定一国是否实现资本项目可兑换。现实中有一些国家出于吸引外资或宣誓市场化经济地位等意图，会宣布自己实现资本项目可兑换，但资本项目可兑换确实没有明确标准。

我国对资本项目可兑换程度有自己的评估方法。2002 年国家外汇局提出了依据资本项目类别进行评估的方法，设立了可兑换、基本可兑换、部分可兑换和不可兑换四类标准，并据此对各项目管制程度进行打分和综合评价。可兑换是指经过主管部门或银行真实性审核后可以做的项目，如境内银行向国外发放贷款可以直接办理，无须外汇管理部门审批；基本可兑换是指经过核准或登记后可以做的项目，如对外直接投资只需要境外直接投资外汇登记而没有前置性审批；部分可兑换是指经审批后部分交易可以做的项目，如境内银行从境外借入资金不能超过有关部门事先核定的外债指标标准；不可兑换是指明文禁止的项目，包括法律上无明确规定但实际操作中不允许做的项目，如居民个人不能向非居民提供贷款等。逐一梳理资本项目的 7 大类 40 个子项，可以发现我国资本项目的可兑换程度比较高，甚至可以说我国基本实现了资本项目可兑换。

关于资本项目可兑换程度测定，有一些典型方法。一是名义测度法，即根据 IMF 发布的可兑换报告来衡量。二是实际测度法，主要以国际资本流入和流出总量占 GDP 的比率作为测度标准。三是混合测度法，即将名义和实际测度法做综合衡量。通常我们所称的基本实现了资本项目可兑换主要是对应第一种方法，实际上可兑换程度没有那么高。首先，资本账户开放包括名义的资本账户开放和实际的资本账户开放，前者反映了一国政府通过颁布的政策法规对资本账户开放的管制程度，后者则反映一国实际资本流动情况（张礼卿，2021）[1]。目前我国所实现的资本项目可兑换较多地体现在前者，也就是说政策层面放开了管制，但实际资本流动还没有放开。其次，从资本账户的 40 个大项来看，我国基本上实现了资本账户开放，但是不得不承认，在已经实现开放和部分开放的领域，资本跨境流入、流出并非百分之百的自由，不再有管制[2]。表现为近期我国资本项目中证券投资类大多数是通过 QFII、QDII（或 RQFII、RQDII）、沪港通、深港通、债券通等"管道式"开放途径实现，还存在各种准入、产品和额度限制。最后，资本项目可兑换在账户开立、资金跨境汇划、兑换、交易、托管、评级、税收等诸多领域的便利化程度仍然有待进一步提高。因此，我国的资本项目可兑换程度实际上还是较为有限的，不仅是未开放的 3 个子项有待放开的问题，而且是已经实现可

① 张礼卿. 我国资本账户可兑换的历程：经验和前瞻 [J]. 中国外汇，2019 (7)：30 - 32.
② 周诚君. 当前推进资本项目可兑换思考 [J]. 中国金融，2019 (21)：31 - 33.

兑换子项的实际可兑换程度仍有较大提升空间。

当然，推动资本项目可兑换并不等于说要实现百分之百的资本跨境自由流动。文献中根据一国资本账户开放程度，可以分为完全开放、"墙式管制"和"门式管制"。其中，"墙式管制"是指对资本施行长期管制，"门式管制"是指实行偶尔的管制。从国际实践看，现在已经达到资本项目可兑换的多数国家，对资本流动仍有若干管理。2020年IMF首次公布的全球资本管制措施分类显示，包括发达经济体在内的大多数国家都存在"门式管制"，"墙式管制"也并不少见。各国根据国内外经济与金融市场变化，可对部分已经取消管制的子项再度实行管制①。即便是非常强调自由市场的西方发达国家，也在反洗钱、反恐怖融资和涉及避税天堂的跨境交易方面加强了资本流动管控，并不是百分之百自由地允许资本跨境流动。很少有国家在资本项目可兑换上做到百分之百的自由兑换，而是大量自由兑换、少量有管理的兑换相结合。即使在有管理的兑换下，也要按照相关规定去办理，如在外汇账户开立和国际收支统计方面需要说明资金的性质和用途，保留外债登记制度以作为国家外债统计和外债管理的依据等。推进资本项目可兑换并不意味着绝对自由，受现行体制限制，必须有应急管理机制②。

我国资本项目可兑换进度如表1所示。

表1　　　　　　　　　　　我国资本项目可兑换进度（7大类、40项）

项目				现状
1	一、资本和货币市场工具	1. 资本市场证券	A. 买卖股票或有参股性质的其他证券	非居民在境内购买	部分可兑换
2				非居民在境内出售或发行	不可兑换
3				居民在境外购买	部分可兑换
4				居民在境外出售或发行	部分可兑换
5			B. 债券和其他债务性证券	非居民境内购买	部分可兑换
6				非居民境内出售和发行	部分可兑换
7				居民境外购买	部分可兑换
8				居民境外出售和发行	部分可兑换
9		2. 货币市场工具		非居民在境内购买	部分可兑换
10				非居民在境内出售或发行	不可兑换
11				居民在境外购买	部分可兑换
12				居民在境外出售或发行	部分可兑换
13		3. 集体投资类证券		非居民在境内购买	部分可兑换
14				非居民在境内出售和发行	部分可兑换
15				居民在境外购买	部分可兑换
16				居民在境外出售和发行	部分可兑换

---

① 盛松成，孙丹. 利率汇率改革与资本账户双向开放［J］. 中国金融，2020（Z1）：124－126.

② 周小川的《人民币对美元走势不是关键，货币可自由使用才是重要内容》，2020年10月21日在金融街论坛年会的讲话。

	项目		现状
17	二、对衍生工具和其他工具的管制	非居民在境内购买	部分可兑换
18		非居民在境内出售和发行	不可兑换
19		居民在境外购买	部分可兑换
20		居民在境外出售和发行	部分可兑换
21	三、对信贷业务的管制	1. 商业信贷 居民向非居民提供	可兑换
22		非居民向居民提供	可兑换
23		2. 金融信贷 居民向非居民提供	可兑换
24		非居民向居民提供	部分可兑换
25		3. 担保、保证和备用融资便利 居民向非居民提供	部分可兑换
26		非居民向居民提供	部分可兑换
27	四、对直接投资的管制	1. 对外直接投资	可兑换
28		2. 对内直接投资	可兑换
29	五、对直接投资清盘的管制		可兑换
30	六、对不动产交易的管制	居民在境外购买	部分可兑换
31		非居民在境内购买	部分可兑换
32		非居民在境内出售	可兑换
33	七、对个人资本流动的管制	1. 贷款 居民向非居民提供	部分可兑换
34		非居民向居民提供	部分可兑换
35		2. 礼品、捐赠、遗赠和遗产 居民向非居民提供	部分可兑换
36		非居民向居民提供	可兑换
37		3. 外国移民在境外的债务结算	可兑换
38		4. 资产的转移 移民向国外的转移	部分可兑换
39		移民向国内的转移	可兑换
40		5. 博彩和中奖收入的转移	部分可兑换

资料来源：国家外汇管理局、IMF。

三、人民币国际化背景下的资本项目可兑换问题

随着人民币国际化不断推进，资本项目可兑换的内涵与外延已发生改变。2009 年前，资本账户双向开放与资本项目可兑换是一体两面，资本账户开放必然伴随着可兑换问题。只有某个资本项目向非居民开放，比如，允许非居民投资境内债券市场，非居民才可以将外汇汇入并兑换成人民币后用于债券投资；同样，只有某个资本项目向居民开放，比如，允许居民投资境外债券市场，居民才可以在满足一定条件、额度范围内（如 QDII）将人民币兑换成外汇后汇出并用于境外债券投资。2009 年 7 月起，我国正式开始推动人民币国际使用，即人民币可以像美元、欧元等国际结算货币一样被用于经常项目和资本项目的跨境收付结算。这意味着在已经实现可兑换或部分可兑换的资本项目子项中，使用人民币实现跨境

汇出入情况时已经不存在外汇兑换问题，只面临着资本账户是否开放与开放程度的问题。极端情况下，如果给予本币更大空间，所有跨境支付都是使用人民币，就不存在资本项目可兑换问题，而完全简化为单纯的资本项目开放问题，也就是某个资本项目"是否开放""多大程度上开放"等问题。因此，在人民币国际化背景下，推动资本项目可兑换的重点不在于"兑换"这个步骤，而在于"可以做"的问题。因此，资本项目可兑换分为两个环节：一是哪些资本项目实现了双向开放，二是围绕着资本项目双向开放而产生的外汇兑换。关键在于哪些资本项目是开放的，包括对哪些群体开放，需要满足哪些条件，开放的程度如何，设定多少额度等，即归根结底是资本账户双向开放问题。随着资本账户双向开放持续推进，外汇"兑换"只是开放后的伴随动作。

2015年人民币汇率形成机制改革后，随着人民币汇率弹性增强、双向波动成为常态，市场主体在跨境贸易投资中使用人民币以减少货币错配风险的内生需求不断增长[①]。2021年，我国银行代客人民币跨境收付金额为4.7万亿美元，占同期本外币跨境收付总额的39.9%；2022年1—8月，我国银行代客人民币跨境收付金额为3.6万亿美元，在同期本外币跨境收付总额中的占比进一步提升至42.4%。从国别分布看，2022年1—8月，与中国境内企业或个人发生人民币跨境收付业务的境外国家（或地区）达220个[②]。2014—2022年涉外收付中人民币所占比例如图1所示。

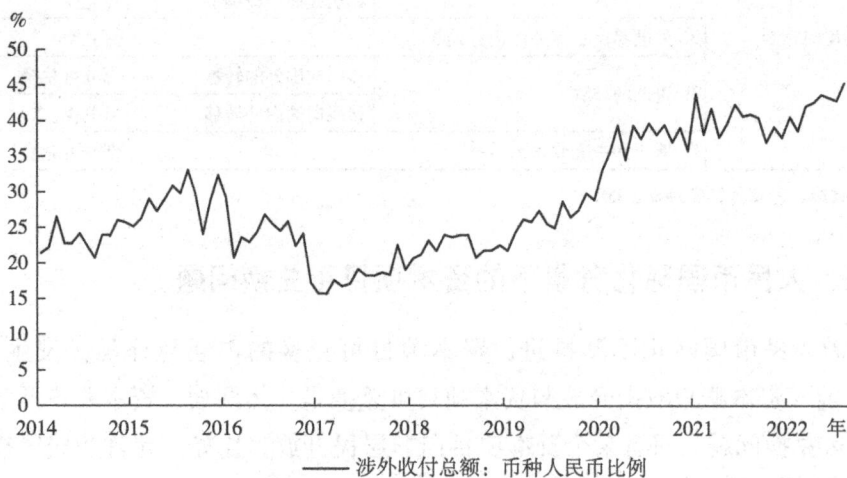

图1　涉外收付中人民币所占比例

（资料来源：Wind）

---

① 资料来源于中国人民银行宏观审慎管理局的"走中国特色金融发展之路"系列文章之《坚持改革开放和互利共赢　人民币国际化稳步推进》（2022年10月）。
② 资料来源于前文所引《坚持改革开放和互利共赢　人民币国际化稳步推进》。

不仅跨境收付中以人民币结算占比在上升，而且人民币跨境收付多数来源于资本和金融项目。2021年经常项目人民币跨境收付金额合计为7.95万亿元，资本项目人民币跨境收付金额合计为28.66万亿元，后者占人民币跨境收付金额的比重为78.3%，而2015年资本项目人民币跨境收付金额为4.5万亿元人民币，所占比重为40.2%。2022年上半年，经常项目人民币跨境收付金额合计为4.58万亿元，同比增长27.2%，资本项目人民币跨境收付金额合计为15.73万亿元，同比增长12.7%。特别是得益于金融市场对外开放不断深化，人民币投融资货币功能较快提升，证券投资在跨境人民币收付金额中的占比由2017年的30%左右上升至2021年的60%左右[1]（见图2）。

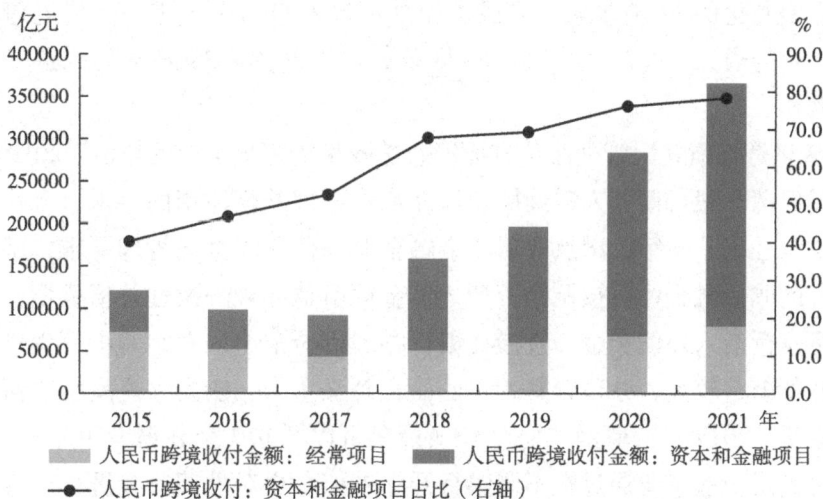

图2　人民币跨境收付所涉国际收支项目：经常项目与资本项目
（资料来源：Wind）

虽然资本项目中以人民币结算的比重在上升，但是仍然有一大部分以外币结算，以及人民币跨境结算时市场主体仍会依托离岸人民币市场开展外汇兑换。这就涉及人民币国际化进程中的离岸人民币市场建设问题。

四、近年来有关非金融企业资本项目可兑换的政策举措

近年来，外汇管理政策在推动非金融企业资本项目可兑换方面做了一些有益探索，可分为两个方面。一方面，不断拓宽企业跨境投融资渠道且提升其额度，放宽资本项目汇兑限制，给予企业更多自主选择空间。另一方面，不断深化"放

---

[1]　资料来源于前文所引《坚持改革开放和互利共赢　人民币国际化稳步推进》。

管服"改革，简化资本项目业务办理流程，提升便利化水平。

（一）外债登记管理改革

2013年，国家外汇局发布《外债登记管理办法》（汇发〔2013〕19号），取消外债账户开立、资本金结汇和还本付息等业务审批事项，债务人无须到国家外汇局逐笔审批办理，而是在完成外债签约登记后可直接到银行办理结汇和购付汇手续。2016年6月，国家外汇局发布《关于改革和规范资本项目结汇管理政策的通知》（汇发〔2016〕16号），全面实施外债资金意愿结汇管理，允许企业自由选择外债资金结汇时机，对外债和资本金等资本项目收入使用实施统一负面清单管理。2019年10月，国务院常务会议审议通过了关于优化外汇管理、促进跨境贸易投资便利化的12项政策；之后国家外汇局发布《关于进一步促进跨境贸易投资便利化的通知》（汇发〔2019〕28号，以下简称"28号文"），进一步明确了具体操作。

2019年是外债登记管理改革方面简政放权举措密集出台的年份。2019年，国家外汇局取消非银行债务人需到所在地外汇局办理外债注销的要求，可在银行办理外债注销登记。同年，试点取消非金融企业外债逐笔登记管理要求，试点地区符合条件的非金融企业可按照净资产2倍金额申请办理一次性外债登记，在登记额度内可自行借入外债资金，直接在银行办理资金汇出入和结购汇等手续。此举措对于外债需求较大、办理频繁的企业而言意义重大，能大大提高境内债务人外债使用效率。2019年，取消"每笔外债最多可以开立3个外债专用账户"限制。此举措可满足一些企业通过在不同银行开立外债专户对外债资金进行分类管理的实际需要。

2021年，开展非金融企业多笔外债共用一个外债账户试点。2022年4月，人民银行、国家外汇局出台全力做好疫情防控和经济社会发展金融服务23条政策举措，其中一项举措将多笔外债共用一个外债账户试点政策推广至全国。当一笔外债尚未到期而相关外债账户仍在使用中，企业就可以使用该账户按照"多笔外债共用一个外债账户"便利化政策办理新一笔外债资金入账，免去开立外债账户等流程。该举措减少企业多次开户、销户手续，节省业务办理时间，缓解"频次高、流程繁、路程远"问题（见图3）。

（二）资本项目外汇收入支付便利化

自2017年起，资本项目收入支付便利化试点工作开展。试点企业资本项目收入（含结汇所得人民币）用于境内支付使用时，银行无须事前逐笔审核交易单证，可凭支付指令直接办理，以切实提高企业外汇资金使用便利化程度。在2019年"28号文"推动下，资本项目外汇收入支付便利化试点范围在之前12个自贸

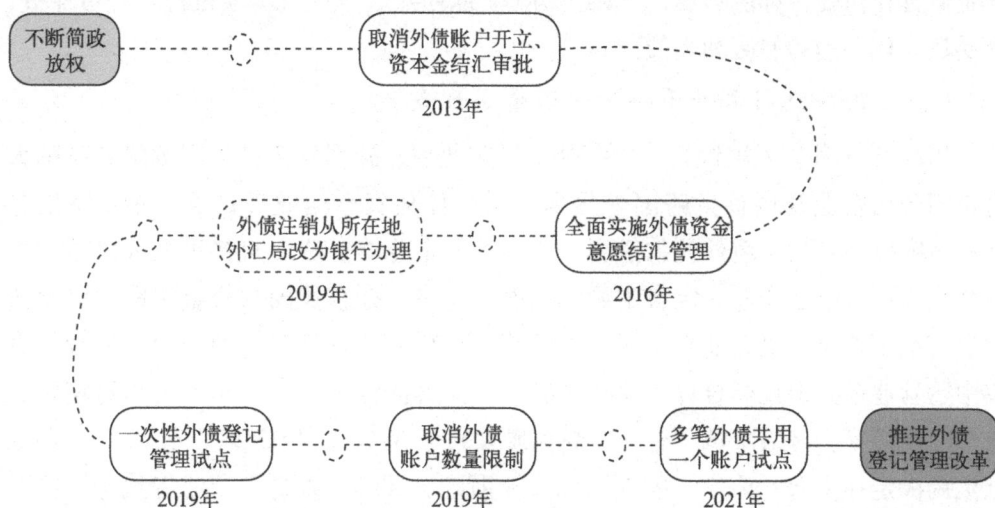

图3　推进外债登记管理改革举措

（资料来源：根据政策整理）

区以及浙江、江苏、深圳等地基础上，进一步扩大到 2019 年新设的 6 个自贸区和上海市全辖范围。2020 年，国家外汇局发布《关于优化外汇管理 支持涉外业务发展的通知》（汇发〔2020〕8 号），在全国推广资本项目收入支付便利化改革。以往企业借入外债资金结汇使用过程中，每笔资金用于日常生产经营支付都需事前提交合同、发票等真实性证明材料，流程较为烦琐。《资本项目外汇业务指引（2020 年版）》规定，符合条件非金融企业（房地产企业和地方政府融资平台除外）将资本金、外债资金和境外上市筹集资金等资本项目收入及其结汇所得人民币用于境内支付时，可凭《资本项目外汇收入支付便利化业务支付命令函》直接在符合条件的银行办理，无须事前逐笔提交真实性证明材料。资本项目收入支付便利化政策不仅降低了企业操作成本，也提高了银行审核效率，从"先审后付"变为"先付后抽查"。

（三）资本项目数字化服务试点

在国家外汇局"放管服"改革、促进贸易投资便利化背景下，2020 年一批银行获批成为资本项目数字化服务试点银行。以往企业在办理资本项目业务时，需要报送纸质资料，若遇到资料问题需要重新寄送，耗费大量时间，那么现在试点银行可以在网上为企业办理外债登记。试点银行开展的资本项目数字化服务试点，涵盖资本项目外汇账户开户、境内直接投资货币出资入账登记、外汇资本金账户资金入账、资本项目外汇资金意愿结汇等高频业务。企业通过线上填报，一键提交银行，实现了"无纸化""低碳化"业务办理，节省了"跑腿成本"。不管企业身在何处，都能够通过"网上办""远程办"办理资本项目行政许可业务，享受数字化办理的便捷和高效。

（四）跨国公司本外币一体化资金池试点

2021年3月，人民银行、国家外汇局在北京、深圳各5家信用等级较高的大型跨国公司企业开展首批跨国公司本外币一体化资金池业务试点。主要举措包括：适度提高外债、境外放款额度，允许主办企业结汇资金直接进入人民币国内资金主账户，给予企业一定自主购汇额度，允许主办企业国内资金主账户资金按用途直接下拨至成员企业自有账户办理等。2021年3月至2022年9月，跨境资金集中运营业务办理规模合计近500亿美元，显著提升了跨国公司本外币跨境资金统筹使用效率，有效降低了企业汇兑风险及财务成本①。2022年7月22日，国家外汇局决定在上海、广东、陕西、北京、浙江、深圳、青岛、宁波等地开展第二批跨国公司本外币一体化资金池试点，进一步优化管理政策，便利跨国公司企业跨境资金统筹使用。新一轮试点政策内容主要包括：一是增加试点地区和企业数量；二是允许跨国公司在境内办理境外成员企业本外币集中收付；三是进一步便利跨国公司以人民币开展跨境收支业务。

（五）高新技术企业跨境融资便利化试点

2018年3月，国家外汇局率先在北京中关村国家自主创新示范区开展外债便利化试点，允许中小微高新技术企业在一定额度内自主借用外债，不受净资产规模较小的限制。此后，国家外汇局逐步将该试点扩大至上海（自由贸易试验区）、湖北（自由贸易试验区及武汉东湖新技术开发区）、广东及深圳（粤港澳大湾区）、海南（自由贸易港）等9个省（市）区域。2022年5月，国家外汇局发布了《关于支持高新技术和"专精特新"企业开展跨境融资便利化试点的通知》，允许前期已开展试点的上海市分局等9个分局辖内符合条件的高新技术和"专精特新"企业可在不超过等值1000万美元额度内（之前为500万美元）自主借用外债。外债管理模式的不断优化，有利于企业更好地利用国内国际两个市场、两种资源。特别是为处于快速成长期、需筹集外债资金用于从国外采购高新技术产品以支持产品研发和运营的企业，缓解了融资困境。

（六）四个地区开展跨境贸易投资高水平开放试点

2022年1月，国家外汇局在四个地区（分别是上海自贸区临港新片区、广东自贸区南沙新区片区、海南自贸港洋浦经开区、浙江宁波北仑区）开展跨境贸易

---

① 国家外汇局. 扩大跨国公司本外币一体化资金池试点 支持总部经济发展 [EB/OL]. (2022−09−12) [2023−06−30]. https://www.safe.gov.cn/xinjiang/2022/0912/1311.html.

投资高水平开放试点，堪称目前国内最高水平的跨境贸易投资开放政策组合。此次试点政策可概括为"9 + 4 + 2"组合，涉及9项资本项目改革措施、4项经常项目便利化措施和2项加强风险防控及监管能力建设的相关要求（见表2）。涉及资本项目改革方面，一是拓宽企业跨境投融资渠道，支持中小微高新技术企业一定额度内自主借用外债，开展合格境外有限合伙人（QFLP）和合格境内有限合伙人（QDLP）试点，稳慎开放跨境资产转让业务，开展跨国公司本外币一体化资金池试点。二是提升跨境投融资便利化水平，外商投资企业境内再投资免予登记，符合条件的非金融企业资本项目外汇登记直接由银行办理，扩大资本项目收入使用范围，符合条件的企业自主选择跨境投融资币种，适度提高非金融企业境外放款规模上限。

表2　　2022年在四个地区开展跨境贸易投资高水平开放试点的主要政策

政策类别	政策方向	试点措施
9项资本项目改革措施	拓宽企业跨境投融资渠道	开展非金融企业外债便利化试点
		支持跨境股权投资基金跨境投资
		稳慎开放跨境资产转让业务
		开展跨国公司本外币一体化资金池业务
	放宽资本项目汇兑限制	扩大资本项目收入使用范围
		企业自主选择跨境投融资币种匹配
		适度提高非金融企业境外放款规模上限
	落实"放管服"改革	外商投资企业境内再投资免予登记
		企业资本项目外汇登记直接由银行办理
4项经常项目便利化措施	落实"放管服"改革	便利经常项目资金收付
		支持银行优化新型国际贸易结算
		扩大贸易收支轧差净额结算企业范围
		取消货物贸易特殊退汇登记

资料来源：根据政策整理。

五、率先实现非金融企业资本项目可兑换的路径探讨

（一）进一步提升资本项目可兑换程度的原则

名义上我国资本项目基本实现了可兑换，但还剩下少数几个项目近两年没有明显进展，需要中央层面的顶层设计与先行先试的地方摸索相结合加以推进。站在地方视角，在思维转变、机制设计、利弊比较、监管方式、沟通协调等方面有一些原则值得注意。

一是把握开放的时机。当前，资本项目可兑换已进入深水区，前期能实现、

易实现的已经基本可兑换，剩下的大都是具有一定风险、改革难度较大的项目。因此，进一步实现资本项目可兑换，需要审时度势，统筹国际收支形势，在一个相对稳定的宏观经济环境下推动。

二是注重资金流出入的平衡。跨境资金流动方向要互相抵消，不宜造成资金单向大规模流动。如果开放某一个子项可能造成大规模资金流出，那么需要设计推动另一个子项带来资金流入，使两个子项形成抵消，跨境资金流动趋于平衡。

三是优先支持实体经济发展。金融要为实体经济服务，资本项目可兑换也要体现为实体经济服务的精神。按照开放能否支持实体企业开展、增强实体企业获得感的先后顺序，优先开放促进实体企业发展的子项目。

四是坚持本币优先。人民币国际化具有非常深远的战略意义，任重道远，也是我们推动资本项目可兑换、建设国际金融中心、深化高质量双向开放的最终目标。如前所述，人民币国际化正深刻影响着资本项目下资金流出入的币种结构，那么要注重推进资本项目可兑换对人民币国际化的边际贡献，始终牢记初心。

五是加强跨境资本流动监测。资本项目可兑换向纵深推进必然会对监测预警、风险防控能力提出更高要求，因此有必要充分利用大数据、联邦计算等技术建立跨境资本流动监测预警体系，进一步完善全口径跨境融资宏观审慎管理框架。对于可能出现的跨境资金流动极端情形做好预案，采用宏观审慎调节系数、汇率风险折算因子等市场化手段干预，而不是采取"一刀切""关停禁止"等行政干预手段。

（二）上海率先实现可兑换目标的一些可行路径

经过各方多年的不懈努力，我国资本项目可兑换格局已基本形成。外商直接投资登记、变更、注销、资本金结汇、再投资、变现汇出等已放开；外债登记管理改革不断简政放权，外债一次性登记、高新技术企业外债便利化额度试点有序铺开……在既有全国"一盘棋"基础上，各地结合本地产业特点和实需要求，不断深化试点改革，提升便利化程度，以期在政策允许范畴内向着非金融企业资本项目可兑换有所突破。

资本项目可兑换仅剩下少数子项没有"开口子"，近几年政策主要围绕着提升便利化程度而展开。在政策基调不鼓励"迈大步、往前拱"前提下，巩固开放成果、"积跬步"也有重要意义。资本项目跨境投融资便利化政策的重点在于"便利化"，即提高企业办理资本项目业务效率，降低申报材料、差旅、时间的成本，使原先耗时耗力、烦琐冗余的流程变得触手可及、快速直达，增强企业在日常业务办理中的获得感。在外汇管理政策鼓励之下，各地纷纷努力提升便利化水平，但涉及实际操作层面仍考验着各地机制设计、流程优化、技术基础等综合能力。例如，原先必须要由银行审核后才能办理的资本项目收支业务，在资本项目收支便利化试点政策下，只要企业资金用途满足不在负面清单的要求，不拿去炒房、炒股或通过民间借贷给非关联人使用，那么银行可以免予审单直接为试点企业办理。然而，由于银行有真实性审核的展业要求，很难做到真正的不审单，放心地将审核交给企业自身。因此，银行往往会要求企业逐笔提供对应境内支付的合同、发票，多数情况下银行会逐笔核验发票真伪，如此一来便降低了境外资金进入后使用的便利程度，拉大了政策初衷与现实操作的差距。此时就考验各地平衡银行展业压力与落实便利化政策之间的能力，考验各地对政策理解与把握的能力，考验各地利用大数据平台系统解决信息不对称问题的能力等。因此，在既定政策范畴内，各地都在朝着深化"放管服"、提升便利化方向努力，如果上海能够比其他地区做得更专业一些，更实际一些，更大力度地减环节、优服务、强功能，那么实体企业将会有更好感受度和更多获得感。

除了深耕资本项目业务便利化之外，还有一些其他值得探索、挖掘之处，具体如下。

大力推进人民币跨境使用，以本币作为资本项目可兑换的"试验田"和"先行者"。受限于发展中国家货币国际清偿能力有限，还没有成为真正的国际货币，因此遇到较大冲击导致资本外流时，资本大进大出仍然是以兑换成外币的形式。那么，维持资本项目的兑换管制就成为发展中国家防范资本大进大出、应对汇率冲击的必要之举。目前我国涉外收付金额中人民币比例已经接近一半，如果给予本币更大空间，持续提升本币在国际收支币种结构中的占比来实现本币主导的资本账户开放，则可以形成人民币国际化、资本项目开放和国际金融中心建设的良性互动。随着我国对亚太区域经贸往来辐射能力增强以及"一带一路"共建国家对人民币投融资需求增加，建议减少具有实需背景的跨境人民币投融资交易所面临的项目审批、额度控制的限制，尽可能消除影响实体经济使用人民币开展跨境投融资活动的显性和隐性障碍。通过离岸银行业务或中资金融机构"走出去"，跟随提供人民币资金管理、账户结算、项目融资等综合金融服务。考虑境外主体持有人民币后会有使用配置需求，除了投资回流境内市场，离岸人民币市场也是重要吸纳场所。

以离岸中资美元债、中概股回流作为上海建设离岸金融体系的一个突破口。目前中国香港是主要离岸人民币市场，SWIFT 数据显示全球超过 70% 的离岸人民币支付金额经香港处理。然而，香港离岸人民币市场主要参与者是来自中国内地的机构或者是贴上中国香港标签的内地机构，而且占香港金融市场交易份额很小。目前中国香港、新加坡、英国伦敦的离岸人民币市场，适用当地金融法律体系、交易规则和监管制度，在人民币跨境交易中起着制度转换器作用，并非我国金融制度在离岸市场的延伸。在境外离岸人民币市场由于种种原因发展缓慢乃至受阻情况下，开拓几乎空白的境内离岸人民币市场可以创造新的市场空间，为资本项目尚未完全开放条件下的人民币国际化提供重要平台。2021 年 7 月，《中共中央、国务院关于支持浦东新区高水平改革开放 打造社会主义现代化建设引领区的意见》指出"构建与上海国际金融中心相匹配的离岸金融体系，支持浦东在风险可控前提下，发展人民币离岸交易"。构建离岸金融体系可以考虑在自贸区和临港新片区开展，面向境内外企业提供一些"先行先试"的金融产品，如高收益债、境内企业在境外上市的"海外版"股票。自 2020 年起，受到被美国 SEC 纳入摘牌名单的影响，不少中概股选择回流在香港双重主要上市或第二次上市，其目的并非融资，而是为除牌设置一道保险。作为多数当初能够赴美上市或离岸发债的优质企业，原先境内投资者对其有投资需求，甚至曾经受到"肥水流入外人田"的诟病。上海拥有境内最活跃的主板市场、新兴的科创板市场以及庞大的银行间债券市场，其交易机制、账户体系、托管系统等金融基础设施可以直接复制到以自贸区或临港新片区为依托的离岸金融市场。既为境内投资者提供一定的投资渠道和额度，又允许境外投资者参与，从而能够纠正价格超调，有助于畅通国内国际双循环。

以科创企业创始人融资便利化为契机，适时尝试放开境内个人对外投资。目前我国资本项目子项中对于个人开放程度较低。尽管政策层面有一些支持个人跨境投资政策出台，但缺乏具体操作抓手。2014 年 7 月，国家外汇局发布《关于境内居民通过特殊目的公司境外投融资及返程投资外汇管理有关问题的通知》（以下简称"37 号文"），提到鼓励境内居民（含境内机构和个人）通过特殊目的公司进行境外投融资、并可以开展返程投资。2015 年 10 月，人民银行会同商务部、银监会、证监会、保监会、国家外汇管理局和上海市人民政府联合印发《进一步推进中国（上海）自由贸易试验区金融开放创新试点 加快上海国际金融中心建设方案》（以下简称"金改 40 条"），提出统筹研究进一步扩大个人可兑换限额，研究启动合格境内个人投资者境外投资试点，适时出台相关实施细则，允许符合条件的个人开展境外实业投资、不动产投资和金融类投资。然而，这些政策都没有形成具体的实施细则。上海科创企业中民营企业数量占比超过九成[①]，为鼓励科创企业发展，提升科创企业创始人融资便利度，建议选择合适时机，尝试推出一些便利举措：便利科创企业创始人搭建境外特殊目的公司融资结构及回购境外

---

① 资料来源于央行上海总部：支持民营企业和科技创新企业跨境股权投资，2018 年 11 月 22 日。

特殊目的公司股权的登记和资金汇兑手续；便利科创人才从境外特殊目的公司资金调回手续；支持科技创新人才参与其服务企业在境外实施的股权激励计划；便利拥有境外国籍（或港澳台地区永久身份）的科创人才参与其服务企业在境内实施的股权激励计划的登记及汇兑手续等。金融机构在做好风险防范基础上，可以依托 FT 个人账户为符合条件的个人办理境内外合法资金收支、跨境投资以及兑换等配套金融服务。

以"后发优势"抓住跨国公司本外币一体化跨境资金池的试点机会。跨国公司本外币一体化资金池率先于 2021 年在北京、深圳试点，2022 年 7 月后推广至上海，这是为数很少的没有率先在上海试点的政策。跨国公司本外币一体化资金池可实现跨国公司集团内部资金打通、境内与境外资金打通、经常项目与资本项目资金打通、人民币与外币资金打通"四个打通"，实现境内外"两个市场、两种资源"自主调配，为实体部门资本项目可兑换提供渠道与路径。从国际经验来看，通过跨国公司跨境资金池来实现实体部门资本项目可兑换已是国际通行做法[①]。一方面，上海具有"总部经济"优势，近千家跨国公司地区总部或外资研发中心设在上海；另一方面，在复杂国际形势下一些跨国公司将境外财资中心迁回境内需求强烈。在总结前期北京、深圳试点经验基础上，可形成一些方案作为参考[②]：一是支持意愿购汇业务。试点企业可根据自身实际情况和需求，在一定额度内自主选择购汇时机，同时为企业加强汇率管理、提升汇率风险管理能力提供多元化避险工具。二是扩大企业跨境双向融资空间。适度调增双向跨境融资额度，进一步满足企业跨境本外币资金的余缺调剂和归集需求，赋予企业在跨境资金管理层面更多、更大的自主权。三是持续优化账户架构，大幅简化业务流程和手续，提高银行审核业务效率和资金调拨速度。目前我国境内离岸金融业务多个账户体系并行，OSA、NRA、FTN 等账户均具有离岸业务功能，但各自银行资格、客户对象、地域范围、管理要求、监管部门存在差异，并且缺乏统计体系，因此需要加强监管部门协调，整合账户体系，解决管理分散化问题。四是在跨国公司本外币一体化资金池政策的基础上，推动跨境资金管理、税收政策、金融基础设施等规则制度与国际接轨，打通跨国公司全球财资中心回归境内路径，稳步提升资本项目可兑换水平，更好地服务国家战略。

---

① 叶亚飞，石建勋. 中国资本项目开放：进程、影响与实现路径——率先实现实体部门资本项目可兑换的可行性研究 [J]. 经济学家，2021（8）：71 - 80.
② 邢毓静. 从资金池演进视角探索本外币一体化管理 [J]. 中国金融，2022（16）：34 - 35.

欧盟碳排放交易体系与欧洲国家级碳市场协同发展对中国的启示[①]

碳排放交易体系是当前全球为控制温室气体排放所采取的最重要的市场化工具之一。虽然应对气候变化与实现碳中和已经成为国际社会的普遍共识，但是在世界范围内，碳排放交易市场普遍存在着区域割裂、缺乏合作、流动性差等问题。目前，世界上已有部分国家和地区着手探索碳排放交易市场的"连接"和"共存"问题，从而创造规模更大、交易更为有效、市场流动性更强的碳排放交易市场。

我国碳排放交易地方试点自 2011 年启动以来，积累了丰富的实践经验，为国家统一碳市场建设奠定了坚实的基础。目前来看，我国已初步形成了地方试点碳市场与全国碳市场共存的碳市场运作体系。然而，我国地方试点地区与国家碳市场共同运营及衔接方面还面临着多方面的挑战，包括制度体系、配额转接、资源整合等。本文基于对欧盟碳排放交易体系与欧洲国家级碳市场协同发展情况的分析梳理，针对我国碳市场目前建设的现状和问题，对我国地方试点碳市场与国家碳市场共同运营及顺利衔接提出相关的政策建议。

一、碳市场的发展背景及其内涵

（一）碳市场的发展背景

全球碳市场即全球碳排放交易体系的建立，主要源自于《京都议定书》。1997 年 12 月 11 日，来自世界范围内 149 个国家和地区的代表齐聚日本京都，制定并通过了《京都议定书》。该协议明确了全球温室气体排放的总控制额，规定要有效控制二氧化碳、甲烷、氧化亚氮、氢氟碳化物、全氟化碳和六氟化硫六种

[①] 本篇执笔：中欧陆家嘴国际金融研究院研究员陈玺博士。

典型温室气体排放总量,并根据上述六种气体的温室效应能力大小,折算成二氧化碳进行实际核算和交易。此外,《京都议定书》进一步明确了协议签署国(附件1 37个工业化发达国家)的减排目标,并分配不同数量的碳排放配额,即碳排放权。各国获得的碳排放权若未用完,可以将多余的配额通过碳市场进行出售。为此,《京都议定书》设计制定了三种基于市场的碳排放交易机制(见表1),分别是国际排放交易机制(International Emission Trade,IET)、联合履行机制(Joint implementation,JI)和清洁发展机制(Clean Development Mechanism,CDM)。基于这三种机制,全球碳排放交易体系雏形基本形成。[①]

表1 《京都议定书》设计制定的三种基于市场的排放交易机制

交易机制	说明
国际排放交易机制(International Emission Trade,IET)	允许附件1国家之间相互转让未使用的碳排放配额,以"分配数量单位"(Assigned Amount Unit,AAU)为主要划分单位
联合履行机制(JI)	允许附件1国家之间进行项目合作,转让方扣除部分AAU,转化为"减排单位"(Emission Reduction Unit,ERU)给予投资方,投资方可利用ERU实现减排目标
清洁发展机制(CDM)	允许附件1国家的投资者从其在发展中国家(一般是未列入附件1的国家)实施的、有利于发展中国家可持续发展的减排项目中获取减排信用,这些减排量被核实认证后,即为"认证减排单位"(Certified Emission Reduction,CER),可用于发达国家履约

资料来源:联合国、uSMART、笔者收集整理。

在确立了国家减排目标之后,《京都议定书》各缔约国将其分配至国内企业,从而形成以企业为主体的碳排放交易体系。具体来看,协议签署国将根据减排承诺以及本国能源结构、企业排放情况和能源效率来选择适合本国国情的分配方式,从而将一国总体减排目标分解给该国国内的碳排放企业。这种方式导致受强制减排任务制约的企业也会由此承担为了减少温室气体排放而减少生产,或者对减排设备进行额外投资的成本。因此,为了降低企业减排成本、形成促进减排的市场机制,基于上文提及的《京都议定书》设计制定的三种碳排放交易机制,各国相应地形成了以强制减排企业为参与主体的碳排放交易体系。[②] 2005年1月1日,欧盟启动全球首个碳市场——欧盟碳排放交易体系(EU ETS),温室气体排

---

① 资料来源于UN,Mechanisms under the Kyoto Protocol,https://unfccc.int/process/the-kyoto-protocol/mechanisms。

② 张夏,郭亚男.深度解析碳交易,关注四大配置方向[EB/OL].(2021-03-21)[2023-06-30].https://www.usmart.hk/en/news-detail/6778472501598093543.

放权[1]正式成为全球范围内可交易商品，标志着全球碳市场的形成。据国际碳行动伙伴组织（ICAP）的统计数据，截至 2024 年 3 月底，全球已有 36 个碳市场，其覆盖的温室气体排放量约为 99 亿吨二氧化碳当量，占全球排放总量的比例达 18%，高出 2014 年 10 个百分点。[2]

（二）碳市场的标的物

从主要的国际碳市场来看，其交易标的物可按市场分为以下三类。第一类是《京都议定书》制定三种交易机制下的"碳产品"，即"分配数量单位"（AAU）、"清除单位"（RMU）、"减排单位"（ERU）和"认证减排单位"（CER）。其中，国际排放交易机制下生成的交易对象是"分配数量单位"（AAU）和基于土地利用、土地利用变化和林业（Land use，Land – use change and Forestry，LULUCF）活动（如造林）的"清除单位"（Removal Unit，RMU），联合履行机制下生成的交易对象为"减排单位"（ERU），清洁发展机制生成的交易对象为"认证减排单位"（CER）。第二类是欧盟碳排放交易体系（EU ETS）下的"欧盟排放许可"（European Emission Allowance，EUA）。如果参与欧盟碳排放交易体系的企业排放量少于规定上限，则可将剩余的排放许可在碳市场出售，反之则需要在碳市场购买排放许可。第三类是自愿减排市场交易的"自愿减排额"（Voluntary Emission Reduction，VER）。[3] 一般来说，碳市场分为强制交易市场和自愿交易市场。前者是指国家或地区法律明确规定温室气体排放总量，并据此确定纳入减排规划中各企业的具体排放量，欧盟碳排放交易体系就是典型的强制碳市场。随着《京都议定书》中清洁发展机制（CDM）的发展，伴随形成了自愿减排市场。自愿减排市场最先起源于一些团体或个人为自愿抵消其温室气体排放，而向减排项目购买减排指标的行为。[4] 在自愿交易市场，用于交易的"自愿减排额"（VER）通常是经过联合国指定的第三方机构核证的温室气体减排量。需要注意的是，清洁发展机制（CDM）下的 CER 可以转化为 VER 进行交易，但由于执行标准较低，VER 不能转化为 CER 售卖。[5]

从国内市场来看，碳市场主要有两类标的物（见表 2）。一是"碳配额"

---

① 由于温室气体主要成分是二氧化碳，温室气体排放权通常简称为碳排放权。

② ICAP，《全球碳排放权交易：ICAP2023 年进展报告》，2023 年 3 月 22 日。

③ 资料来源于 UN，Mechanisms under the Kyoto Protocol，更多信息请参考 https：//unfccc. int/process/the – kyoto – protocol/mechanisms。

④ 参与自愿减排市场的主体大部分为《京都议定书》非缔约国的发达国家，各政府决策者、私募投资者、传媒和著名大公司，由于它们对温室气体和全球气候变化的关注与日俱增，并愿意积极地为解决气候变化问题作出贡献，自发地认购 VER。更多信息请参考 http：//www. ittc. com. cn/ver. aspx。

⑤ 蓝虹，束兰根. 碳交易市场概论［M］. 北京：中国金融出版社，2022.

(Carbon Emission Allowance，CEA)，即政府分配的碳排放权额度，是当前中国全国碳市场的主要交易对象。其特点包括：（1）从无偿分配到有偿使用，但不会足额排放；（2）每年配额发放比例约为90%，要求减少比例在10%以内；（3）配额分配自上而下，从中央到地方，地方再分配到企业，最后由地方政府决定；（4）配额分配基准包括历史排放法和行业基准值法。二是"国家核证自愿减排量"（Chinese Certified Emission Reduction，CCER），该减排量被定义为经国家发展改革委备案并在国家注册登记系统中登记的温室气体自愿减排量，需要经过第三方碳排放核查机构的核证。目前，我国能够产生CCER的项目主要包括风电、光伏、水电、生物质发电等。

表2   碳市场主要标的物

标的物	名称	适用范围或要求
AAU	分配数量单位	《京都议定书》附件1中国家之间使用
RMU	清除单位	由土地利用、土地利用变化和林业（LULUCF）活动形成的减排量
ERU	减排单位	联合履行机制下形成的减排量
CER ICER	认证减排单位； 造林或砍伐产生的认证减排单位	清洁发展机制下形成的减排量； 清洁发展机制下形成的减排量
EUA	欧盟排放许可	欧盟碳排放交易体系交易单位，欧盟成员国实现的强制减排指标
VER	自愿减排额	芝加哥气候交易所
CEA	碳配额	中国政府分配的碳排放权
CCER	国家核证自愿减排量	国家发展改革委统一审核管理

资料来源：联合国、uSMART、笔者收集整理。

    碳市场上进行交易的碳排放权作为一种商品已成为共识，其价格信号功能引导经济主体将碳排放成本作为投资决策的一个重要因素，促使环境外部成本内部化和最小化，具有重要的商品属性。与此同时，随着碳市场交易规模的扩大以及碳货币化程度的提高，碳排放权进一步衍生出特有的金融特征，开始作为一种特殊而稀缺的有价金融产品和金融工具在资本市场流通[①]，具体表现为碳排放权具有可交易性、碳排放权供给有限具有市场稀缺性、市场可对碳排放权运用定价机制。

---

    ① 中国科学院科技战略咨询研究院．碳排放权的金融属性问题研究［EB/OL］．（2015－09－18）［2023－06－30］．http：//www.casisd.cn/zkdt/gn/201610/t20161017_4677993.html.

二、欧盟碳排放交易体系及欧洲国家级碳市场的发展现状

（一）欧盟碳排放交易体系

如前文所述，欧盟碳排放交易体系（EU ETS）即欧盟碳市场源自于1997年通过的《京都议定书》，它是推动欧盟绿色转型主要驱动力之一。欧盟碳排放交易体系是国际碳排放交易体系的先行者，在不断探索和改革的过程中趋于成熟，其运营实践为各国碳市场的设计筹建提供了宝贵经验。截至目前，欧盟已建成了世界上第一个多国参与的、全球最大的碳排放总量控制与交易体系。欧盟碳排放交易体系已在30个国家/地区实施，包括27个欧盟成员国、冰岛、列支敦士登和挪威。2020年1月31日英国正式脱欧之后，在2021年1月1日退出了欧盟碳排放交易体系，取而代之的是新建立的碳排放交易体系——英国碳排放交易体系（UK ETS）。瑞士碳排放交易体系（CH ETS）于2020年1月1日正式挂钩欧盟碳排放交易体系，由此形成了一个规模更大的碳市场，这使整体合规成本下降，市场流动性增强，进一步夯实了欧洲碳市场的稳定性。欧盟碳排放交易体系覆盖了欧盟机场之间的所有航班和12000座工业工厂及其他工业设施，集中在大规模固定排放源，包括发电厂和高于20兆瓦的燃烧装置、炼油厂、钢铁制造以及有色金属、水泥、石灰、纸浆和造纸、玻璃、陶瓷、砖、石膏、矿棉和氨生产。覆盖的温室气体最初只限于二氧化碳，但是从2013年开始，化工行业中的铝生产排放出的全氟化碳，以及己二酸和硝酸生产排放出的一氧化二氮也会被包括在内，从而将体系覆盖的温室气体范围扩大到每年约1亿吨二氧化碳等价物。[①]

为保证在实施过程中的可控性，欧盟循序渐进地推进碳排放交易体系的建设。从整体看，欧盟碳排放交易体系的发展历程可大致分为四个阶段（见表3）。

2005—2007年为欧盟碳排放交易体系发展的第一阶段，即试验阶段。在此期间欧盟并不急于实现交易机制的减排作用，而是尝试构建市场运作方式、交易体制建设、配额分配方式等制度和建立配套基础设施，通过试验阶段实践结果来调整欧盟碳市场的各项规划，在积累经验后再将交易机制投入运行。[②] 第一阶段覆盖的主要领域是能源与工业，包括20兆瓦以上的电厂、炼油、钢铁、水泥、制砖、造纸等行业，覆盖的温室气体只有二氧化碳，每年的排放总量设定为21.1亿吨二氧化碳当量。欧盟碳排放交易体系在该阶段建立了总量控制制度，并实施限额设定（即欧盟各成员国分配固定数量配额EUA）。也就是说，欧盟要求每个成

[①] 资料来源于欧洲联盟的欧盟气候政策说明，2016年。

[②] 蓝虹，束兰根．碳交易市场概论［M］．北京：中国金融出版社，2022．

员国制订各自的国家分配计划（National Allocation Plan, NAP），并以此确定提供给每个国家的配额数量。[①] 然而，由于监测、报告、验证和数据采集标准的不一致，以及缺乏历史核实的排放数据，当时大多数成员国只能根据估算值来分配配额，由此导致了过度分配、成员国之间的配额错配等问题。

第二阶段（2008—2012年），欧盟对覆盖范围和配额的分配政策进行了调整，主要包括：（1）自2012年起，除了能源和工业领域，欧盟排放交易体系还覆盖了欧盟机场之间的所有航班。（2）欧盟在这一阶段解决了此前过度分配的问题，欧盟委员会采用相应公式来评估成员国的分配计划。（3）欧盟每年排放总量向下调整至20.9亿吨。（4）温室气体的覆盖范围扩大，包括二氧化碳和一氧化二氮。在此阶段，尽管欧盟对碳市场进行了多方面的调整和改革，但是其碳排放交易体系仍存在诸多不足之处。例如，祖父制免费配额分配法引起的市场不公平。在欧盟碳市场前两个发展阶段，排放设施的免费配额是以历史排放水平的祖父制为依据，也就是说，污染者主要根据其历史排放量获得免费排放权，而且不同国家相同设施的配额可能相差甚远。[②] 此外，2008年爆发的国际金融危机给许多领域带来了严重的冲击，由于产能减少，导致更低的排放量需要更少的配额，甚至出现了配额过剩。[③]

第三阶段（2013—2020年），欧盟碳排放交易体系在第二阶段的基础上又一次进行了改革。首先，欧盟改变了排放交易体系排放总量单一上限的规则，从2013年的20.8亿吨开始每年以1.74%的幅度递减，到2020年达到18.4亿吨的排放总量。其次，碳排放交易体系覆盖的行业范围在第二阶段基础上增加了新的工业，如制铝、石油化工、制氨、硝酸、乙二酸、乙醛酸生产等。再次，排放交易体系覆盖了更多的温室气体，包括二氧化碳、一氧化二氮、全氟化碳。最后，拍卖成为配额分配的基本方式，这将大大提高欧盟碳市场的经济效率，增强体系的透明度。经过多年的实践，欧盟碳市场掌握了各行业和企业大量排放特征，并建立了完善的企业碳排放数据库，已经具备为不同产品设置碳排放基准的数据基础。

欧盟碳排放交易体系当前所处的第四阶段（2021—2030年）已是相对稳定的阶段。特别是在有偿拍卖机制下，碳配额交易的一级市场能够更有效地释放价格

[①] 第一阶段德国分配了总量的25%，英国、波兰和意大利各分配了近10%的配额，各国再通过制订国家分配计划将减排目标层层分解到行业和企业。更多信息请参考蓝虹和束兰根的《碳交易市场概论》。

[②] 蓝虹，束兰根. 碳交易市场概论 [M]. 北京：中国金融出版社，2022.

[③] 蓝虹. 碳交易市场发展及其制度体系的构建 [EB/OL]. （2022-05-24）[2023-06-30]. http://www.tanjiaoyi.com/article-38016-1.html.

信号，从而更好地体现企业边际支付意愿和边际减排成本。[1] 碳配额拍卖不仅直接形成了碳价格，反映出价方的需求曲线，还有助于促进碳配额交易二级市场中的价格形成。[2] 目前，欧盟碳配额拍卖活动十分频繁，并且拍卖价格与碳配额价格十分接近，表明一级市场拍卖的价格发现功能良好，较好地反映了企业的支付意愿（见图1）。另外，由于碳配额总量不断收紧，碳配额价格呈上升趋势也符合市场供求定律。欧盟稳健的气候政策也吸引了新的投资者进入碳市场，把碳配额作为规避气候政策风险的优质资产，进一步增加了对配额的需求，提高了碳价。

表3　　　　　　　　　　　　　欧盟碳排放交易体系发展四阶段

阶段	覆盖范围	期间配额总量	总量确定法	配额分配	减排承诺
第一阶段（2005—2007 年）	能源与工业：20 兆瓦（MW）以上的电厂、炼油、钢铁、水泥、制砖、造纸行业；温室气体：二氧化碳	为每个欧盟成员国设定总量，每年欧盟排放总量为 21.1 亿吨二氧化碳当量	历史法（祖父制）	免费发放95%，拍卖5%	
第二阶段（2008—2012 年）	能源与工业、航空业（自2012 年起）；温室气体：二氧化碳、一氧化二氮	为每个欧盟成员国设定总量，每年欧盟排放总量为 20.9 亿吨	历史法（祖父制）	免费发放90%，拍卖10%	2020 年比 1990年减少 20%
第三阶段（2013—2020 年）	能源与工业、航空业、新的工业领域（如制铝、石油化工、制氨、硝酸、乙二酸、乙醛酸生产等）；温室气体：二氧化碳、一氧化二氮、全氟化碳	集中式欧盟总量管制：2013 年排放总量为 20.8 亿吨 CO_2 当量，以每年 1.74% 的幅度递减	基准法	免费发放43%，拍卖57%	
第四阶段（2021—2030 年）	行业和温室气体范围无变化	集中式欧盟总量管制：2021 年排放总量为 16.1 亿吨 CO_2 当量，以每年 2.2% 的幅度递减	基准法	计划拍卖90%，逐步取消免费配额	2030 年底温室气体排放量较1990 年减少 55%

资料来源：建行风险管理部、笔者收集整理。

---

① Benz E, Ehrhart K M. The Initial Allocation of CO₂ Emissions Allowances: A Theoretical and Experimental Study [J]. ECEEE 2007 Proceedings, 2007, 31 (2): 4 - 15.

② Burtraw D, Holt C, Palmer K, et al. Quantities with prices: price - responsive allowance supply in environmental markets [J]. Resources for the Future Working Paper, 2020 (1): 17 - 20.

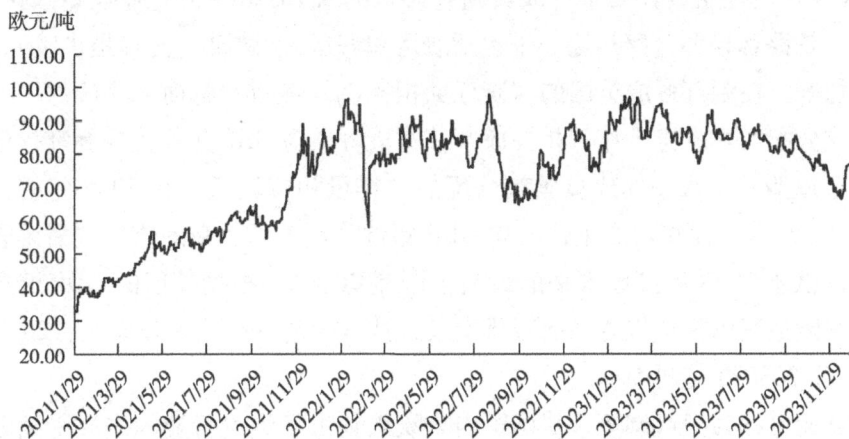

（a）交易价格

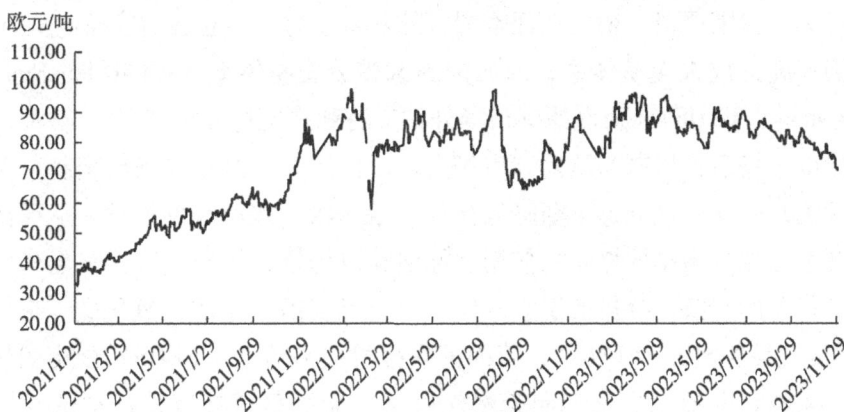

（b）拍卖价格

图1 2021年1月至2023年12月欧盟碳配额交易价格和拍卖价格发展趋势

（资料来源：欧洲能源交易所EEX）

（二）德国国家碳交易体系

1. 德国碳市场简介

如前文所述，欧盟于2005年正式启动了目前世界上交易规模最大、发展最为成熟的碳排放交易体系（EU ETS），设立之初的主要目的是将电力和能源密集型行业的排放量降低，帮助欧盟实现2020年相对1990年减排20%，2030年相对1990年减排至少40%[①]的目标。为进一步加强减排力度，欧盟除碳排放交易体系外，还于2013年出台了《责任共担条例》（*European Effort Sharing Regulation*，ESR），与欧盟碳市场共同实现欧盟整体减排目标，二者共同构成欧盟减排的履约

---

① 此后，欧盟将该目标修订为55%。

规则。《责任共担条例》要求各成员国针对未纳入 EU ETS 的行业设定减排目标，如交通（铁路运输和公路运输，不包括航运和海运）、建筑（尤其是供暖）、农业和废弃物等。在制订各成员国的《责任共担条例》减排目标时，为确保以公平公正的方式分配实际减排工作和相关成本，欧盟将人均 GDP 用作主要标准，即人均GDP 低于欧盟平均水平的成员国被分配的减排量相应较低（比 2005 年的排放水平低不到 10%），而相比之下，人均 GDP 超过欧盟平均水平的成员国需要较高的减排量（低于 2005 年排放水平的最高上限是 20%）。根据德国的 GDP 情况，其相比中东欧地区国家负有更高的减排责任，被分配的减排目标设定为：2020 年减排 14%[①]，2030 年减排 50%。[②]

在欧盟责任共担机制下，德国国内非欧盟碳市场涵盖行业的排放受到较高水平约束。尤其在现行气候措施下，德国很难完成其减排承诺，再加上国内针对气候政策的舆论氛围严肃，德国在面临国内外双重压力下，立法明确规定从 2021 年起引入国家碳排放权交易体系，即德国国家排放交易体系（nationalen Emissionshandelssystems，nEHS），对欧盟碳市场外的交通和建筑行业实施碳定价。[③]

德国碳市场运行机制与欧盟碳市场类似，仍然以"总量控制与交易"为主要原则，德国政府同样是通过不断降低排放上限，给予碳配额稀缺性，从而激励企业低碳转型，减少高排放燃料的使用。德国碳市场旨在填补欧盟碳市场未纳入交通和建筑行业的空缺，减排的温室气体主要是燃料所产生的二氧化碳。根据德国《燃料排放交易法案》（BEHG），德国国家排放交易体系（nEHS）规定的燃料包括汽油、柴油、燃油、液化气和天然气以及未能满足可持续性标准的生物质燃料，且只有在燃料排放量大于一吨二氧化碳时才适用报告和履约义务。自 2023 年起，免征能源税的煤炭等其他固体燃料也被纳入覆盖范围；2024 年起，废物垃圾也将被划入范围内。[④]

2021—2030 年为德国碳市场首个交易期。其中，2021—2025 年为引入期，即德国政府在此阶段对碳价进行统一调控，实行逐年升高的配额价格机制，2021 年为 25 欧元，2022 年为 30 欧元，2023 年为 35 欧元，2024 年为 45 欧元，2025 年为 55 欧元。该阶段内的配额不允许跨年度储存，但德国《燃料排放交易法案》给予了一定的弹性空间，企业可以在第二年的 9 月之前，以当年的价格获得不超过已

---

① 更多信息请参考 https：//climate. ec. europa. eu/eu – action/effort – sharing – member – states – emission – targets/effort – sharing – 2013 – 2020 – targets – flexibilities – and – results _ en。

② 更多信息请参考 https：//climate. ec. europa. eu/eu – action/effort – sharing – member – states – emission – targets/effort – sharing – 2021 – 2030 – targets – and – flexibilities _ en。

③ 资料来源于范欣宇的《德国碳排放权交易体系概览》，中央财经大学绿色金融国际研究院，2023 年 4 月。

④ 资料来源于范欣宇的《德国碳排放权交易体系概览》，中央财经大学绿色金融国际研究院，2023 年 4 月。

购数量10%的配额。然而，在能源危机的影响下，为减轻责任方的履约成本，2022年11月，德国议会同意将碳市场的碳价上调推迟一年，即2023年的碳价继续为30欧元，2024年为35欧元，2025年为45欧元。自2026年起德国碳市场将进入拍卖阶段，2026年仍然为过渡期，若无特殊情况，德国碳市场碳价将从2027年起正式由市场决定。

2. 欧盟碳市场与德国碳市场的不同之处

由于德国碳市场建立的最初目的是作为欧盟碳市场的减排补充，这使两者在多个核心要素上有所不同，包括碳市场的出发点、排放上限的计算方式、覆盖行业、碳价设置方式。

第一，欧盟碳市场主要针对工业、发电厂和航空业，工厂或航空公司作为直接排放者必须为其造成的温室气体排放购买排放权，即所谓的"下游"排放交易；德国碳市场则要求燃料供应商、分销商购买排放权，即所谓的"上游"排放交易。[①] 德国这种排放交易通过间接的方式，将下游庞大数量的直接排放个体的减排责任移至上游，以此形成上游购买配额为下游的直接排放买单，同时，上游可将其经济负担转嫁给下游的消费者。在价格不断上涨的情况下，下游消费者则更倾向于减少消耗，例如，翻新建筑物、改用电动汽车、使用更环保的供暖系统等。然而，在实际操作过程中，部分德国企业不可避免地会出现双重履约的现象，如燃料属于德国国家排放交易体系（nEHS）投放市场范围，同时也被传输到受欧盟碳市场约束的设施并使用，设施的运营者理论上会面临承担双份排放成本。对此，德国《燃料排放交易法案》设置了两项机制来应对，一是提前扣除燃料量[②]，二是后续补偿[③]。

第二，欧盟碳市场对固定设施和航空业的排放总量有指标设置，且每年按照2.2%的线性减少因子递减；德国碳市场在引入阶段暂不设立排放上限，企业可以按照自身需求购买配额。进入拍卖阶段之后，德国碳市场的排放总量上限将由两部分加总构成：基础量的基数为德国在ESR定义下的减排目标，再乘以德国碳

---

① 资料来源于碳中和与能源转型专业委员会的《碳中和白皮书2022》，中国（德国）研发创新联盟，2022年9月。

② 如果源头的燃料销售方传输燃料至EU ETS的下游设施，那该部分燃料量需承担的履约责任可以免除。但这并非自动免除机制，需要管理下游设施的企业提交意向使用声明、成本豁免确认和使用确认三项声明。如果提前扣除的机制无法实现，EU ETS的设施运营方可以提交申请，对nEHS的额外成本要求后续补偿。更多信息请参考范欣宇的《德国碳排放权交易体系概览》，中央财经大学绿色金融国际研究院，2023年4月。

③ 如果提前扣除的机制无法实现，EU ETS的设施运营方可以向德国排放交易管理局（DEHSt）提交申请，对nEHS的额外成本要求后续补偿。更多信息请参考范欣宇的《德国碳排放权交易体系概览》，中央财经大学绿色金融国际研究院，2023年4月；碳中和与能源转型专业委员会的《碳中和白皮书2022》，中国（德国）研发创新联盟，2022年9月。

市场燃料排放量占德国在欧盟碳市场涵盖行业之外总排放量的比重，所得结果便是德国碳市场的年度配额基础量。

第三，欧盟碳市场当前阶段覆盖行业领域包括能源与工业、航空业、新的工业领域，如制铝、石油化工、制氨、硝酸、乙二酸、乙醛酸生产等；德国碳市场覆盖行业为欧盟碳市场尚未覆盖的交通运输业和建筑业，涉及的利益相关者较为复杂。另外，欧盟碳市场将在 2027 年起，仿照德国的上游模式，实施一个新的 ETSII，以涵盖道路运输和建筑以及其他工业部门的燃料分配，该系统将独立于现有的欧盟碳市场运行。

第四，欧盟碳市场目前仍有一部分配额在免费发放，碳价由市场配置；德国碳市场不存在免费配额分配，且为了让企业更好地适应市场供需决定碳价的阶段，德国政府在 2021—2025 年执行一段固定价格的引入期，后续再转为拍卖。

总体来看，德国国内目前形成了欧盟碳排放交易体系和德国国家排放交易体系并存运营的局面。德国在碳排放交易体系的创新发展，有效地补充了欧盟碳市场未涵盖行业的减排空缺，并且为德国制定的国家气候政策提供资金支持。此外，德国在 2021—2025 年引入期实行固定价格的策略，确保市场有较长的缓冲期，有利于企业适应后续拍卖阶段的变化，保障所有参与者的规划安全。[1]

不过，2022 年爆发的能源危机导致德国碳市场碳价暂时冻结。这可能会带来多方面的影响，一是降低了源头燃料分销商等责任方的直接履约成本和终端消费者的间接负担。二是德国碳市场在 2024 年和 2025 年的碳价计划也会顺延一年执行。三是延迟的碳价增长措施可能会削弱德国在应对气候变化行动的信誉。[2] 另外，值得注意的是，欧盟计划在 2027 年为交通和建筑业实施一个独立于现有 EU ETS 的 ETSII。该交易体系同样采用"上游"排放交易模式，因此新的 ETSII 很有可能取代或合并当前的德国碳市场，后续双方就如何协同碳市场未来发展还需投入大量的精力。[3]

（三）欧洲其他碳市场

受德国碳市场启发，奥地利国家排放交易机制（Nationalen Emissionszertifikatehandelsgesetz 2022，NEHG 2022）于 2022 年 7 月 1 日正式启动，覆盖行业包括建筑、交通、小型工厂、废弃物和农业部门化石燃料的二氧化碳排放。奥地利

---

① 资料来源于碳中和与能源转型专业委员会的《碳中和白皮书 2022》，中国（德国）研发创新联盟，2022 年 9 月。

② 更多信息请参考 https：//www. ideacarbon. org/news _ free/58204/？ pc ＝ pc。

③ 资料来源于范欣宇的《德国碳排放权交易体系概览》，中央财经大学绿色金融国际研究院，2023 年 4 月。

碳市场同样是先通过实施计划阶段进行过渡，即 2022—2025 年为固定价格阶段，且价格逐年增长，如 2022 年为 30 欧元，2023 年为 32.5 欧元（能源危机爆发前是 35 欧元），2024 年为 45 欧元，2025 年为 55 欧元，在此期间的配额最大数量未受限。2026 年奥地利计划开启市场交易阶段，引入拍卖机制。不过，考虑到欧盟碳市场将于 2027 年额外设立 ETSII 来覆盖建筑和交通运输业，奥地利碳市场在市场交易阶段的详细规则尚未制定。[①]

在欧盟碳市场覆盖的国家中，除了德国和奥地利，瑞士也运营着本国碳市场——瑞士碳排放交易体系（CH ETS）。截至目前，瑞士碳市场已经经历了两个发展阶段，分别采取了自愿与强制的两种方式。第一阶段为 2008—2012 年：瑞士于 2008 年开始了为期 5 年的自愿碳交易体系，与欧盟碳市场一样，瑞士碳市场采用了总量控制与交易体系。最初，瑞士碳市场仅作为瑞士 2008 年起征收的二氧化碳税的一个可选替代机制，各项规则也与欧盟碳市场大相径庭，如配额发放方式。虽然瑞士碳市场也是免费发放配额，但其配额分配主要依据从技术及经济角度分析得出的企业减排潜力；对于企业不履约的惩罚机制也相当宽松，未能履约时只要补交二氧化碳税即可。截至 2010 年底，贡献了瑞士全国约 7% 的碳排放的 40 余家企业自愿加入到瑞士碳市场中。随着 2011 年欧盟开启与瑞士碳市场接轨的谈判，瑞士为了尽可能适应欧盟碳市场的规则拟定了新的二氧化碳条例，彻底修改了本国碳交易机制的规则，并于 2013 年起施行。自此，瑞士碳市场正式进入了第二个发展阶段，即强制交易阶段。50 余家高排放企业被强制纳入碳交易体系；配额分配的方式也改为与欧盟相同的基准法；新的惩罚机制要求未能履约的企业不仅要在之后补齐所欠配额，还要追缴每吨二氧化碳约 115 欧元的罚款。[②]

瑞士和欧盟最终于 2017 年正式签署了连接协议，该协议在 2020 年 1 月正式生效。在该连接机制的覆盖下，瑞士碳市场中的履约主体可以使用欧盟碳市场的配额进行履约，反之亦然。但是碳排放配额的拍卖则是由欧盟和瑞士两个主体分别进行。具体而言，欧盟碳排放交易体系的市场参与者需要在瑞士碳排放交易中心另行登记账户，以便参与瑞士的碳排放交易计划。欧盟和瑞士各自账户中的碳排放配额通常是每隔两个月在预先确定的日期进行转移。[③]

---

① 更多信息请参考 https：//www.bmf.gv.at/themen/klimapolitik/carbon－markets/nationales－emissionszer-tifikatehandelsgesetz－2022－（NEHG－2022）/entwicklung－und－handelsphasen.html。

② 更多信息请参考 http：//www.tanpaifang.com/tanguwen/2017/0428/59212.html。

③ 欧盟和瑞士之间的连接协议是以具有约束力的国际条约的形式订立的，这也是欧盟碳排放交易计划的法律框架中所规定的连接机制的基本要求。该协议共分为九章，分别为：总则、技术规定、航空、敏感信息和安全、立法的发展、联合委员会、争议解决、暂停和终止，以及最终条款。该协议还有一系列附件，主要是关于连接的技术标准、设计标准以及关于敏感信息的详细指导等内容。更多信息请参考 https：//www.junhe.com/law－reviews/2225。

三、中国碳市场的建设现状、特点及问题

（一）全国碳市场与 8 个试点碳市场并存运营

有别于欧盟，我国在建立全国统一碳市场之前，中央政府选择了几个地方省市进行碳交易试点，以期在地方试点经验的基础上建立一个成功有效的全国碳市场。自 2011 年 10 月，国家发展改革委陆续在 8 个试点省市开展碳市场建设工作，批准在北京、天津、上海、重庆、湖北、广东、深圳以及福建建设试点碳市场（见表 4）。地方政府根据当地产业结构特点等情况，分别进行了试点碳市场的顶层设计，并完成了各项基础建设工作，如设立专项机构、制定政策法规、建立交易与注册登记系统及碳排放测量、报告、核查制度（MRV）。

2017 年底，国家发展改革委颁布《全国碳排放权交易市场建设方案（发电行业）》，确定以试点城市经验为基础，以发电行业为突破口，启动全国碳市场的筹备工作。2021 年 2 月 1 日，《碳排放权交易管理办法（试行）》正式施行，从国家层面对全国碳交易市场建设作出明确规定，这也意味着自 2021 年 1 月 1 日起，全国碳市场（发电行业）首个履约周期正式启动。2021 年 7 月 16 日，全国碳排放权交易市场（"全国碳市场"）正式启动。至此，酝酿十年的全国碳市场终于上线运营。[1]

表 4　　　　　　　　　　中国八大试点省市碳市场基本信息

试点	纳入行业	配额分配法[1]	惩罚机制	立法层级[2]
北京	在本市行政区域内并注册登记的企业、事业单位、国家机关等法人单位的固定设施和移动设施年二氧化碳直接排放与间接排放总量 5000 吨（含）以上	免费为主，有偿为辅；历史法与基准线法结合	未按规定报送碳排放报告、核查报告和逾期未改正的碳排放单位处以 5 万元以下的罚款；重点碳排放单位超出配额许可范围进行排放的，根据其超出配额许可范围的碳排放量，按照市场均价的 3～5 倍予以处罚	人大立法
天津	电力热力、钢铁、化工、油气开采、建材、造纸、航空等行业企业	免费配额；历史法	对交易主体、机构、第三方核查机构等违规限期改正；违约企业限期未改正 3 年不享受优惠政策	部门文件
上海	工业（钢铁、石化、化工、有色、电力、建材、纺织、造纸、橡胶、化纤）行业企业，以及交通（航空、港口、水运）、建筑（商业、宾馆、商务办公、机场）等非工业企业	免费配额；历史法与基准线法结合	违约企业罚款 5 万～10 万元，记入信用记录，向原工商、税务、金融等部门通报	政府规章

① 更多信息请参考 https：//h5. drcnet. com. cn/docview. aspx？ version = g&docid = 6314278&leafid = 3006& chnid = 1014。

续表

试点	纳入行业	配额分配法	惩罚机制	立法层级
重庆	发电、化工、水泥、自备电厂、电解、玻璃、钢铁、冷热电联产、民航、造纸、有色冶炼和延压加工	免费配额；历史法与基准线法结合	未提交报告核查处2万~5万元罚款；虚假核查处3万~5万元罚款；违约配额按清缴届满的一个月配额平均价格3倍处罚	部门文件
湖北	钢铁、石化、水泥、化工、热力生产和供应、玻璃及其他建材、有色金属和其他金属制品、设备制造、汽车制造、陶瓷制造、医药、热力及热电联产、造纸、纺织业、食品饮料、水生产与供应行业及其他行业企业	免费配额；历史法与基准线法结合	未提交报告罚款1万~3万元，未核查罚款1万~3万元，对违约企业在下一年度配额中扣除未足额清缴部分3倍配额，并罚款5万元	政府规章
广东	水泥、钢铁、石化、造纸、民航、数据中心、纺织、陶瓷等行业企业	免费为主，有偿为辅；历史法与基准线法结合	未提交报告罚款1万~3万元；扰乱交易秩序罚款15万元；对违约企业以市场均价1~3倍但不超过15万元罚款，在下一年双倍扣除违约配额	政府规章
深圳	印染、电镀、皮革、线路板和其他严重污染环境的行业；国家规定进行总量控制的污染源	免费配额；历史法与基准线法结合	交易主体、机构、核查机构违规处5万~10万元罚款；对违约企业在下一年度配额中扣除未足额清缴部分，按市场均价3倍罚款	人大立法
福建	电力、石化、化工、建材、钢铁、有色、造纸、航空、陶瓷9大行业	免费配额；历史法与基准线法结合	拒不履行清缴义务的，在下一年度配额中扣除未足额清缴部分2倍配额，并处以清缴截止日前一年配额市场均价1~3倍的罚款，罚款金额不超过3万元	政府规章

资料来源：欧盟碳市场建设对中国碳市场发展的启示①；笔者收集整理。

注：①配额分配分为有偿分配和免费分配两大类，有偿分配即有偿拍卖，免费分配包括基准线法、历史排放法和历史强度法。基准线法以行业先进水平为分配标准，根据法人单位的实际产出来确定配额。采用基准法核算机组配额的总量公式如下：机组配额总量 = 供电基准值 × 实际供电量 × 修正系数 + 供热基准值 × 实际供热量。历史排放法使用基线期的历史排放数据来分配配额。历史排放法可成为碳排放权交易体系平稳过渡期的一种简单易行的方式。历史强度法是根据企业的产品质量、历史强度值、减排系数等参数来分配配额。该方法通常是在缺乏行业和产品标杆数据的情况下确定配额分配的过渡性方法。

②各试点立法基于中国现行立法体制，省、直辖市、计划单列市等有地方立法权，具体形式可以分为以地方人大条例或地方政府规章（政府令）的方式发布。两者区别在于，地方人大条例可以在国家授权范围内设立较高的处罚额度，而地方政府规章只能在允许的限度内设立处罚额度。人大立法优点是约束力强，但程序复杂，通过难度大；政府规章优点是相对容易通过，但处罚力度较弱。北京人大通过的是"决定"，有别于深圳人大通过的"若干规定"。

---

① 更多信息请参考 https：//h5. drcnet. com. cn/docview. aspx? version = g&docid = 6314278&leafid = 3006& chnid = 1014。

2023 年，中国全国碳市场稳步发展，第二个履约周期的碳配额分配方式得到了优化，清缴工作有序展开。同时，在市场扩容、数据管理和评估核查体系建设、碳排放权交易立法等方面也取得了显著的进展。

相较于 2022 年，2023 年全国碳市场交易呈现量价齐升的态势，全年碳排放配额（CEA）成交量和成交额分别达 21194.28 万吨和 144.44 亿元，同比分别大涨 316.48% 和 413.29%（见表5）。多重因素驱动 CEA 成交量和价的大涨，其中最主要的是全国碳市场第二个履约期的清缴工作于 2023 年 12 月 31 日截止，且各行政区域 95% 的重点排放单位需在 11 月 15 日前完成履约，导致控排企业的履约配额需求大幅上升。此外，碳配额供应收紧、重点排放企业出于未来履约需求考虑惜售持有的配额等因素也进一步推动了市场价格上升。[①]

表5   2022—2023 年全国碳市场年度成交情况

项目	成交总量（万吨）	成交总额（亿元）	大宗协议成交量（万吨）	大宗协议成交额（亿元）	成交价（元/吨）	收盘价（元/吨）
2022 年	5088.95	28.14	4467.05	24.56	55.3	55.00
2023 年	21194.28	144.44	17.694.72	118.75	68.15	79.42
变化率（%）	316.48	413.29	296.12	383.46	23.24	44.40

资料来源：2023 中国碳市场年报。

截至 2023 年底，全国碳市场 CEA 累计成交量达 4.42 亿吨，累计成交额达 249.2 亿元。经过两年多的运行，我国碳市场成熟度逐步提升。首先，市场已基本打通了从配额分配到监督管理等交易流程的各关键环节。其次，价格发现机制逐渐显现，企业参与度和活跃度不断提高，与碳市场相关的衍生金融产品，如碳排放权质押贷款等也逐步推出。最后，市场在促进温室气体减排和低碳转型方面的作用初步显现。[②]

2023 年，CEA 的交易方式仍以大宗协议为主，延续了 2021 年 7 月市场交易的特点。2023 年大宗协议成交量为 1.77 亿吨，占比 83.49%；成交额为 118.75 亿元，占比 82.21%。然而，需要注意的是，挂牌协议交易在市场中的重要性不断上升，2023 年其成交量为 3499.7 万吨，占比 16.51%，较 2022 年上升 4.3%；成交额为 25.69 亿元，占比 17.79%，较 2022 年上升 5.1%。[③]

此外，我们还注意到，2023 年我国碳排放配额价格持续走高，在年末出现了

---

① 王旬，崔莹，庞心睿. 2023 中国碳市场年报［EB/OL］.（2024 - 01 - 30）［2024 - 05 - 30］. https：// iigf. cufe. edu. cn/info/1013/8404. htm.

② 王旬，崔莹，庞心睿. 2023 中国碳市场年报［EB/OL］.（2024 - 01 - 30）［2024 - 05 - 30］. https：// iigf. cufe. edu. cn/info/1013/8404. htm.

③ 数据来自上海环境能源交易所。

震荡。2023 年，上、下半年的 CEA 价格差异化显著。首先，上半年价格总体平稳，日收盘价在 50.52 ~ 60 元/吨波动。其次，下半年价格则明显上涨，日收盘价从 7 月 3 日的 60 元/吨攀升至 10 月 20 日的 81.7 元/吨的年内最高价，随后在高位区间内震荡整理，年末收盘于 79.42 元/吨。2023 年，CEA 成交均价为 68.15 元/吨，年同比上涨 23.2% （见图 2）。[①]

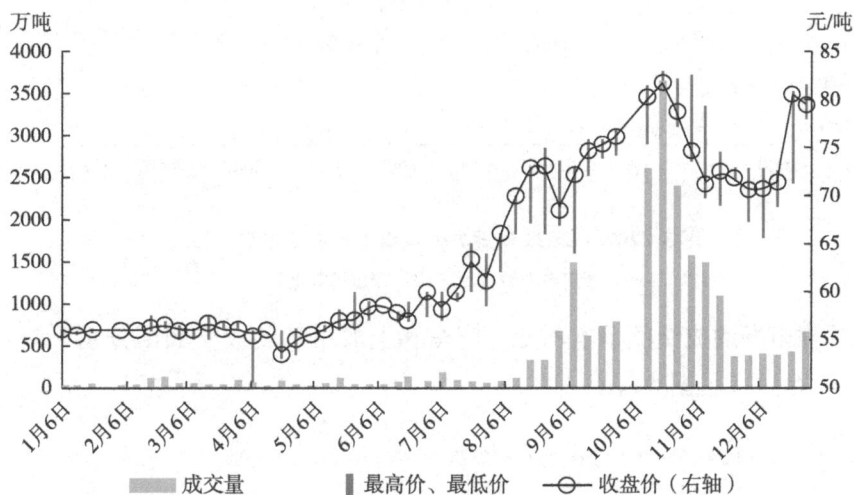

图 2 2023 年全国碳市场周度成交情况
（资料来源：2023 中国碳市场年报）

再从试点碳市场运行情况来看，2023 年中国地方试点碳市场整体成交量出现反弹，达 7012 万吨，同比增长 34.2%。但各试点市场的成交量、价均出现了分化走势。在这种态势下，地方碳市场的整体成交额虽较 2022 年上涨，但涨幅逊于成交量。

具体来看，福建、湖北和重庆碳市场的活跃度大幅提升，成交量较 2022 年分别增长 1854 万吨、355 万吨和 244 万吨，天津和北京碳市场成交量也较 2022 年取得小幅上涨的成绩。广东、深圳和上海碳市场的成交量则较 2022 年分别下跌 473 万吨、145 万吨和 96 万吨（见图 3）。

再从成交额来看，地方碳市场 2023 年的总成交额达 29.3 亿元，较 2022 年同比上涨约 11.05%，上涨幅度小于总成交量涨幅。各试点碳市场间的成交额也呈现明显的分化走势。具体来看，福建和湖北市场的成交额分别增长约 4.20 亿元和 1.24 亿元，重庆与北京市场的成交额也分别小幅增长约 4700 万元和 2900 万元，

---

① 王旬，崔莹，庞心睿. 2023 中国碳市场年报［EB/OL］.（2024 - 01 - 30）［2024 - 05 - 30］. https：//iigf. cufe. edu. cn/info/1013/8404. htm.

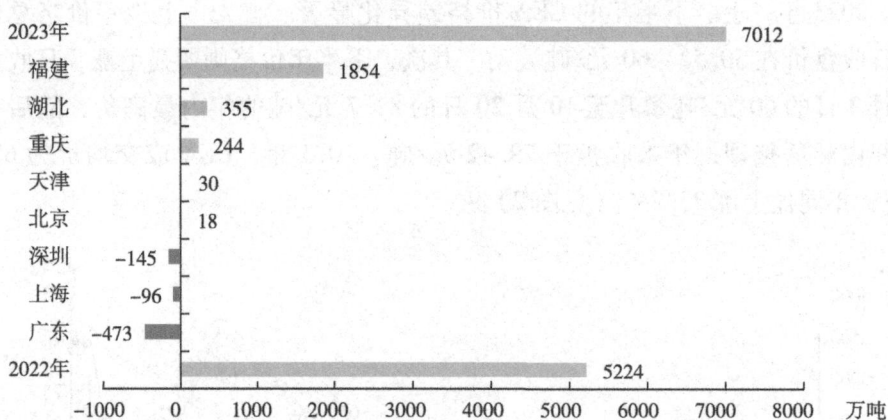

图 3　2022—2023 年地方试点碳市场成交量变动情况

(资料来源：2023 中国碳市场年报)

天津和深圳市场的成交额基本不变，广东和上海市场的成交额则分别下降约 3 亿元和 2000 万元（见图 4）。[1]

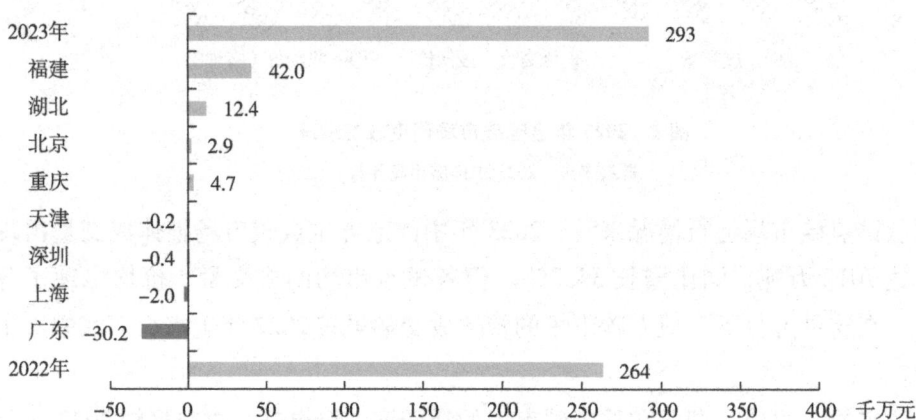

图 4　2022—2023 年地方试点碳市场成交额变动情况

(资料来源：2023 中国碳市场年报)

（二）我国碳市场发展特点及问题

目前我国碳市场表现出两个突出的特点。[2] 一是碳市场交易以政策驱动为主。从各个碳市场的成交情况来看，无论是全国碳市场还是地方试点碳市场，交易基

---

① 王旬，崔莹，庞心睿. 2023 中国碳市场年报 ［EB/OL］.（2024 - 01 - 30）［2024 - 05 - 30］. https：// iigf. cufe. edu. cn/info/1013/8404. htm.

② 资料来源于刘慧雯的《2022 年中国碳市场年报》，第一财经，2023 年 2 月。

本都集中在履约月份。我国全国碳市场和地方碳市场参与交易的主体都是国家或地方政府规定的控排企业,多数重点排放企业或不熟悉市场或仅为完成任务,未形成常规化交易思路,缺乏交易积极性,导致临近履约期时交易集中度较高。从成交情况来看,当国家或地方相关政策出台时,会在一定程度上激发配额交易活力。二是地方试点碳市场制度不同、发展程度不一,碳价存在一定差距。如上文提及,不同地方试点碳市场配额分配机制、监管机制以及处罚机制各不相同。例如,不同地方试点采用的免费分配和有偿分配的比例不同,选择的配额分配方式也不同(见表4)。地方碳市场的规模以及发展程度也参差不齐,导致各地碳价存在差异。各区域试点配额总量和覆盖行业存在一定区别,纳入的重点排放单位数量不等,控排企业纳入数量多的地区比数量少的地区更为活跃。另外,碳价高低或与碳市场发展程度有一定关联,北京、上海、广东、深圳和天津碳市场早在2013年就已经启动运行,福建试点于2016年才正式启动。福建碳市场因为起步较晚,发展较慢,碳价也较其他试点更低。

总的来看,我国碳市场建设仍处于发展的初级阶段,在法律支持、长期规划、市场功能等方面仍存在不足之处。我国碳场交易规模总体较小,定价机制并不完善,市场功能尚未完全建立起来,还不能充分发挥优化资源配置、提升减排效率的作用,市场规模和影响力与中国在国际应对气候变化领域的重要地位还不相称。从全国碳市场看,市场整体规模较小,2021年累计碳排放配额成交量不及欧盟碳市场的5%;市场成交分布差异极大,近90%的交易集中在履约截止前的两个月内;市场活跃度不高,换手率不足3%,日均交易户数不足20家。从地方试点碳市场看,虽然各区域市场机制总体相仿,但在覆盖范围、配额分配、交易模式等核心要素上均存在显著差异,市场彼此隔离,碳价格差异较大,从每吨十几元到七八十元不等。[①] 特别值得注意的是,目前在8个地方试点碳市场和全国碳市场共存运营的情况下,我国还难以统筹这些碳市场的协调发展。

一是制度体系不兼容。目前,各地方试点碳市场普遍由地方人大颁布地方法律或地方政府印发行政规章进行管理,立法层级较低,法律效力较弱,政策约束力参差不齐。其中,深圳、北京通过了地方立法,对排放单位的约束力相对较强。其他试点地区基本以政府规章进行规制,天津和重庆仅以部门文件为依据,导致市场约束力弱,企业参与强制性不足,通过市场反映为流动性不足。[②] 从全

---

① 赖晓明. 统一碳市场应具备的特征,建设统一碳市场的关键问题、路径与措施 [EB/OL]. (2023 - 04 - 18) [2024 - 05 - 31]. https://ricn.sjtu.edu.cn/Web/Show/833.

② 刘汉武,黄锦鹏,张杲,等. 中国试点碳市场与国家碳市场衔接的挑战与对策 [J]. 环境经济研究,2019,4 (1):123 - 130.

国层面来看，虽然 2021 年生态环境部出台了《碳排放权交易管理办法（试行）》，但该文件只对全国碳市场的交易产品、主体、方式等作出了规定，不涉及地方试点碳市场的建设与管理。因而，在全国碳市场第一履约期便出现了北京、天津和广东的发电企业已在本省履约，而不参与全国碳市场的第一期履约。[①] 缺乏高阶法律来协调不同碳市场的制度体系，在很大程度上阻碍了全国碳市场和地方碳市场的协调发展。

二是碳市场监管体系界限不明。我国碳市场涉及主管部门、重点排放单位、交易机构、核查机构、其他市场参与人等众多市场参与主体，市场运行也受到排放盘查、配额分配、履约等多个环节的影响。碳市场在建设过程中一旦出现权责不明晰、监管不到位等状况，极易导致政策性和市场性风险。试点期间，地方试点主管部门享有较为独立的管理权力，直接负责对控排企业、交易主体、交易机构和核查机构的监管，暂无试点考核硬性指标任务。然而，全国碳市场运行后，部分监管权力上移，国家碳交易主管部门和地方的监管可能存在界限不明的问题，例如，瞒报、漏报控排企业名单，允许资质不全、能力不足的公司开展中介业务等。[②]

三是核查体系存在显著差别。真实准确的碳排放数据是碳市场有效规范运行的重要基础。各试点碳市场依据地方出台的核查指南开展碳排放核查工作，在计算方法、活动水平数据获取方式、排放因子取值等方面存在差异，核查机构资质、核查员能力和核查数据管理质量差异较大。[③] 例如，深圳、北京、上海对核查人员的资质作出了较为详细的规定，但是天津、广东、湖北、重庆、福建未对核查人员的资质作出明确的规定。同时，各个试点存在明显的地方保护主义，也存在明显的既得利益者保护，不利于在全国范围内展开公平的竞争，也不利于形成良好的市场竞争环境，破坏了行业的竞争生态。试点碳市场与国家碳市场衔接时，不仅存在数据体系调整和兼容问题，还存在试点核查机构和国家核查机构资质统一管理的问题。[④]

---

① 周显峰，杜丽婧，刘思麟. 碳排放权交易市场"连接"（Linkage）机制的前世与今生［EB/OL］.（2023－07－21）［2024－05－30］. https：//www. junhe. com/law－reviews/2225.

② 刘汉武，黄锦鹏，张昊，等. 中国试点碳市场与国家碳市场衔接的挑战与对策［J］. 环境经济研究，2019，4（1）：123－130.

③ 虽然此前我国试点地方碳市场已各自建立了相对完善的碳排放测量、报告、核查制度体系（MRV），但是由于地方碳市场在纳入标准和纳入行业等方面存在明显差异，即使是同一行业的不同企业由于工艺生产过程、地域燃料单位热值含碳量的不同，控排企业的生产活动碳排放量也存在较大的差异，这种情况下，地方试点碳市场所实施的 MRV 措施往往相差甚远。

④ 刘汉武，黄锦鹏，张昊，等，中国试点碳市场与国家碳市场衔接的挑战与对策［J］. 环境经济研究，2019，4（1）：123－130.

四、欧盟经验对我国碳市场顺利衔接的启示

作为区域性的碳减排机制,欧盟碳市场虽然有其特殊性,但是从机制设计和发展进程来看,它为包括中国在内的其他地区和国家提供了宝贵经验,对我国国家级和试点地方级碳排放交易的完善有借鉴意义。具体包括以下四个方面。

(一)分阶段建设碳排放交易机制

根据欧盟碳市场及欧洲国家级碳市场的建设和运营经验,碳排放交易体系的建立是一个循序渐进的过程。我国也结合实际情况,分阶段逐步建立了碳排放交易体系。在第一阶段,我国首先建立了 8 个地方试点碳市场,为接下来的实践积累经验,并为建立全国碳市场打下基础。在第二阶段,我国形成了全国统一碳市场和地方试点碳市场共同运营的碳排放交易体系。当前,我国碳市场建设正处于第二阶段(过渡阶段)。在此阶段,我国可借鉴欧盟碳市场的建设经验,将免费配额的发放比例逐步减少,同时增加拍卖比例。在过渡阶段的后期,在完善交易制度的基础上,扩大纳入强制交易的行业范围、增强监督力度,实现市场化运行。未来,进入第三阶段后,我国碳市场可逐渐扩大覆盖范围和领域,逐步过渡到与欧盟碳市场类似的完全强制性碳排放交易市场。①

(二)协调国家碳市场和地方试点碳市场的独立管理

我国幅员辽阔、省份众多,碳排放交易市场完全由中央统一管理是不现实的,特别是涉及企业排放配额分配、监督管理等更需要地方政府落实执行的工作。欧盟经验为我国解决这一问题提供了基本的探索思路,即建立统一碳市场,并实行地方管理,各省市的排放总量经过中央批准,对碳排放交易的管理分为省级和国家两个层面。在这一过程中应合理分配中央与地方之间的权力,妥善处理其中的经济利益分配问题。另外,考虑到我国各个地区在经济发展和温室气体排放量存在巨大的差异,建议在各省之间实行"共同但有区别的责任"原则。具体来看,我国政府可制定相关政策鼓励经济相对落后、控排任务较重地区的企业主动参与碳交易,建立减排企业信用累计制度,并可以优先获得财政、金融等方面的政策支持。在欧盟,由于中东欧地区国家经济相对落后,对化石燃料的依赖性较高,欧委会制定了多项措施保护该地区国家的相关产业,给予其一定的过渡期以适应碳成本增加所带来的负担,使其不会在短时期受到过度的冲击,我国同样可以借鉴上述制度来进一步协调我国地方试点/非试点碳市场与国家碳市场的

---

① 蓝虹,束兰根.碳交易市场概论[M].北京:中国金融出版社,2022.

衔接。①

（三）统一核查标准与核查体系

截至目前，我国生态环境部已出台了通用性的《企业温室气体排放报告核查指南（试行）》以及针对发电行业的《企业温室气体排放核查技术指南发电设施》。然而，考虑到我国地方碳市场目前纳入行业偏多，以及我国全国碳市场未来也将陆续扩大覆盖行业范围，因此，一方面，建议相关部门按照先易后难的顺序，逐步制定出台电力行业之外的其他纳入碳市场管控行业（如石化、化工、建材、钢铁）的核查指南。另一方面，建议建设企业温室气体排放数据直报系统，作为跟踪和认定企业排放数据的基础工具，与各地方报送系统对接。另外，建议制定第三方核查机构管理办法，发挥好第三方核查机构的作用，将其作为提高碳市场排放数据质量的重要力量。一是制定统一规范的核查机构和人员的准入标准，实行机构和人员双重监管。对各地方备案和遴选的核查机构进行全面评估和动态管理，确定合格的第三方核查机构名单。二是加强事中事后监管，建立核查机构和人员的退出机制。三是重视对核查机构和人员培训，建立工作交流平台，持续提升核查机构和人员的能力水平。②

（四）重视配额分配机制的科学和公平

欧盟碳市场采用的免费与拍卖相结合的策略对我国碳市场配额分配机制有一定的借鉴意义。如果将行政区域作为配额分配单元，将会引发配额分配是否公平的问题，中央和地方以及不同地区之间将围绕配额分配展开博弈，从而带来巨大的行政成本，而各地区可能通过限制配额流通阻碍全国统一碳市场的有效运行。对此，我国可借鉴欧盟对碳市场覆盖行业与未覆盖行业分别进行碳排放权分配的做法，将国家整体碳排放权分为"重点排放企业碳排放权"和"基本碳排放权"两类，由中央政府分别向省市分配；省市将得到的两种碳排放权分别在地区内进行细分，这有利于充分考虑重点排放企业和地区基本碳排放的需求，使分配更科学。③对于地方试点经验比较丰富、成熟的省市，在未来还可参考德国碳市场在引入阶段实施的配额分配方式。例如，上海已将建筑业纳入本地碳市场，其配额计算方法为历史排放法，即企业年度基础配额＝历史排放基数。其中，2022年历史排放基数一般取企业2019—2021年碳排放量的平均值。配额的分配方式为直接发放，也就是说，上海市生态环境局将2022年度配额直接一次性免费发放至控排

① 蓝虹，束兰根.碳交易市场概论［M］.北京：中国金融出版社，2022.
② 更多信息请参考 https：//www.develpress.com/？p＝4600。
③ 蓝虹，束兰根.碳交易市场概论［M］.北京：中国金融出版社，2022.

企业配额账户。① 然而，未来免费发放配额方式最终将过渡到有偿发放，届时可考虑引入德国政府目前执行的固定价格政策，后续再转为拍卖。固定价格策略可确保市场有较长的缓冲期，即从免费发放到固定价格有偿发放，再到拍卖，这种方式在一定程度上能帮助企业适应后续拍卖阶段的变化，保障企业在低碳转型过程中的安全过渡。

---

① 更多信息请参考 https：//m. bjx. com. cn/mnews/20210204/1134631. shtml。

上海建设碳金融中心的路径研究①

上海已基本建成具有全球影响力的国际金融中心，当前正朝着更高能级迈进，其中确定性的方向，即是以科创、绿色和开放为发力点，为加快构建新发展格局提供有效金融支撑。基于落实碳达峰、碳中和的"双碳"目标要求，上海提出要努力构建连接国内国际双循环的绿色金融枢纽。2021 年 10 月，《上海加快打造国际绿色金融枢纽服务碳达峰碳中和目标的实施意见》正式发布，上海绿色金融发展正式纳入顶层设计：到 2025 年，上海要形成国际一流绿色金融发展环境，对全国绿色低碳发展的支撑更加有力，在全球绿色金融合作中的角色更加重要，基本建成具有国际影响力的碳交易、定价、创新中心，基本确立国际绿色金融枢纽地位。

该实施意见和《上海国际金融中心建设"十四五"规划》关于"发展绿色金融，推动绿色低碳可持续发展"的主要任务措施，以及《上海市浦东新区绿色金融发展若干规定》②，构成了上海绿色金融发展的政策框架和行动指南。在此背景下，上海建设碳金融中心也就有了基本的路径遵循。

一、"碳金融"的源起与发展

"碳金融"的兴起源于国际气候政策的变化，具体涉及两个在 20 世纪 90 年代签署的国际公约——《联合国气候变化框架公约》③ 和《京都议定书》④。换言

---

① 本篇执笔：中欧陆家嘴国际金融研究院副院长、研究员刘功润博士。
② 2022 年 6 月 22 日，上海市十五届人大常委会第四十一次会议表决通过。
③ 1992 年 6 月在巴西里约热内卢举行的联合国环境与发展大会上，150 多个国家制定了《联合国气候变化框架公约》（以下简称《公约》），最终目标是将大气中温室气体浓度稳定在不对气候系统造成危害的水平。目前已有 191 个国家批准了《公约》，这些国家被称为《公约》缔约方。《公约》于 1994 年 3 月生效，奠定了应对气候变化国际合作的法律基础，是具有权威性、普遍性、全面性的国际框架。
④ 1997 年 12 月，《联合国气候变化框架公约》第 3 次缔约方大会在日本京都召开。149 个国家和地区的代表通过了旨在限制发达国家温室气体排放量以抑制全球变暖的《京都议定书》。《京都议定书》建立了旨在减排温室气体的三个灵活合作机制——国际排放贸易机制（IET）、清洁发展机制（CDM）和联合履行机制（JI）。2005 年 2 月 16 日，《京都议定书》正式生效。这是人类历史上首次以法规的形式限制温室气体排放。

之，"碳金融"伴随"碳市场"（即碳排放权交易市场）的建立早就诞生了，只是起初碳交易覆盖面相对较窄，主要围绕碳配额及核证减排量的交易展开，碳金融的概念也相对较窄，主要指一级、二级碳市场中的碳配额及核证减排量交易的相关金融活动（即狭义碳金融）。比如，世界银行曾定义"碳金融"为"出售基于项目的温室气体减排量或者交易碳排放许可证所获得的一系列现金流的统称"[①]。

此后，随着全球碳交易的不断发展，碳交易市场参与主体不断增加，碳金融覆盖面不断增加。除直接参与交易的控排企业及机构外，商业银行、资产管理公司等金融机构开始增加围绕碳交易的支持服务。碳交易参与主体的丰富及金融服务手段的繁荣，促进了碳金融概念的扩容。发展至今，碳金融泛指服务于限制碳排放的所有金融活动，既包括狭义碳金融，也包括在碳市场之外为减碳控排行为提供融资和支持服务的所有金融活动（即广义的碳金融），如直接投融资、碳指标交易和银行贷款等。"碳金融"通过运用金融资本去驱动环境权益的改良，以法律法规作支撑，利用金融手段和方式在市场化的平台上使相关碳金融产品及其衍生品得以交易或者流通，最终实现低碳发展、绿色发展、可持续发展的目的。

近年来，"碳金融"备受追捧，综观其原因大致有以下三个方面。

第一，碳市场本身的发展。从内在根源看，主要在于全球经济飞速发展带来了碳市场繁荣，而随着碳市场的日益成熟，可以用于碳交易的碳资产在不断增加。碳资产本质上是一种可量化的有价交易权，是具有流动性的绿色资产，其构成主要包括产碳企业排放量配额（碳指标）、企业主动减碳对应新增量、实施减排项目获得的减排量信用额、竹林和森林碳汇、海洋碳汇等。运用市场机制调节，从碳排放源头发力，赋予碳资产金融商品资产属性，并且通过平台交易变为现金流，促进减排行动，是金融制度的创新。碳资产的核心价值是其天然的金融属性——期货交易，在欧洲碳市场中，碳金融期货产品的交易占比高达90%[②]。

实体企业低碳转型发展的内在动力，是碳市场得以发展的主体力量。比如，电力、钢铁、水泥、化工等行业，纳入碳排放权交易进行管理后，可以有效盘活碳资产，通过在市场需求与产能规模之间合理定价，能够引导企业重视并利用好碳指标，鼓励企业通过技术创新减排，同时也约束减排企业对新增碳排放项目要考虑碳指标购买成本，形成量化公式或价格公约，促进企业做好减排决策。此外，企业可以通过运用少量资金锁定碳排放权（期权）、出让手中已有配额（现货）获得发展资金，从而解决企业短期融资问题，提高资金使用效率，增加边际

① 参见世界银行《碳金融十年》（2011）报告。
② 参见21世纪资本研究院、汇丰联合发布《中国绿色金融发展报告：中国金融业推动碳达峰碳中和目标路线研究（2021）》。

收益。

第二，金融资本的助推。碳交易的活跃景气度，带动了相应碳金融衍生品种的创新发展。随着碳排放权商品属性的不断加强以及市场的越发成熟，越来越多的金融机构看中了碳市场的商业机会。金融机构的参与使碳市场的容量扩大，流动性加强，市场也越发透明；而一个迈向成熟的市场反过来又吸引更多的企业、金融机构甚至私人投资者参与其中，且形式也更加多样化。

从金融机构在碳市场中所扮演的角色演变中不难发现，他们的注意力已经从最初的以配额为基础的排放交易向减排项目融资转变。在碳排放交易如火如荼、碳金融衍生品层出不穷的同时，作为"碳资产"的减排项目成为对冲基金、私募基金追逐的热点。投资者往往以私募股权的方式在早期介入各种减排项目，甘冒高风险的代价期待高额回报。对于基金而言，"碳资产"能像传统风投或是私募所投的项目一样本身就能带来收益，项目建成后在二级市场上出售的减排量又可以再次创造利润，因此"碳资产"的双重收益模式赢得了大批基金的青睐。此外，"碳资产"的价值与传统的股票债券市场几乎完全不相干，与非能源类的商品市场也关联甚微，基金也完全可以利用它来对冲传统投资的风险。

第三，"双碳"目标的催化。随着世界经济快速发展，全球变暖的气候问题已上升为全球政治、经济、社会议题，每个国家和地区都面临着各自不同的"双碳"目标。碳金融市场的出现为碳排放权交易提供了平台，从而为控制温室气体排放提供了市场化的交易手段，通过对"碳资产"的开发，发挥金融的杠杆作用，推动全社会的低碳减排行动，从而助力"双碳"目标的实现。比如，未来要实现"碳达峰""碳中和"，整个能源结构面临转型改造，将有规模巨大的固定资产投资进入电力行业，特别是清洁能源领域。这样大规模的投资需要低成本、长期限的融资渠道，债券市场将是一个必不可少的渠道。因此，未来3~5年，绿色债（碳中和债）都会成为非常热门的碳金融工具。

二、我国"碳金融"市场现状及前景

国外的碳市场，尤其是欧洲的碳市场的建设和发展已经相当成熟，世界多国都已经建成或即将建成完善的碳金融市场体系。我国作为全球最大的碳排放资源国，供应全球市场大约三分之一的减碳排量。尽管随着全球碳交易市场的兴起，我国碳金融市场已经推出了碳基金、碳债券、碳配额抵押贷款、碳配额回购融资等业务，但业务水平和创新程度明显不够，与日趋成熟的国际碳金融市场差距较大，未来具有广阔的发展潜力和上升空间。

当前，我国的碳市场存在三大突出问题：一是结构相对单一。主要是现货市场，参与碳交易的主体大多为电力行业企业，交易的产品是全国碳市场碳排放配额（CEA），交易方式主要包括挂牌协议交易和大宗协议交易，其中挂牌协议交易是目前成交额最大的交易方式。二是碳价波动较大。我国区域及全国碳市场碳价稳定性较弱，不利于碳市场配置资源效用的发挥。区域碳市场方面"潮汐现象"严重，各区域碳市场成交日期集中于履约期前后，各年度成交量最大的两个月占全年成交量比重多在 50% 以上，并导致区域碳价波动较大。全国碳市场在启动后也延续了这样的特征：以 2021 年全国碳市场交易为例，其主要集中于三个时间段，分别为 7 月开市之初，9 月末碳配额最终核定发放期及 11 月后临近履约期。交易量波动不利于碳价稳定，开市之初市场成交热情高涨，碳价在 50 元/吨以上，8 月、9 月交易热情回落，碳价一度临近 40 元/吨上下，12 月中旬集中交易再度跌至 40 元/吨以下，12 月末履约压力增大，碳价飙升至 50 元/吨以上[①]。三是金融工具运用不足。当前我国区域碳市场已有相当丰富的碳金融工具实践，但由于各区域碳市场相对割裂、体量有限且规则不统一，仅有碳质押贷款、碳远期等部分工具实现了常规应用，大部分工具仅少量尝试后便束之高阁。全国碳市场启动后，碳金融发展环境不断优化，且随着全国碳市场纳入行业逐步增加，碳金融的发展基础将越发完善，碳金融工具的运用也将更加频繁。

发展碳金融，扩大碳市场参与主体、丰富碳市场金融交易工具等，是提升我国碳市场有效性较为可行的手段。我国各区域碳市场对发展碳金融进行了多种尝试，虽不能说有效平滑了碳价波动，但确实提升了市场流动性。以北京碳市场 2018 年碳配额线上公开交易数据为例，在参与主体方面，非履约机构间交易量占比达 59%，履约与非履约机构间交易量占比达 37%；从买方来看，前 30 名交易参与人（TOP 30）的交易量占总成交量的 74.73%，其中非履约机构交易量占比达 TOP 30 的 87%。从数据表现看，非履约机构的参与显著提升了北京碳市场的流动性。在交易工具方面，北京碳市场已形成碳配额场外掉期、碳配额场外期权等多种产品竞争共存的局面，并已积累了一定的金融机构和个人投资者参与交易，对增强市场流动性、提高交易匹配率、激发市场活力发挥了积极作用。

全国碳市场启动后，进一步发展碳金融、开启碳市场金融化具有必要性。当前，我国区域碳市场及国际碳市场已积累了较多碳金融工具和机制的发展经验。在此背景下，我们需要考虑的是，哪类碳金融机制或交易工具更具发展前景，利好哪些机构或产业。金融机制方面，当前我国全国碳市场流动性不足的重要原因在于参与主体相对受限，因政策细则尚未落地，机构投资者进入碳市场进行投资

[①] 陈骁，张明. 碳排放权交易市场：国际经验、中国特色与政策建议［J］. 上海金融，2022（9）：22 – 33.

或提供经济、做市等一系列服务的资质尚不明确。未来一段时间，明确投资者资质、加快纳入机构投资者将成为提升我国碳市场流动性、保障碳价稳定的重要议题。交易工具方面，由于碳配额获取及使用存在时滞，开发用于风险规避的标准化合约、提升市场流动性的需求最为强烈。我国期货市场经历长期发展，品种较其他衍生品而言相对丰富，市场经验相对充分。在强大的市场需求下，碳期货有望成为碳市场的主力交易工具。相对而言，我国期权市场起步较晚，期权产品仍较少，投资门槛仍较高，为防止出现过多投机现象，碳期权的优先级可以适当延后。此外，碳远期及碳掉期等其他衍生工具虽然有较为多样的场外交易尝试，但由于场外交易风险可控度相对较弱，可择机发展；碳期货作为最为重要的风险规避手段，是优先级最高的碳金融工具。

在过去的几十年内，我国在追求 GDP 增长的同时，相对忽视了对生态环境可持续发展的遵循。当经济体体量已达全球第二，且要在国际市场上寻求更多话语权或影响力的情况下，全球对中国经济发展模式的进一步认可显得很有必要。基于此背景，我国需要找到一条更加平衡的绿色低碳发展的道路。这种平衡，面临现实的挑战：一方面，我们需要兑现对国际社会的减排承诺；另一方面，我们还需要保持较高速度的经济增长以解决民生问题。

"十四五"时期，国内金融机构更多关注到碳金融市场，并提供碳交易账户开户、资金清算结算、碳资产质押融资、保值增值等各项涉及碳金融的业务，碳金融发展空间被逐渐打开。"双碳"目标实施对我国的发展方式转变和经济结构、产业结构、能源结构调整与绿色转型及其金融支持系统等都将产生影响，推动了与绿色低碳技术、绿色生产和绿色消费相关的绿色金融产品的发展。

其一，绿色信贷。绿色信贷是当前中国碳金融市场中规模最大的绿色金融产品，也是全球最大规模的市场。中国人民银行发布数据显示，截至 2023 年末，本外币绿色贷款余额为 30.08 万亿元，同比增长 36.5%，高于各项贷款增速 26.4 个百分点，比年初增加 8.48 万亿元。① 其中，投向具有直接和间接碳减排效益项目的贷款分别为 10.43 万亿元和 9.81 万亿元，合计占绿色贷款的 67.3%。分用途看，基础设施绿色升级产业、清洁能源产业和节能环保产业贷款余额分别为 13.09 万亿元、7.87 万亿元和 4.21 万亿元，同比分别增长 33.2%、38.5% 和 36.5%。分行业看，电力、热力、燃气及水生产和供应业绿色贷款余额为 7.32 万亿元，同比增长 30.3%；交通运输、仓储和邮政业绿色贷款余额为 5.31 万亿元，同比增长 15.9%。

---

① 中国绿色贷款余额超 30 万亿元［N］．人民日报海外版，2024 - 01 - 27.

其二，绿色债券。按相关国际组织标准统计的绿色债券累计发行量及年度发行量计，中国均是全球第二大绿色债券市场。Wind 数据显示，截至 2024 年 1 月底，我国境内贴标绿色债券存量规模约为 3.19 万亿元，资金投向领域也越发丰富、多元、精准。① 从市场整体看，据中诚信绿金统计，2023 年国内市场共发行绿色债券 475 只，发行规模为 8359.91 亿元，同比减少 4.29%，发行规模出现小幅回落。不过，这并不代表绿色发行人融资积极性下降。随着不同企业绿色低碳发展的融资需求越发多元，包括"碳中和"债券、转型类债券、可持续发展挂钩债券（SLB）等创新品种随之兴起，开始更多进入发行人、投资人的视线。目前，绿色债券的融资主体还是公共事业、公共交通以及公共基础设施建设，且以国有企业为主，与信贷结构基本匹配。从绿色债券发行主体所处的行业分布情况看，除地方政府和金融机构以外，实业以公用事业和工业为主。

其三，在基础服务、融资服务、碳资产管理服务等领域拓展业务，如碳金融理财、碳金融结构性存款等。兴业银行和上海银行发行了挂钩上海清算所"碳中和"债券指数的结构性存款，中信银行发行了国内首只挂钩"碳中和"绿色金融债的结构性存款产品；建设银行、兴业银行、浦发银行、光大银行等推出了碳排放权抵押贷款、国家核证自愿减排量质押贷款等产品。

"双碳"目标下我碳金融市场的潜力十分巨大，相关碳金融产品会不断丰富，是金融机构积极参与和创新进入的好机遇。从更广阔的前景来看，作为全球最大的碳交易市场，充分发挥市场调节及配置资源的作用，引导资本投入低碳环保领域，将极大推动我国绿色发展和可持续经济增长。此外，大力发挥碳市场价格及价值发现功能，加强我国在国际碳定价的核心话语权，有助于巩固我国在国际应对气候变化领域的主体地位。

三、上海实践：国内碳金融"中心"地位初显

综观中国碳市场探索历程，一个明显趋势为：碳排放交易逐步从地方试点向全国统一市场推进。在这个过程中，上海碳金融的"中心"地位及主体性作用凸显。

作为推动"双碳"目标实现的重要政策工具和制度创新，全国碳交易市场交易由上海环境能源交易所运营和维护。早在 2011 年，上海就成为全国 7 个碳排放权交易试点省市之一，探索碳市场发展之路。2013 年 11 月 26 日，上海碳排放权交易市场鸣锣开市，成为上海市指定交易平台，先行先试推出碳质押、碳回购、

---

① 我国绿债发行保持良好势头［N］. 中国能源报，2024-02-19.

碳基金、碳信托、借碳等一揽子绿色金融创新成果；2017 年初，与上海清算所合作推出国内第一个也是目前唯一一个标准化的中央对手清算的碳衍生品——上海碳配额远期交易，既为控排企业和投资机构提供有效的风险管理工具，也为未来全国碳排放权交易市场乃至大宗商品、衍生品交易市场打下了坚实的基础；2020 年 12 月底，推出上海碳排放配额质押登记业务、《上海碳排放配额质押登记业务规则》；2021 年 5 月，与浦发银行强强联手，为申能碳科技有限公司落地全国首单碳排放权（SHEA）、国家核证自愿减排量（CCER）组合质押融资，充分发挥了碳交易在金融资本与实体经济之间的连通作用……这些尝试为推进形成多层次的碳市场积累了有益经验。与此同时，金融市场持续强化与碳市场合作联动。2022 年中国国际碳交易大会上，上海环境能源交易所宣布启动碳价格指数开发工作，还将进一步基于碳价格指数探索开发更多金融产品，助力上海打造具有国际影响力的碳定价中心。截至 2023 年底，全国碳排放权交易市场累计成交量达到 4.4 亿吨，成交额约为 249 亿元。第二个履约周期（2021—2022 年）成交额比第一个履约周期（2019—2020 年）增长 89%。企业参与交易的积极性明显提升，第二个履约周期参与交易的企业占总数的 82%，较第一个履约周期上涨了近 50%。[①]

碳市场之外，上海积极引导更多资本流向低碳减排领域，做大做强碳金融生态圈，围绕一个"碳"字，金融机构持续发力，一批成果不断涌现：宁波银行上海分行启动某公司 10 亿元碳中和中期票据项目；国泰君安继发行证券行业首单挂钩碳排放配额的收益凭证后，又与上海环境集团股份有限公司、浦发银行携手完成基于 CCER 减排量交易协议的融资合作签约；中国太保旗下中国太保产险与上海环境能源交易所、申能碳科技有限公司、交通银行股份有限公司达成"碳配额＋质押＋保险"合作，并在第四届进博会期间落地全国首笔碳排放配额质押贷款保证保险业务。

上海碳金融朋友圈持续扩容，多方合作形成叠加势能，让上海碳金融市场的发展活力四射。绿色产融结合的成果不断涌现。

一是期货产品接连上新。上海期货交易所在上海国际能源交易中心上市低硫燃料油期货，经过稳定运行，市场给予了低硫燃料油期货高度的认可，成交量增加显著，低硫行业的定价模式正在从最初的现货定价向期货定价转变。

二是指数投资方兴未艾。上交所不断丰富绿色投资产品，积极开展绿色指数编制研究工作，联合中证指数公司、上海环境交易所及基金公司等，推动绿色相

---

① 截至去年底，全国累计成交量达 4.4 亿吨——碳排放权交易活跃度逐步提升［N］. 经济日报, 2024 – 02 – 28.

关指数开发。上海清算所率先发布我国首只碳中和债券指数——上海清算所碳中和债券指数；上海环境能源交易所和中证指数公司联合发布国内首只碳中和主题投资指数——中证上海环交所碳中和指数。截至 2024 年 3 月底，中证指数累计已发布 ESG、碳中和等可持续发展指数 143 条，跟踪产品 88 只，规模近千亿元，已成为目前 A 股 ESG 指数体系健全、指数数量与跟踪产品规模领先的指数供应商。[①]

三是市场板块持续拓展。自 2021 年底中国证监会批复同意在上海区域性股权市场开展私募股权和创业投资份额转让试点以来，截至 2023 年 12 月 26 日，上海私募股权和创业投资份额转让平台成交 68 笔，成交总份数约 169.70 亿份，成交总金额约为 200.58 亿元。[②] 2024 年 1 月 10 日，上海市政府发布《关于进一步促进上海股权投资行业高质量发展的若干措施》，提出大力推动二级市场基金（S基金）发展。S 基金是专注于私募股权二级市场的基金，主要投资于私募股权投资基金的二手份额或投资项目组合，有望成为活跃创投市场、支持科创企业的重要力量。

四是绿色债券稳步推进。2022 年 6 月，上交所发布规则指引推出低碳转型公司债券创新品种，引导企业尤其是"两高"行业、传统行业企业融资用于低碳转型领域，至 2022 年底即发行低碳转型公司债券（含挂钩债券）31 只，合计募资372 亿元，很快形成了规模效应。从行业分布看，上交所绿色债券发行主体大多来自工业、公用事业和金融行业；从发行期限来看，3 年及以下期限债券数量占比超过五成；从投资者偏好来看，当前市场环境下，投资人仍然偏好短期限的债券，尤其是低评级债券。

此外，上海金融机构积极拓展各种直接融资渠道，围绕碳普惠的创新如雨后春笋般涌现，一批具有国际水准的第三方专业服务机构在碳资产管理、碳足迹管理、碳信息披露、低碳技术认证等领域形成全国领先的中介服务体系。越来越多的社会力量开始参与上海碳金融市场，形成了全社会共同建设低碳社会、发展低碳经济的良好氛围。

上海，从来都不只是区域市场概念。上海金融要素市场齐备、金融机构聚集、金融基础设施完善，为碳金融的创新发展提供了优势条件。我国绿色债券中超过 90% 在上海发行，绿色环保企业股权上市融资超过 60% 发生在上海[③]。

---

① 资料来源于中证 ESG 评价结果上线新浪财经 可查中证 800 指数成分股 ESG 评价结果，央广网，2024 – 04 – 30。

② 上海推动 S 基金发展，引导银行理财、保险资金等加大布局［N］．上海证券报，2024 – 01 – 12．

③ 刘桂平．全国超过 90% 的绿色债券在上海发行［N］．文汇报，2021 – 06 – 10．

《2023 年中国可持续债券市场报告》显示，与 2022 年相比，上海的绿色债券发行量大幅增长，增幅高达 170%。"上海碳"也将同"上海油""上海金"等一样，成为要素市场的一个具有"牵引"作用的"牛鼻子"。

四、推动上海建设成为国际碳金融中心的路径建议

上海的国内碳金融中心地位初步显现。尤为重要的在于，抓住"上海碳"这个牛鼻子，并依托上海国际金融中心的金融市场基础，重点培育碳金融市场，发展碳交易资金清算结算，碳资产质押融资、保值增值等各项涉及碳金融的业务，放大上海碳市场的影响力，最终推动"上海碳"成为国际碳。

我国碳排放权市场是我国践行碳达峰碳中和承诺的重要市场化工具，也是国际上观测我国应对气候变化实际行动的重要窗口。确保全国统一的碳市场的完整性是稳健推进我国碳市场建设的基础保障。在当前的国际关系背景下，碳排放市场能力建设和"碳中和"领域的科技及金融国际合作，可以成为上海促进中美、中欧等国际合作的切入点。我国启动了全球最大的碳排放权市场，上海承建全国碳排放权交易中心，为上海配置全球金融资源、推动上海在国际金融中心的基础上建成国际碳金融中心提供了切实方向。

当前有四个方面的问题影响全国碳市场的完整性：一是要重视全国碳排放配额交易和国家核证自愿减排量交易存在市场分割的风险；二是要确保各地方碳排放核算数据质量和监管标准的统一，避免监管套利；三是要防止在国家核证自愿减排量使用上的地方保护；四是要重视妥善处理建设统一碳市场之后原来的地方碳排放交易平台的去留问题。基于这些问题思考，提出如下路径建议。

第一，在上海国际碳金融中心建设的初期，有必要通过"国家核证自愿减排量"扩大与国际碳市场之间的联系。衡量国际碳金融中心的一个重要标志是交易品种的国际化，可以确定上海承建的全国碳市场的交易品种一定包括"碳排放配额"，而"碳排放配额"的国际化要比"国家核证自愿减排量"的国际化复杂和艰难得多。碳排放配额不是短期能够推进国际化的交易产品，牵扯到工业领域的方方面面，将我国的碳排放配额与国际上其他国家的配额互认，以及开放国际投资者参与我国碳排放配额市场都需要较长时间的市场培育和磨合，而国家核证自愿减排量的国际化相对容易，更适合作为当前推进碳金融国际化工作的抓手。在以碳排放配额为主的全国碳市场逐渐走向成熟之后，才更适合在碳排放配额领域逐步展开国际合作。

第二，参与全国统一碳市场建设，推动行政法规明确增加"用于抵消的碳排放权"为全国碳市场的另一交易品种。上海应积极争取用于抵消的碳排放权市

场，明确用于碳抵消的国家核证自愿减排量与碳排放权在同一市场交易。《碳排放权交易管理暂行条例（草案修改稿）》第十四条关于交易产品的规定是：全国碳排放权交易市场的交易产品主要是碳排放配额，经国务院批准可以适时增加其他交易产品。建议明确提出全国碳排放权交易市场也用于交易碳抵消的削减排放量产品，即全国的碳排放配额市场和国家核证自愿减排量市场要统一；各省级生态环境主管部门定期公布本省用于碳抵消的减排项目地域和类型；加强监管的同时依靠市场化力量约束企业碳排放数据质量；前期参与全国碳排放交易试点的交易平台定位调整为碳交易的经纪商。

第三，围绕碳抵消项目市场推动国际化的碳金融产业链集聚。以碳抵消项目为切入点，强化中日韩、中欧和中美在碳市场领域的合作；发起国际城市间碳市场合作的"上海碳市场合作联盟"；以高标准建立自愿减排项目的"上海标准"，辐射"一带一路"减排领域。

第四，搭建"碳中和"主题新平台，配置全球金融和科技资源。搭建碳金融产品交易平台、投融资项目"路演"中心以及促进"碳中和"国际合作的平台等；发起设立系列国际化的碳基金支持"一带一路"碳减排和"碳中和"活动，如清洁能源碳基金、生态碳基金、人居环境碳基金、循环经济碳基金、扶贫碳基金等；建设"碳中和"创新技术孵化基地，推动碳金融产品和工具创新。

第五，培育多层次碳交易市场体系。支持碳期货方面的创新尝试，参与到国际碳期货交易当中，改变中国在国际碳交易价值链中的低端地位，逐步在国际碳交易市场上掌握主动权。碳排放权期货的推出意义重大，它将改变以往对商品期货、金融期货的认知，对现货市场发展也将起到很重要的风险管理作用。我国的碳排放权期货交易市场应建立在现货市场的基础上，应建立总量控制与配额分配的交易机制，先期配额可以免费分配为主，后期逐渐增加拍卖的比重，最终形成全国统一的强制碳交易减排体系。借鉴国外的市场运行机制设计，考虑循序渐进的发展，在完善碳现货机制的基础上建立碳期货市场，先期应建立合适的抵偿机制和补偿机制。

第六，发展多元化的投资者。碳金融市场的深度发展不仅包括碳现货市场，还包括碳远期市场、碳期货市场甚至是碳期权市场。碳金融市场要发展起来，一定要投资者多元化，不仅包括相关行业的企业、金融机构，甚至还包括一些个人投机者、套利者。市场价格的形成机制需要多元化的投资者来提供市场流动性，共同达成均衡的价格；有投机者、套利者短期去炒作它，虽然可能有时候短期会过度地炒作，但是长期而言对市场的热度、市场的健康成长是非常有帮助的。欧盟的碳交易市场发展得相对比较成熟，很大程度上便是得益于在市场建立初期便发展出碳配额的期货等多种金融工具，且商业银行、投资银行、私募基金等各类参与主体众多，极大提升了碳交易的活跃度。

第七，完善监管体系，建立协同监管机制。随着碳市场的发展，创新产品会突破现有的监管范畴。市场的繁荣必然伴随投机行为，甚至对市场产生负面冲击。要适时完善监管体系，运用监管科技加强碳金融领域的监管，建立金融市场监管部门协同监管机制，共同维护碳金融市场的健康发展。

上海金融中心能级提升的
优势因素与路径选择①

金融活动由来已久，金融中心却是近现代才形成的。作为商品经济高度发达的产物，金融中心显然是经济发展的高级形态，一个城市只有在成为特定区域的经济中心之后，大量货币资金得以融通运转，金融中心才成为可能。纵观金融中心演进史，其发展历程总体呈现航运中心—贸易中心—经济中心—政治文化中心—国际金融中心多层次转移路线。基于此发展脉络，当前发达的国际金融中心无一例外兼具了国际航运中心、贸易中心、经济中心等核心城市功能。换言之，金融中心大都是多个"中心"的综合集成体，而一般的中心城市却难以承载金融中心的特殊功能。

城市如此，国家的进阶发展也遵循同样的逻辑：从工业大国发展到贸易大国，跻身经济大国序列，再谋求金融领域的话语权和影响力。反推之，一个大国在世界舞台的淡出，也是先从底层开始，经济实力转弱，"无可奈何花落去"，最后才在全球金融版图中退居其次。当今世界，大国之间的较量、角逐，甚至冲突与对抗，越来越表征为经济金融领域的博弈。梳理金融中心的发展脉络，不仅能洞见当时的格局变幻，也能对当前的上海国际金融中心建设实践以启示与借鉴。

一、金融中心发展"此消彼长"

伦敦作为国际金融中心的历史最早、年份最长。英国凭借发轫于 19 世纪的工业革命造就了强大的工业经济，吸引大量银行纷至沓来，逐步形成了"世界银行"地位，英镑成为当时的世界货币，尽管在金本位制下黄金是最主要的国际结算货币和储备货币，但"40%的资本主义世界贸易仍用英镑结算，英镑仍然是资

---

① 本篇执笔：中欧陆家嘴国际金融研究院副院长、研究员刘功润博士。

本主义世界的一种国际储备货币"①，当各国出现贸易逆差时，英格兰银行作为国际借贷中心向逆差国提供英镑贷款。"1913 年，英国的海外投资高达 40 亿英镑，占西方总投资额的一半，英国成为国际资本的供应国，以绝对优势取得了国际金融领域的统治地位"②，伦敦也就自然成为最大的国际金融中心。而后，第一次世界大战极大地削弱了英国的政治、军事和经济实力，民族解放运动又使英国殖民体系土崩瓦解；整个 20 世纪 20 年代，英国经济陷入长期萧条状况，到 1929 年英国在世界工业生产中的比重下降到 9%，曾经的"日不落帝国"在经济实力和政治地位都显露颓势，导致英镑在国际金融市场中的主导地位动摇，许多驻守伦敦的国际金融机构开始寻找"新大陆"。

此消彼长之下，美国和西欧其他新兴国家开始同英国在多领域进行竞争。在西欧诸国相继被第一次世界大战、第二次世界大战拖累的窘境下，美国则紧抓机遇大力发展经济，使世界经济的中心由英国转到了大西洋彼岸。"在全球外贸总值仅为第一次世界大战前 60% 时，美国出口总值反而比战前增加了两倍；到 1929 年，美国在世界工业生产中所占的比重上升到 48%，美国对外投资范围也从拉美扩展到世界各地"③。随着经济实力的不断提升，美国在国际金融领域向英国提出了挑战，为了压制英镑，美国恢复了战前实行的金本位制，建立起美元与黄金的稳定兑换关系，美元作为国际货币被人们所广泛接受，纽约则担负起了向国际市场融通美元资金的任务，顺势成为重要的国际金融中心。影响更加深远的是，布雷顿森林会议确定了第二次世界大战后的货币体系，美国用国际协议的方式构筑了美元的中心地位，世界贸易的 90% 用美元结算，各国央行用美元干预外汇市场，美国政府承担各国中央银行按黄金官价用美元兑换黄金的义务，美元等同于黄金，可以自由兑换成任何一国货币。从此，美元完全取代英镑成为第一大国际货币，大量的国际借贷和资本筹措都集中于纽约，纽约也就慢慢取代伦敦坐上了国际金融中心的"头把交椅"。

20 世纪 80 年代，世界经济格局的新变化催生了世界金融新格局：伦敦凭借庞大的离岸美元市场，再度成为足以与纽约争雄的金融中心；日本经济从"废墟"中崛起，成为能大量输出资本的亚洲强国，带动东京发展为具有全球影响力的亚太金融中心；德国经济繁荣，加上欧洲中央银行的落户，推动法兰克福成为欧洲金融中心；香港作为中国与世界联系的重要窗口，加上自由港独特地位，也在国际上最具重要影响力的金融中心中占据一席之地。

从 20 世纪 90 年代开始，中国在市场化改革的大潮中开启了金融对外开放进

---

① 崔连仲，等. 世界通史（当代卷）[M]. 北京：人民出版社，1997：56.

② 崔连仲，等. 世界通史（当代卷）[M]. 北京：人民出版社，1997：58.

③ 杨长湧. 美国对外直接投资的历程、经验及对我国的启示 [J]. 经济研究参考，2011（22）：45－46.

程。1991 年，邓小平视察上海指出："上海过去是金融中心，是货币自由兑换的地方，今后也要这样搞，中国在金融方面取得国际地位，首先要靠上海。"[①] 在 2001 年加入世贸组织之后，中国金融业相继推出实施 QFII 和 QDII 制度，允许境外央行、国际金融组织、主权财富基金运用人民币投资，放宽外资金融机构服务对象、设立条件与地域范围限制等，上海国际金融中心建设逐渐成为"显题"。2009 年 4 月，国务院颁布实施《关于推进上海加快发展现代服务业和先进制造业建设国际金融中心和国际航运中心的意见》，首次从国家层面对上海国际金融中心建设的目标、任务、措施等内容进行了全面部署，随后 10 余年，上海"咬定青山不放松"，到 2020 年基本建成了与我国经济实力和人民币国际地位相适应的国际金融中心。根据英国独立智库 Z/Yen 集团发布的全球金融中心指数，上海的排名由 2014 年 3 月的第 20 名逐步跃升为第 16 名、第 13 名、第 6 名、第 5 名、第 4 名，并在 2020 年 9 月和 2021 年 3 月的指数排名中蝉联全球第 3；第 35 期全球金融中心指数（GFCI35，2024 年 3 月发布）显示，上海位列第 6，前三强为纽约、伦敦和新加坡。

诚如此前所阐述的底层逻辑，金融地位的变化根本上取决于经济实力的较量。毋庸置疑，上海国际金融中心影响力的提升，背后所反映的恰是中国经济持续向好发展的底盘。改革开放以来，特别是通过近 30 年的经济稳定发展，中国不断向上移动着在全球谱系的坐标，中国的发展也深刻改变着世界发展格局。目前，美国（2023 年 GDP 达 27.36 万亿美元）、欧盟（2023 年 GDP 达 18.34 万亿美元）和中国（2023 年 GDP 为 17.89 万亿美元）是全球仅有的三个 GDP 超过 10 万亿美元的经济体，在全球经济格局中基本上处于三足鼎立的局面。

二、"优势因素"构筑金融中心独特地位

在金融中心发展图景中，何以主沉浮？除了经济的底层逻辑，关键还在于各国家城市自身所具有的比较优势。综观全球几大重要的金融中心，其固有的优势因素构筑了各自在国际金融版图中的独特地位。

伦敦最显著的特点是开放外汇市场，吸引了全球的央行、金融机构到伦敦开展外汇交易，进而带动金融业的全面繁荣。伦敦得益于独特的时区优势，为亚洲和美国之间在同一时期内提供最大的资金池业务，伦敦时间还被作为国际商业标准时间，全球金融交易可在一天内仅通过伦敦市场即可完成各项工作的接替。由此，伦敦成为全球重要的外汇交易中心、黄金交易中心，全世界 37% 的国际货币

---

① 资料来源于《邓小平文选》（第三卷）的《视察上海时的谈话》。

交易和18%的跨国借贷都来自伦敦市场。根据2019年9月的数据，在全球外汇交易方面，保持在第一位的是英国，伦敦更是在全球外汇交易总量中占比高达43.1%①。虽然英国经济近年遭受"脱欧"等冲击，其金融中心地位已回落到第二，但必须承认，依托工业革命的原始资本积累，英国仍然拥有世界顶尖的工业体系，在汽车、制药、航空、化工、机械等方面都处于世界领先水平。另外，国际金融人才聚集也是伦敦金融中心的突出优势，"金融服务业约占英国GDP的7%，主要集中于伦敦，从业人员约为25万人"②。

再看纽约，其优势目前来看无可比拟。除了纽约港本身的客观地理区位、创新型人才集聚优势，最核心的是，布雷顿森林体系确立了美元世界货币地位，美国成为全球经济霸主，纽约也因此发展为首屈一指的国际金融中心。再者，与伦敦主打外汇以及衍生品市场不同，纽约是全球重要的股票交易中心，坐拥证券交易品类最全面、最专业的纽约证券交易所（NYSE）以及专门服务科技互联网企业的新型交易所纳斯达克（Nasdaq），在每年上市的IPO数量上以及上市公司总市值方面，两个交易所长期居于证券交易市场前茅。根据英国智库Z/Yen集团发布的"全球金融中心指数（GFCI）"数据，从2018年9月发布的第24期指数至今，纽约超越伦敦，居全球金融中心首位。

日本东京国际金融中心的发展，主要归功于在银行、外汇、债券等市场的全面开放。放宽外资金融机构准入条件、经营活动范围的限制和国内金融机构进入国际市场的限制等政策利好，提高了东京金融市场在国际金融市场中的地位。即便经历了"失去的20年"，东京仍是亚洲地区的重量级城市。根据统计，东京都市圈总人口达4000多万人，占全国人口的三分之一以上，GDP更是占到日本全国的一半③。如今，为了持续巩固国际金融中心地位，东京将金融科技列为主要发展方向，尤其重视金融科技在资产管理领域的融合应用。

作为曾经的亚洲"四小龙"代表城市，中国香港和新加坡国际金融中心有许多异曲同工之处。一是竞争力强。新加坡在63个经济体的全球竞争力指数排名中位列第一，中国香港排第五。④二是语言条件优。欧美地区更倾向于在英语水平更好的两地设置亚洲地区总部，数据显示，中国香港与新加坡均有超过100家国外银行设立机构，相比而言东京仅有60余家。三是金融基础设施好。香港证券交

---

① 资料来源于国际清算银行（BIS）外汇调查报告，2019年9月16日发布。
② 资料来源于《巴黎意在成为英国脱欧后欧洲最大的金融中心》，《中国服务贸易指南网》，2020-02-28。
③ 资料来源于《全球最"吸血"城市，GDP占全国一半，形成的都市圈世界第二》，新浪网，2022-01-31。
④ 资料来源于瑞士洛桑管理学院：《2020年全球竞争力报告》，2020-06-26。

易所与新加坡交易所都是亚洲重要的证券交易所，也是中国公司除了美国之外，主要上市的证券市场。四是人才质量高。中国香港和新加坡都拥有成熟的法律、会计等行业，名校质量位于世界前列。英国高等教育调查公司公布2020年世界大学排行榜中，中国香港和新加坡当地大学排名均在世界前列，前100名中就有7所。

值得关注的是，近年来，欧洲其他区域的金融中心利用英国"脱欧"导致的跨国金融企业外流窗口期，借势发展国际金融中心地位。英国研究机构新金融（New Financial）报告显示，2019年英国有近一半资产管理公司选择了都柏林，而迁往法兰克福的公司中有3/4以上是银行或投资银行。① 分析发现，除了都柏林是依靠地域因素以及卢森堡在金融方面的优惠政策（离岸公司的税收优惠政策）外，德国法兰克福、法国巴黎之所以能承接伦敦移出的金融业务，直接诱因是它们拥有良好的金融基础设施和人才支撑，以巴黎为例，其金融服务业从业人员约18万人，仅次于伦敦的25万人；更主要的原因在于，在全球经济波动的当下，德国和法国能在未来保持相对好的经济发展势头，这给了金融机构稳定的预期。

三、上海金融取得阶段性成就的"优势因素"

说上海金融是后起之秀，可能不一定贴切。历史上，上海曾一度是远东国际金融中心：20世纪30年代，上海作为亚洲地区国际金融中心的地位盛极一时，其影响力远远超过当时的东京等其他亚洲城市。当时，全国主要中资金融机构总部集聚，金融市场国际影响十分显著，上海外汇市场的国际化程度、市场成交量都居于亚洲各国前列。抗日战争爆发以后，上海作为亚洲国际金融中心的地位逐渐衰落。

新中国成立后，特别是1978年的改革开放翻开了中国历史发展的新篇章，在经济社会发展取得举世瞩目成就的同时，金融在经济社会发展中的重要性日益显著，上海即历史性地承接了国际金融中心建设的使命。从20世纪90年代的顶层设计，到2009年正式作为国家战略提出，再经过多年持续精进，上海已经具有较为完备的国际金融中心核心功能，确立了人民币金融资产配置和风险管理中心地位，成为推动人民币国际化的重要枢纽，形成了与服务实体经济和支持经济高质量发展较为适配的金融服务体系。目前，无论是基于国际评价，还是市场验证，上海都已经基本建成了与中国经济实力以及人民币国际地位相适应的国际金融中心。

---

① 资料来源于《英国智库：脱欧对伦敦金融业打击超预期 欧盟多个地区成受益者》，央视新闻，2021 - 04 - 16。

那么，上海金融取得阶段性成就的"优势因素"何在？可以总结的成功经验有很多，但若择其精要，至少有五个需要重点关注的维度。

第一，国家战略。上海国际金融中心是党中央、国务院交给上海的重大国家战略。1992 年，党的十四大明确"要尽快把上海建成国际经济、金融、贸易中心之一"。2009 年，国务院印发《关于推进上海加快发展现代服务业和先进制造业建设国际金融中心和国际航运中心的意见》明确"到 2020 年，上海要基本建成与我国经济实力以及人民币国际地位相适应的国际金融中心，基本建成具有全球航运资源配置能力的国际航运中心"。正是在国家战略的总体布局下，上海才能在作为国内金融中心的基础上，进阶建设国际金融中心。[①] 上海相继提出"五个中心"建设目标并上升为国家战略，"五个中心"之间彼此赋能，共同推动上海经济整体实力稳居全球前列。如今，上海国际航运、贸易、经济、金融中心已基本建成，具有全球影响力的科技创新中心也形成了基本框架。尤为重要的是，国家近年启动了"一盘大棋"，将上海置于"长三角区域一体化发展"和"长江经济带"的龙头地位，这无疑为上海国际金融中心升级版建设提供了强大的腹地支撑。清醒地认识和把握上海国际金融中心建设在国家经济社会发展大局中所处的历史方位，直面挑战也紧抓机遇，这是保证上海国际金融中心建设"一张蓝图绘到底"的关键，也是全部工作取得实效的根本保证。

第二，市场力量。上海已成为公认的全球金融市场门类最完备的城市之一，全球金融基础设施最完善的城市之一，我国金融产品最丰富的城市之一。从市场种类看，上海集聚了包括股票、债券、货币、外汇、票据、期货、黄金、保险等各类全国性金融要素市场，除传统的中国外汇交易中心、上海证券交易所、上海期货交易所、中国金融期货交易所、上海黄金交易所外，近年来人民币跨境支付系统、原油期货交易平台、上海清算所、上海保交所、上海票交所等一批新型金融要素市场和金融基础设施的建立，为金融市场的稳定运行提供了可靠支撑。从定价能力来看，以人民币计价的"上海价格"持续扩容，"上海金""上海油""上海银""上海铜"等相继推出，上海银行间同业拆放利率（Shibor）、贷款市场报价利率（LPR）等基准利率市场化形成机制不断完善；CFETS 人民币汇率指数成为国内外市场观察人民币汇率水平的主要参照指标，上海关键收益率（SKY）成为债券市场的重要定价基准。

市场力量彰显"硬核"实力。截至 2020 年末，上海证券交易所股票市值位居全球第三位，2020 年首次公开发行（IPO）股票筹资额、股票成交额分别位居

---

① 刘功润. 上海凭啥能跻身全球金融中心三强［N］. 第一财经日报，2020 - 10 - 19.

全球第一位、第五位；银行间债券市场规模位居全球第二位；上海黄金交易所场内现货黄金交易量位居全球第一位；上海期货交易所多个品种交易量位居同类品种全球第一位，原油期货市场已成为全球第三大原油期货市场。① 从金融业发展情况来看，上海金融业增加值由 2009 年的 1804 亿元增加到 2023 年的 8646.86 亿元，增长了近 4 倍；上海金融市场成交额由 2009 年的 251 万亿元增加到 2023 年的 3373.6 万亿元，增长了近 13 倍；上海金融机构总数由 2009 年末的约 800 家增加到 2023 年末的 1771 家，增长了一倍多；上海金融从业人员由 2009 年的 22 万人增加到 2020 年的 50 万人，也增长了一倍多。

第三，对外开放。上海国际金融中心国际化程度明显提升，"沪港通""沪伦通""债券通"、中日 ETF 和黄金国际板等相继推出，外资金融机构加快在上海布局，上海证券交易所、中国金融期货交易所等金融市场与"一带一路"沿线地区的合作不断深化。上海持续深化金融开放，让全球投资者对中国金融市场更具信心。A 股相继被纳入明晟（MSCI）、富时罗素（FTSE）、标普道琼斯三大国际指数；中国债券被纳入彭博巴克莱全球综合指数、摩根大通全球新兴市场政府债券指数；上海率先实施优质企业跨境人民币结算便利化、境内贸易融资资产跨境转让等创新举措，成为开放的人民币资产配置中心，全球资产管理中心建设渐入佳境。

从框架体系来看，上海国际金融中心的主体架构已经基本确立，各类金融市场、金融基础设施等要素齐备，中外资金融机构集聚发展，金融产品和服务体系不断完善。从内涵功能来看，上海国际金融中心的定价、支付清算等核心功能日益成熟。"上海金""上海油"等"上海价格"有力提升了人民币资产的国际定价能力。人民币跨境支付系统（CIPS）、上海清算所、中国银联、支付宝等落户上海，使上海成为全球人民币支付清算的核心枢纽，助力人民币国际支付全球排名首次超越日元，跻身全球前四大活跃货币。中欧陆家嘴国际金融研究院针对在沪资管机构中高层管理人员所作的主观感受调研结果显示：在新冠疫情影响下，资管机构依然对上海的资管业务规模持乐观态度，资管机构"危中寻机"加速资管科技布局，重塑投资策略，提高可持续投资的产品规模。②

第四，科技创新。科技赋能、数字化转型是近年来全球金融业发展的焦点和趋势。上海历来重视推进金融科技的创新发展，较早抓住了新一轮科技革命给金融业带来的跨越式发展机会。2020 年，上海发布《加快推进上海金融科技中心建设实施方案》；2021 年，《上海国际金融中心建设"十四五"规划》提出具体目标，要求"金融科技中心全球竞争力明显增强，助推城市数字化加快转型"。

---

① 资料来源于上海市人民政府发布的《上海国际金融中心建设"十四五"规划》，2021-07-28。
② 资料来源于中欧陆家嘴国际金融研究院的《2022 全球资产管理中心评价指数报告》，2022-08-29。

在政策引导效应下，上海金融科技产业生态日趋完善。人民银行数字货币研究所在上海设立上海金融科技公司，一批国内外知名金融机构的金融科技子公司相继落沪；重大试点有序开展，数字人民币试点稳步实施；人民银行金融科技创新监管试点持续推进，培育发展了一批前沿科技领域的头部企业，在人工智能、云计算等方面的研发应用水平持续提升；上海金融科技产业联盟成立，搭建金融科技的行业合作和国际交流平台；启动"上海国际金融科技创新中心"项目，培育一批创新性强、应用性广的金融科技示范项目。2021 年底，上海正式启动证监会资本市场金融科技创新试点，这是继人民银行金融科技创新监管、数字人民币后启动的又一项重要金融科技试点工作。

第五，服务能级。从发展环境来看，上海国际金融中心配套服务体系不断健全。在全国率先设立金融法院、金融仲裁院，政务服务"一网通办"全面推进，大数据普惠金融应用 2.0 上线，法治、信用、人才环境更加完善，会计师事务所、律师事务所、征信、评级等金融专业服务机构加快在沪集聚，金融从业人员超过47 万人。陆家嘴金融城、外滩金融集聚带等金融集聚区建设成效明显。"陆家嘴论坛"成为国内外金融高端对话交流的重要平台。上海国际金融中心有力地支持了其他"四个中心"建设。上海期货交易所的绝大部分期货品种价格已成为国内现货贸易的定价基础；上海已成为国内航运保险市场中心，国际市场份额仅次于伦敦和新加坡；科创板为促进高新技术产业和战略性新兴产业发展提供了有力的资本支撑。

四、上海金融进阶发展的路径选择

上海国际金融中心建设的成果有目共睹。与此同时，面对世界百年未有之大变局以及国内加快构建新发展格局的新形势新要求，上海国际金融中心未来如何建设也成为一个必须正面回答的问题。上述"五个维度"，对应了上海推进国际金融中心建设的核心优势因素："国家战略"是根本的预期保证，"市场力量"是可靠的底盘支撑，"对外开放"是国际化必由之路，"科技创新"是未来的竞争优势，"服务能级"是软环境实力。这"五个维度"，也为上海国际金融中心的进阶发展提供了较为清晰的路径选择。

一是以金融中心为支点，高质量服务国家区域经济发展战略和"双循环"新发展格局，最大限度做中国经济发展的"助推剂"和"稳定器"。与纽约、伦敦等发达的国际金融中心一样，上海也不仅是一城一域之地，背后是整个国家力量的加持。从根本上说，上海国际金融中心迈上怎样的高度、能否在全球引领风骚，最终取决于国家的经济发展实力，任何技术层面的探讨和操作，只能"加速"或"延缓"进程，但却无法阻挡内在的走向。发展是一切的硬道理，尤其在当前面临诸多不确定性冲击的关键时期，"经济稳增长"成为发展的重中之重。

二是把金融市场的优势发挥到极致，大力完善金融市场体系和产品体系，让金融市场"活水"充分涌流。金融市场体量大，源于经济体量大，这是无可厚非的优势。有观点认为，国际金融中心建设应该要着眼于"国际性"重点，要注重拓展国际金融业务。这样的观点固然没有错，但如果被误读成"本土金融市场让位于国际金融市场"，就难免会失之偏颇。需要意识到，国际金融中心建设没有既成的固定模式，国际化、多元化的模式可以借鉴但不能生搬硬套。很简单的比照：欧洲国家地域相对较小，其跨国市场有时与我国跨省市场相当，它们彼此间的人才流动便捷、频繁，具有人才国际化的天然优势，如果我们要硬套国际性的比例，则可能有点"盲目"。应该说，无论是国内市场还是国际市场，不应该有主观偏好，只要是好的市场都应该得到金融的"灌溉"，我们要在充分发展好国内"统一大市场"的基础上兼顾国际市场，构建国内国际双循环相互促进的新发展格局。另外，相对于欧美以资本市场"直接融资"为主的特点，我国金融市场银行业发达，"直接融资"相对不足，是否一定要对标欧美而急于转风向、调结构？也值得商榷。我们需要在承认市场差异的基础上，因地制宜优化发展策略：继续发挥银行业"长板"优势，同时发展高质量的资本市场，把"短板"补上、补好。同时，要致力于发挥"长三角一体化"金融市场的区域协调优势，放大上海市场的区域引领作用。

三是提高全球金融资源配置能力，实现"买全球、卖全球"融入国际市场，建设全球资管中心。在国际金融中心基本建成的基础上，上海金融正致力于从要素准入型升级为高水平制度型开放，促进国内、国际规则制度的接轨，以及金融开放先行区的创新型制度供给。一个阶段性目标即是要扩大人民币的使用范围和规模，推动资本账户和金融制度进一步开放，将上海建设成为以中国为腹地、覆盖整个亚太经济板块的开放的国际金融中心。再往前展望，到21世纪中叶，我国已经建成富强民主文明和谐美丽的社会主义现代化强国，那时的上海国际金融中心建设将完成更高级的目标，即成为与国家综合国力和国际影响力领先地位相匹配的，处于全球金融体系中心地位、辐射全球经济金融活动的全球金融中心。金融现代化的实践告诉我们，金融体系没有优劣之分，只有是否适宜各国的具体发展情况之别。"金融体系不仅体现了该国的金融发展水平，而且受到文化和社会发展水平等方面因素的影响，因此撇开金融体系或者结构的差异，金融功能会比金融体系与结构更能反映金融发展水平，从而对经济增长的影响更为显著。换言之，穿透整个金融体系的金融功能，才是决定经济增长的关键因素。"①

四是发展科创金融，增强国际金融中心和科创中心之间的联动效应，将全球金融科技中心建设提上重要议程。金融支持实体经济要更精准、适配，更倾向于关注创新发展领域，强化科创企业全生命周期的融资支持，增强金融服务经济高质量发展的能力，推进普惠金融服务能级提升。"十四五"时期，科创型企业将成为金融服务实体经济的重要发力方向，而科技在金融领域的广泛应用，反过来也会推动金融效率与安全的提升，进而促进上海金融的高质量发展。2023年中央金融工作会议提出做好"科技金融、绿色金融、普惠金融、养老金融、数字金融"五篇大文章，把"科技金融"摆在了首位，一方面是强调要增加金融的科技含量；另一方面，则体现了金融资源倾斜的领域，明确了金融机构发力的方向。

一个广泛的共识是谁引领了当今世界科技创新与应用的制高点，谁就掌握了引领世界经济的优胜权和话语权，因此未来经济的竞争力越来越指向科技实力。"金融科技是联动上海国际金融中心和科创中心建设、促进双向赋能的重要着力点，加快打造具有国际竞争力的金融科技中心已经成为上海国际金融中心升级版的重要目标之一。"② 正因为如此，各国都不遗余力地在高科技领域加大投入，金融技术及金融科技的竞争也变得现实而紧要，从这个层面上讲，上海建设具有全球影响力的科创中心意义重大、前景可期。

五是持续以"刀刃向内"的改革创新精神，更多着眼于软实力提升。第一，进一步形成、输出上海金融的"品牌力"。目前，"上海金""上海油""上海银"等国际化品种相继挂牌，大大提升了人民币产品和大宗商品的定价能力。未来，随着金融标准体系建设的不断完善，"上海价格"的品牌将持续扩容。第二，持续优化上海金融发展环境。上海在全国率先设立金融法院，金融审判庭、金融检察处（科）、金融仲裁院、人民银行金融消费权益保护局、金融纠纷调解中心等陆续成立；颁布实施《上海市推进国际金融中心建设条例》《上海市地方金融监督管理条例》等。应该说，上海金融发展环境持续优化，是国际认可度得到明显提升的重要原因。制度效用具有远期价值，上海金融法制环境建设对金融发展生态至关重要，未来将对金融机构、金融人才持续形成吸附效应。第三，不断提升金融科技监管水平，以高质量的监管促进金融科技实现创新突破，带动整个金融行业发展。

伴随着中国经济深度融入全球市场，上海将稳步提升服务能级，朝着具有更强全球资源配置能力的国际金融中心迈进，进一步打造金融开放的枢纽门户，大

---

① 资料来源于刘功润的《负利率之下，技术如何影响金融体系现代化》，FT中文网，2021-03-21。
② 资料来源于刘功润的《展望2021：经济四大关键问题》，FT中文网，2021-02-22。

力推进全球资产管理、跨境投融资服务、金融科技等中心建设。上海将始终面向全球，对标国际金融中心的最高标准、最好水平，汇聚全球高端要素和市场主体。

面向未来，道阻且长，行则必至。当前，上海正朝着"十四五"规划及2035年远景目标全力打造国际金融中心"升级版"，即便遭受新冠疫情冲击和国际变局的影响，上海金融持续精进的优势因素依然强劲。总体而言，上海金融中心建设仍处于持续提升位次和能级的重要战略机遇期，上海亟待进一步打造成为国内大循环的中心节点和国内国际双循环的战略链接。

下辑

风险监管篇

金融监管国际经验与我国本轮改革实践：以香港、新加坡、伦敦为例①

从国际经验看，主流的金融监管大致分为三种模式：分业监管（又称"伞形"模式，Umbrella Supervision）、综合监管（或称"统一"模式）和"双峰"监管（Twin Peaks）。实践推进中，监管架构的改革主要随金融机构混业经营和金融控股公司的发展而从分业监管转变为综合监管，或者沿着金融产品和服务的功能方向向机构整合乃至综合监管的方向展开，以及通过对金融监管目标进行重塑、划分为审慎监管和行为监管，进而向"双峰"监管模式发展。监管改革往往受到既有金融体系、法律制度、发展阶段等因素的制约，主要是在原有监管模式上调整监管权力配置、明晰监管主体职责，从而形成与各国相适应的金融监管体系。

本文以香港、新加坡和伦敦的金融监管模式为观察样本，梳理了其监管演进历程、机制特点，以之为对照，进一步分析我国本轮金融监管体制改革实践的特色。作为一种具有中国特色的金融监管制度设计，我国当前"一行一局一会"的监管格局本质上是一种过渡性监管革新的产物，对其形成与发展的理解须充分考虑中国社会经济转型变迁的现实背景。未来，我国的金融监管制度将在充分考虑本国特点、金融市场发展实际、全球最佳实践的基础上不断优化、持续提升金融监管的效率效能。

一、香港：典型的分业监管模式

分业监管模式迄今为止仍是全球最常见的金融监管制度②，香港便是采取这

---

① 本篇执笔：中欧陆家嘴国际金融研究院副院长、研究员刘功润博士，中欧陆家嘴国际金融研究院助理研究员蒋雪云。

② 国际清算银行 2018 年的一项研究显示，在研究涵盖的 79 个经济体中，仍有 38 个（占 48%）采用分业监管模式。2019 年时采用综合监管模式的有 23 个国家，占 29%。

种模式的典型代表，即按金融机构和产品功能作专责监督，由不同的监管机构监察银行、保险、证券以及强制性公积金业务。

（一）监管演进

香港金融市场建立初期，政府对金融监管缺失，经营环境宽松，资本自由流动，加速了香港银行业的发展。20世纪20年代末，美国爆发了严重的经济危机，多家银行发生挤兑、破产，香港才意识到适度监管的必要性，并逐渐在银行业内部组建起自律组织，目的是控制银行业的内部风险，促进行业健康发展。这种行业内部的自我监管使银行业进一步繁荣发展，快速膨胀，也为之后的银行危机埋下隐患。

20世纪60年代初香港爆发了第一次银行危机，政府意识到仅靠行业自律无法有效应对波及范围广、影响强度大的风险，开始制定银行业的监管法规，60年代末《银行业条例》颁布。之后，香港开始出现混业经营的趋势。产品创新活跃，监管对象多样化，金融风险增加，对金融业进行约束和管理的法律、法规逐步出台，至1997年亚洲金融危机爆发前，香港已先后成立了香港金融管理局（以下简称香港金管局）、证券及期货事务监察委员会（以下简称香港证监会）等机构。不过上述机构不进行直接监管，只在认为可能出现系统性风险的情况下才对监管的领域进行指导和帮助，并协助处理一些纠纷。

亚洲金融危机后，政府为解决金融全球化、一体化趋势带来的全球金融市场风险传导的冲击，对各个金融领域的监管开始加强。政府提出了"大市场、小政府"的监管理念，本着以市场为核心，循序渐进地强化政府"管理者"的引导作用。在保证金融高度自由开放的前提下，对金融业进行以风险管控为核心的监管，促进了香港金融业的健康发展。

香港金融监管在从无到有、从自律组织到政府监管不断加强的探索中，一直遵循的是分业监管模式，且在过往长期实践中均运作顺畅。不过该模式在2008年国际金融危机中也曾面临挑战。2008年9月，香港共有4万多本地投资者通过香港16家银行购买了雷曼相关迷你债券及结构性产品，合计损失约200亿港元，投资者向香港金管局提出了超2.1万个投诉，指控银行以不当手法向散户销售高风险产品，以及香港金管局和香港证监会监管不力。该次危机再一次推动了香港金融监管框架的演变。当年11月，立法会通过"改革金融业监管机构"的议案，促请政府检讨金融监管制度、堵塞现有监管漏洞、更好保障投资者权益；12月，香港金管局和香港证监会检讨认为确实需要加强对市场行为的监管。2009年开始，香港金管局收紧了本地银行的非银行业务监管，并与香港证监会加强资料共享，联手对银行的产品销售进行乔装客户检查。2011年11月，金融纠纷调解中心成立。不过，出于向国际先进地区看齐及回应银行业关切，香港金管局于2019

年9月放宽部分投资者保障措施。

2008年国际金融危机之后，香港一度就金融监管架构的调整进行了广泛的讨论，其中一大观点认为全球的整体趋势是监管制度迈向整合。香港立法会在充分调查后，于2012年6月总结认为监管银行证券业务的前线架构"大致上并不奏效"，建议监管权力"应赋予单一监管机构"。不过，监管架构的变动是重大决定，需在慎重全面考虑后再行推动，后续的发展也表明香港最终仍继续坚持了分业监管的模式，且进一步强化了监管机构的监管职能，推动了多项措施，包括设立一个处置机制和为银行引入逆周期缓冲资本，进一步加强宏观金融稳定性。事实也表明，加强金融机构的行为监管似乎效果颇佳，国际货币基金组织认为"健全的规管及监管框架"是香港作为全球金融中心的一个关键支柱。

（二）监管机制

香港金融监管工作主要由香港金融管理局、证券及期货事务监察委员会、保险业监管局（以下简称香港保监局）及强制性公积金计划管理局（积金局）承担，分别负责监管银行业、证券和期货业、保险业和退休计划的业务。香港财经事务及库务局（财库局）在金融监管中担当管理者的角色，可以制定金融政策以及提交立法建议。其下财经事务科的宗旨是：维持并提高香港作为主要国际金融中心的地位；维持香港金融体系的健全及稳定；确保金融市场有效和有秩序地运作，并受到审慎而适当的监管；以及营造公开、公平及有利于金融市场发展的营商环境（见图1）。

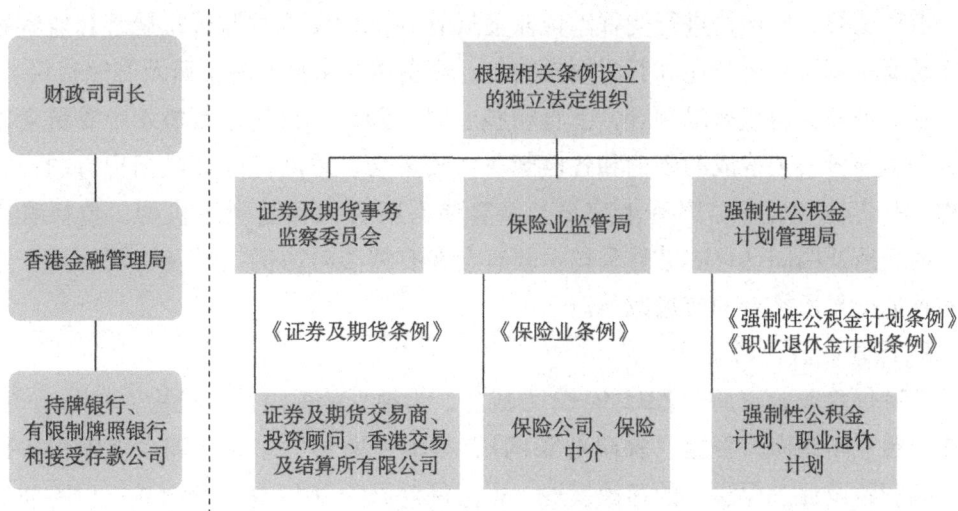

图1　香港金融监管架构

（资料来源：《香港金融监管框架及其发展沿革》①，2022年9月）

---

① 具体参见 https：//mp. weixin. qq. com/s/vH56KU8kLHJwHzeJn6SXJw。

1. 香港金融管理局

香港金融管理局成立于 1993 年，由外汇基金办事处及银行业监理处合并而成，是香港政府架构中负责维持货币及银行体系稳定的机构，与各国中央银行的职能和目标大致相同。香港金管局的主要职能和目标包括四个方面：维持货币稳定；促进香港金融体系高效、健全地运作和发展；协助巩固香港的国际金融中心地位，包括维持与发展香港的金融基建；管理外汇基金。简而言之，就是负责香港的金融政策、银行、货币及外汇基金管理。香港金管局最高负责人为金管局总裁（又称金融管理专员），由财政司司长委任并向其负责。

香港金管局按照国际标准制定组织（如巴塞尔银行监管委员会）建议的国际惯例监管认可机构。香港金管局采用风险为本的监管模式，以"持续监管"政策为基础，通过现场审查、非现场审查、审慎监管会议、与外聘审计师合作，以及与其他监管机构共享信息，旨在及早发现问题，防患于未然。香港金管局的监管框架包括 CAMEL 评级制度、资产质素、资本充足程度、流动性、风险承担限度、衍生工具与风险管理、监管披露标准、收集财务资料八个方面。香港银行体系实行三级制，即由持牌银行、有限制牌照银行和接受存款公司 3 类银行机构组成。这些银行机构均获授权接受公众存款。三级银行机构按照不同的规定营运。

2. 证券及期货事务监察委员会

香港证监会于 1989 年成立，是一个独立于香港特别行政区政府运作的法定组织，主要负责监管证券及期货市场，促进和推动证券期货市场的发展；制定以及执行市场法规、向申请进行受香港证监会规管的活动发牌并监管；规管和监察香港交易及结算所有限公司和其附属机构等。经费主要来自交易征费及牌照费用。

香港证监会由董事局领导，下辖稽核、财政预算、投资、薪酬 4 个委员会以及 2 个由外界人士构成的咨询和各监管事务委员会。香港证监会根据现行的规管架构，有责任监管和监察香港交易及结算所有限公司和其附属机构，包括联交所、期交所及四间认可的结算公司。政府会在有需要时协助推动及协调香港证监会和香港交易所推行的市场改革。

3. 保险业监管局

香港保险业监管局于 2015 年 12 月成立，为独立的保险监管机构，在财政①和运作上独立于政府。根据《保险业条例》，香港保监局的主要职能是保障保单持有人的利益及促进保业的稳健发展。香港保监局于 2017 年 6 月接替前保险业监理处的职能，监管保险公司，并于 2019 年 9 月起直接规管保险中介人。香港保监

---

① 香港保监局会以保费征费，以及向保险公司、指定保险控权公司、保险中介人和特定服务的使用者收取费用，以应付日常营运开支并保持财政独立。

局也与其他司法管辖区的监管机构合作，担任三个国际保险集团的集团监管者。

香港保监局由一名主席（属保监局的非执行董事）、一名行政总监（属保监局的执行董事）及不少于 6 名保监局的其他执行或非执行董事组成。所有成员均须由行政长官委任。

4. 强制性公积金计划管理局

积金局于 1998 年 9 月成立。该局是独立的法定组织，负责规管、监督和监察强积金制度的运作。该局通过规管及监督私人托管的公积金计划及监察职业退休计划的运作，协助香港的就业人士累积退休储蓄。

5. 应急处置机制——以雷曼迷你债券事件为例

香港监管部门在保护消费者方面较注重发挥应急处置机制的作用。2008 年雷曼迷你债券事件爆发后，监管部门及时受理并启动调查程序，与政府相关部门及立法会之间保持紧密的信息沟通与协调；同时对雷曼在港经营机构采取限制措施，要求迷你债的安排人美国雷曼兄弟亚洲投资有限公司及受托人汇丰银行及时披露信息与回应，认真履行受托责任[①]；香港证监会、香港金管局通过新闻稿、开通投诉电话、在网站设置专栏等形式及时了解和回应投资者诉求，向公众发布事件最新进展，特区政府财经事务及库务局局长与财政司司长则通过新闻公报、传媒谈话及立法会动议辩论的形式向投资者做出回应。得益于完善的应急预案及金融稳定机制，香港避免了刚性兑付危机可能带来的金融市场动荡（香港是雷曼迷你债券发行量最大、涉及面最广的地区）。

雷曼危机后，在系统性风险的防范方面，香港通过法律手段确保最新的国际监管标准得以顺利实施，使其"风险为本"的审慎监管模式得到进一步深化。在银行资产负债表风险管理方面，依照巴塞尔委员会的时间表及过渡安排，银行业逐步全面推行《巴塞尔协议Ⅲ》。同时，为进一步强调行为监管，香港调整了监管架构和职能，奉行"披露为本"（disclosure – based）的监管原则，营造公平、适宜的环境，突出消费者保护，完善应急处置机制，加强部门协同行动。"披露为本"的监管原则主要表现在两个方面：香港金管局或香港证监会均不直接禁止银行销售特定的投资产品，以保持市场充分开放、自由；要求银行在销售产品时进行充分的信息披露和风险提示，为实现"卖者有责，买者自负"创造良好的市场条件。这种"披露为本"的做法也适用于证券及期货机构或第三方理财机构。

综上所述，2008 年国际金融危机后，香港在分业监管模式下，进一步强化了行为监管和信息披露。不过，其核心的监管思路仍是确保在尽可能少的监管干涉

---

① 资料来源于中银香港的香港资产管理业务的发展经验，2019 年 4 月。

下，努力使市场开放、公平且有效。

6. 国际金融中心建设

香港的国际金融中心建设主要由财政司司长、财经事务及库务局（财库局）和香港金管局共同负责。

根据香港特别行政区《基本法》第一百零六条至第一百一十三条列出的包括公共财政及货币金融等事务上政府所肩负的责任，规定财政司司长及财库局局长就包括"香港作为国际金融中心的地位"在内的职责向香港特区行政长官负责。具体而言，财政司司长负责制定宏观政策目标，而财库局局长则负责制定具体政策以实现目标，并适当地通过监管机构和其他组织落实这些具体政策及监察有关的推行情况。财库局内金融中心建设相关工作主要由财经事务科负责，具体包括：就银行制度、证券及期货市场、资产财富管理业、保险业、强积金计划及职业退休计划、公司法、信托法、放债、公司清盘、个人破产、会计事宜以及与内地的金融合作事宜，制定政策及/或提交立法建议；统筹及促进推行有关金融基础设施的新措施，以加强香港的竞争力；促进市场创新，以增加市场的深度和广度等。香港财库局组织结构如图 2 所示。

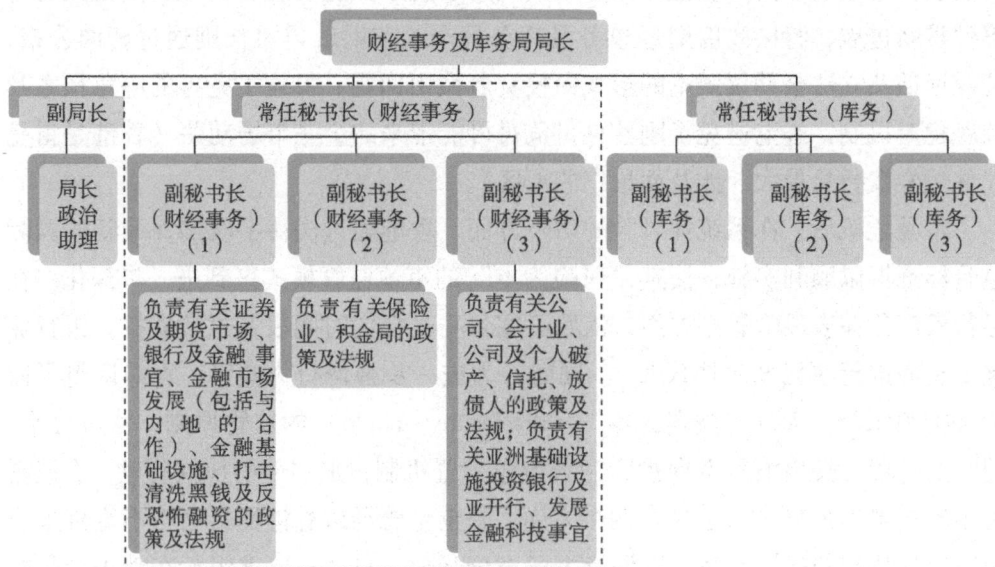

注：虚线框内为具体参与国际金融中心建设相关的职能部门。

图 2 香港财库局组织结构

（资料来源：香港财库局网站）

财经事务科的重点政策包括：资产及财富管理、融资平台、香港增长组合、与内地的金融合作、绿色和可持续金融、新会计专业规管制度、打击洗钱及恐怖分子资金筹集制度、金融科技、保险与风险管理、强制性公积金制度等。同时，财经事务科还代表香港政府推出包括人才、培训、绿色和可持续金融等在内的一系列资助计划，不过其并不负责具体执行。各类资助计划的具体执行者包括：香港金管局（绿色和可持续金融资助计划）、香港保监局（保险相连证券资助先导计划）等监管机构；香港数码港管理有限公司（抗疫基金金融科技人才计划、"拍住上"资助计划）、金融发展局（金融服务业创职位计划）等政府设立的公司；香港证券与投资学会（提升保险业及资产财富管理业人才培训先导计划）等行业协会；"绿色和可持续金融中心"（绿色和可持续金融培训先导计划）等由各家监管机构共同发起成立的跨界别平台。

财政司司长在财库局局长的协助下，制定有关维持香港国际金融中心地位的政策。而相关政策的具体执行以香港金管局为主，香港金管局在履行维持香港的货币政策与金融体系稳定和健全（该职责的政策同样是财政司司长在财库局的协助下制订推出）的同时，与其他有关机构和组织合作共同实现。具体包括：促进支付、结算及交收系统的发展，促使国际及跨境金融活动以安全和有效率的方式在香港进行；通过积极参与国际金融与中央银行论坛，促进对香港货币及金融体系的信心；推行适当的发展市场措施，以协助加强香港金融服务在国际上的竞争力。香港金管局内部负责国际金融中心建设的主要有2个部门：外事部，协助发展及提升香港的国际金融中心地位，通过参与国际中央银行及金融组织推动区内货币合作，以及促进金融市场的发展；金融基建部，负责发展和提升金融市场基建以维持及巩固香港的国际金融中心地位，执行结算职能，以及确保纸币及硬币供应充足（见图3）。

如2021年，为维持香港国际金融中心地位，香港金管局推出了一系列措施：公布了"金融科技2025"策略，促进金融业界更广泛采用金融科技；开通"跨境理财通""南向通"，扩大互联互通；在债券发行、资产及财富管理、企业财资中心以及绿色和可持续金融等范畴缔造新的商机以加强香港金融平台的竞争力；向海外及内地投资者介绍香港的金融服务，让大家看到香港金融体系的稳健性及所带来的机遇与前景；积极参与国际及区内的央行及监管组织，对维持金融稳定及促进市场发展的全球工作作出贡献；金融学院[1]推出金融领袖计划，旨在培育香港未来的金融领袖。[2]

---

[1] 金融学院是在香港各金融监管机构（包括香港金融管理局、证券及期货事务监察委员会、保险业监管局及强制性公积金计划管理局）合作下成立。金融学院汇聚学术界、业界、专业培训机构及监管机构的专长，促进金融业领袖人才的发展及应用研究的合作。

[2] 根据香港金管局2021年年报整理。

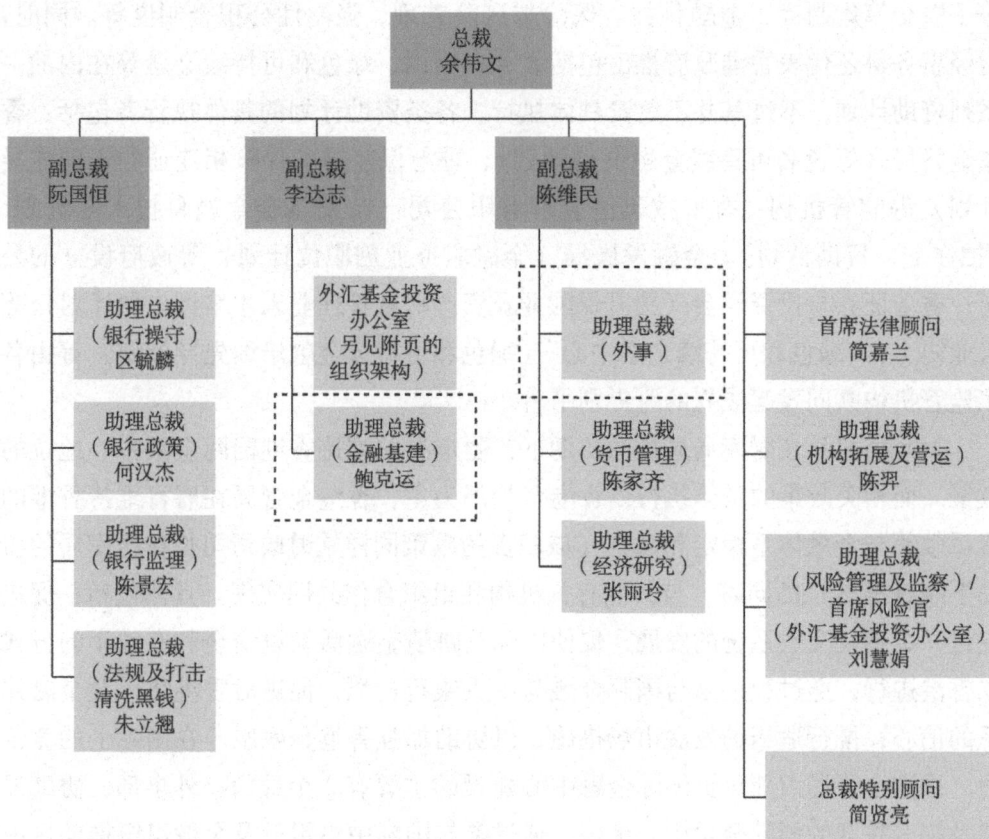

注：框内为具体参与国际金融中心建设相关的职能部门。

图 3　香港金管局组织结构

（资料来源：香港金管局）

此外，香港证监会、香港保监局、积金局等金融监管机构在维护稳定和透明的金融体系方面也发挥了关键作用，通过制定并执行监管法规，确保金融市场的诚信、稳定和透明，提升香港作为全球金融中心的声誉。香港政府与金融监管机构、国际金融机构、业界和其他相关方紧密合作，建立良好的监管环境，维护金融稳定，促进香港金融业的发展和竞争力的提升，共同助力香港发展成为国际金融中心。

（三）监管特点

1. 完善的法律制度

金融监管是涉及法律体系、监管架构、经济政策和监管成本等诸多方面的系统工程。香港的繁荣稳定有赖法律框架下稳健的法治及司法独立。在普通法的制度下，香港拥有完善的现代法律制度，法律架构灵活透明，可以较大限度地维持市场公平和较高效率，有利于金融创新和发展。法律也赋予香港监管部门较高的监管自由度，每个监管部门都可以依据明文规定的授权，在职责范围内行使职权，一般不会受到政府的干预。

2. 功能监管的良好实践

香港的牌照管理制度及采用前线监管机构的模式监察跨业业务，有助于减少监管真空、监管套利和防范创新业务风险。香港证券期货业务牌照管理制度，即"持牌人"制度，是功能监管体制下的一种典型安排。香港将证券期货业务划分为十二类牌照，业务牌照界定明确，持有牌照即可从事相应业务，无牌照经营即属违法。在功能监管框架下，持牌公司/人士开展受监管业务均受香港证监会监管，该监管方式实现了同类业务同等监管，减少了监管套利的可能。

3. 健全的协调合作机制

香港自 2002 年 12 月起采用前线监管机构的模式监察跨业业务。负责监管某金融机构主要业务的监管机构，亦代表另外 3 个监管机构监察该金融机构的其他金融业务。以银行业为例，香港金管局亦负责根据香港证监会、香港保监局和积金局各自制定的整套规则，监管本地银行的非银行金融服务（如证券、投资相连保险及退休基金）。为了"尽量减少监管重叠或监管漏洞"，香港各监管部门之间建立了健全的协调合作机制，4 个监管机构不仅签署了一系列谅解备忘录，还通过两个跨业沟通平台，即金融监管机构议会和金融市场稳定委员会（两者皆于 2003 年 2 月成立）讨论监管事宜。此外，当发现市场有新的金融业务模式、某机构某类业务突然发生较快增长等情况时，香港金管局会与相关机构进行交流，探讨内部风险管理机制等，在香港金管局认为还没有对相关问题完全明了前，一般不会断然要求停办业务。

4. 与国际高度接轨

积极参与国际及地区财务组织，以确保香港的监管制度与最新颁布的国际标准一致并推动全球金融监管改革的发展。香港积极参与包括金融稳定委员会、巴塞尔银行监管委员会、国际证券事务监察委员会及国际保险监督官协会，也是亚洲基础设施投资银行、亚洲开发银行及亚太经济合作组织的成员。香港还是少数设有符合相关国际标准的跨界别处置机制①的地区之一。处置机制有助于提升香港金融体系抵御金融震荡的能力，主要包括两个方面：一是通过赋予处置机制当局权力以有序地处置金融机构，处置机制缓减了具有系统重要性的香港金融机构一旦不可持续经营时对香港金融体系的稳定及有效运作构成的风险；二是通过让

---

① 根据《金融机构（处置机制）条例》（第 628 章）设立的金融机构处置机制于 2017 年 7 月 7 日起生效。

该机构的股东及债权人承担亏损，降低了使用政府资金的风险。

5. 政府监管与行业自律并重

香港的监管体系在一定程度上沿袭以行业自律为特色的英国，所以在其监管体系中，行业协会的作用较为突出。银行业、证券业和保险业的行业自律机构分别是香港银行公会、香港交易所和香港保险业联会。政府在金融监管中担当管理者的角色，行业自律机构则重在内部风险的控制和审查。政府监管及行业自律的两级监管模式，使政府和行业自律机构合理分工，各尽其职，从而形成了香港自律与他律相结合、多形式、多层次的金融监管体系，有利于监管当局在维持有效监管的同时，发挥行业和市场的积极性，保持市场的活力。

二、新加坡：集成的综合监管模式

新加坡由单一机构新加坡金融管理局承担货币政策、宏观审慎和主要微观监管职能，新加坡央行（新加坡金融管理局）是金融稳定的"集大成者"，也可以说是"超级央行"。

（一）监管演进

新加坡在1965年建国之初，就制定了"亚洲瑞士"的政策目标，即利用其国际贸易港的地理优势，加速发展金融市场。1968年第一个亚洲美元市场在新加坡建立，之后其作为金融中心的地位逐步提高，政府通过内改外引的方法不断改革和完善金融制度。1970年以前，新加坡国内与央行相关的各种货币职能由多个政府部门和机构负责管理。

20世纪70年代，日益复杂的银行业务与金融环境的需求迫使新加坡对金融监管进行改革。1970年，新加坡议会通过"新加坡金融管理局法案"（MAS法案）。1971年1月1日，新加坡金融管理局（MAS）正式成立。1977年，政府决定将国内保险业之监管职能转移到MAS之下。1984年，政府又将证券业的监管职能也转入MAS之下。至此，新加坡将银行业、证券业和保险业的监管合并于单一机构，即新加坡金融管理局，开启金融综合监管模式，成为先进地区的先例。20世纪80年代爆发北欧金融危机后，包括挪威、丹麦、瑞典及芬兰等许多北欧国家纷纷仿效。21世纪头10年，日本、韩国、德国等先进国家也采取了同一做法。

由于新加坡经济金融具有高度的对外开放性和严重的对外依赖性，更容易受到金融危机的冲击。在1997年和2008年两次金融危机后，新加坡政府进一步优化了原有的集中监管模式。2002年，新加坡金管局与货币委员会合并，金管局从此也开始肩负起货币发行的职能，负责对所有金融机构和金融服务的一体化监管。

（二）监管机制

1. 新加坡金融管理局（MAS）

新加坡金融管理局（MAS）是新加坡的中央银行和综合金融监管机构，肩负促进经济增长和金融稳定，维护稳健、有弹性和值得信赖的金融中心，打造创新普惠金融中心的使命。职责包括制定和实施货币政策，发行货币，管理官方外汇储备，发行政府证券，监管银行业、保险业、证券业和期货业，以及促进新加坡作为国际金融中心的发展。

新加坡金融管理局有较强的运作自主权。依据《新加坡金融管理局法》，新加坡金融管理局的董事会由总统指派，董事会主席由总统根据内阁的建议任命。董事会负责新加坡金融管理局的政策制定和监管工作，向新加坡议会负责。董事会下设常务董事办公室，负责执行管理各类专项事务。常务董事办公室之下设经济政策、市场与发展、金融监管、企业发展四大职能部门。在金融监管方面，分设银保集团、资本市场、政策/支付/金融犯罪、可持续、科技等监管部门。[①]

2. 国际金融中心建设

新加坡国际金融中心建设的职能主要由新加坡金融管理局（以下简称新加坡金管局）负责。新加坡金管局积极推动新加坡作为国际金融中心的发展，努力提高新加坡金融服务的竞争力，吸引投资和人才，并促进金融科技和创新驱动型金融服务的创新。新加坡金管局还与国际合作伙伴合作，推广跨境金融服务，扩大新加坡的金融联系网络，并参与全球金融倡议。新加坡金管局为新加坡打造一个国际金融中心的地位奠定了坚实基础，并为各类金融机构和金融从业者提供了合适的监管和发展环境。

首先，新加坡金管局负责制定国际金融中心的发展战略及相关政策。如2022年9月发布的"金融服务业转型蓝图（ITM）2025"，即是新加坡金管局为进一步推动新加坡成为亚洲领先的国际金融中心而专门推出的，其中为金融业制定了2021年至2025年的五项关键增长战略：增强资产类别实力，数字化金融基础设施，促进亚洲的净零转型，塑造金融网络的未来，培养一支技能娴熟、适应性强的劳动力队伍。

其次，新加坡金管局可根据发展现实向议会递交具体法案。如2022年《金融服务与市场法案》即是在新加坡金管局的主导下递交议会并最终获得通过，该法案旨在对新加坡金管局现有的基于实体和业务的监管权力形成补充，助力新加坡金管局更有效地应对整个金融部门的风险，主要包括统一和扩大发布禁令的权

---

① 具体组织架构详见新加坡金管局网页 https：//www.mas.gov.sg/who－we－are/organisation－structure。

力，包括可以对不适合在金融行业中担任关键角色、活动和职能的人实施禁令，加强对虚拟资产服务提供商的洗钱和恐怖融资风险监管等。

最后，新加坡国际金融中心发展的相关政策也由新加坡金管局负责执行，包括金融科技与创新、可持续金融、业务领域（包括资产管理、企业融资、财富管理、外汇及衍生品、固定收入、保险与风险融资等）、技能与人才发展等。组织机构中其"市场与发展"职能部门下辖的"发展及国际化"（"Development & International"）部门负责监督新加坡作为国际金融中心的发展以及新加坡金管局的可持续发展战略和国际关系，包括：通过为金融机构营造具有吸引力和有利的营商环境，以及深化新加坡作为亚洲银行中心的地位，支持新加坡发展成为国际金融中心；促进新加坡发展充满活力的金融市场，重点是发展资本市场、资产管理、基金和保险业以及基础设施和贸易融资能力，并通过技术和创新改善相关市场基础设施；制定新加坡金管局在国际货币和金融问题上的政策，使新加坡金管局能够在国际金融论坛中发挥积极作用，与其他新加坡政府机构密切合作，促进与其他中央银行、财政部和国际金融机构的合作。

新加坡国际金融中心建设的相关法律制度完善建议、政策制定以及执行协调均由新加坡金管局全权负责，这也与其大一统的金融监管模式相一致。

（三）监管特点

1. 以新加坡金管局为核心的综合监管，采用分业监管、持牌经营的监管方式

新加坡金管局作为新加坡的中央银行和综合金融监管机构，将金融机构分为银行业、证券业、保险业和支付业四类，并制定针对性的牌照准入门槛和具体监管要求。新加坡金管局有权审批新加坡各类金融牌照的公司设立申请，并监督新加坡持牌金融机构的日常经营。以银行业为例，新加坡金管局根据业务领域、展业范围等标准将银行分为全面银行（Full Bank）、商业银行（Merchant Bank）、批发银行（Wholesale Bank）、金融公司（Finance Company）、信用卡/收费卡发卡机构（Credit/Charge Card Issuer）和银行业金融控股公司（Financial Holding Company（Banking）。银行业机构需向新加坡金管局申请许可，并满足新加坡金管局关于风险管理、审慎监管、公司治理、反洗钱等领域的监管要求。2022年4月，新加坡议会通过《金融服务与市场法案》，加强了金融业的监管和执法架构，更好应对金融市场数字化和转型所带来的新监管挑战，包括可以对不适合在金融行业中担任关键角色、活动和职能的人实施禁令等，使新加坡金管局在新加坡金融监管体系中的重要性进一步增加。

2. 积极鼓励新兴金融业态，但继续沿袭持牌经营监管思路

以金融科技监管为例，近年来，新加坡金管局鼓励金融机构设立创新实验

室，培育创新文化，加强金融科技跨国合作，举办金融科技节，组织金融科技交流创新活动，以引进世界各地金融科技企业落地新加坡，促进金融科技发展。不过，新加坡仍将金融科技企业置于现有的分业监管框架下，根据金融科技企业的业务性质分别适用银行、证券、保险、支付四类传统金融行业的准入门槛和监管要求。

3. 推出监管沙盒制度

新加坡金管局为无法完全满足持牌所需的资本要求和监管要求的申请机构提供了常规沙盒（Sandbox）和快捷沙盒（Sandbox Express）两个选项，并提供沙盒PLUS（Sandbox Plus）作为额外选项为申请机构提供资金支持。2016年，新加坡金管局首次推出金融科技监管沙盒计划，即常规沙盒；2019年8月推出"金融科技快捷沙盒监管机制"，旨在尽快将创新的金融服务或产品推向市场进行测试，整个审批流程可缩短至21天内；2022年1月推出了沙盒PLUS，申请企业将有机会在沙盒测试期间和测试结束后得到上限为50万美元的补助。

三、伦敦：发展的"双峰"监管模式

伦敦一直是全球领先的国际金融中心，其金融监管架构也一直作为全球典范受到追捧，为伦敦巩固国际金融中心地位增添助力。在2016年英国公投脱欧的部分影响下，其全球排名在2018年从首位降至次席。从监管模式上来看，伦敦是唯一自20世纪90年代以来先后采取过分业、综合和"双峰"三种监管模式的全球金融中心。

（一）监管演进

1. 分业监管时期（1997年前）

1997年以前，英国实行的是分业监管体制。英格兰银行等9家监管机构，包括英格兰银行的审慎监管局（SSBE）、证券与投资管理局（SIB）、私人投资监管局（PIA）、投资监管局（IMRO）、证券与期货管理局（SFA）、房屋协会委员会（BSC）、财政部保险业董事会（ID）、互助会委员会（FSC）和友好协会注册局（RFS），分别行使对银行业、保险业、证券投资业、房屋协会等机构的监管职能。

1986年金融创新和放宽监管的"金融大爆炸"之后，设立新的监管机构来监管新业务成为惯常做法。但这种按业界划分的监管模式存在过于零散、无法监管集各类金融产品于一身的金融机构的问题。例如，英格兰银行被批评监管不力，导致国际商业信贷银行和巴林银行分别于1991年和1995年破产；证券行业也不断出现关于不当销售投资产品和盗窃基金资产的丑闻；复杂的再保险也导致保险市场于1988—1992年出现衰退。这使金融监管机构的"监管盲点"和"缺乏沟通合作"成为焦点。

2. 综合监管时期（1998—2012年）

1998年，英国工党政府提交《金融服务及市场法案》，旨在建立单一监管制度，将全部权力赋予金融监管局（FSA，前身是根据《1986年金融服务法》成立的证券及投资管理局）。在为期两年的咨询和立法过程中，设立统一监管机构的想法广受金融机构和客户欢迎，甚至得到国际货币基金组织的"一致支持"。《金融服务与市场法》最终于2000年6月通过，于2001年12月生效。其后11年间，FSA成为所有金融机构和金融服务公司的统一监管机构，全球商界也将FSA视为"领先的国际监管机构"。

在此期间的监管主要呈现以下特点：所有金融机构遵循统一的风险评估机制；对市场行为的监督仍然遵循分业原则，设立9个"分业小队"专职监管对应的传统分业监管领域；设立单一金融申诉专员服务机构加强投资者保障；与财政部及英格兰银行签署谅解备忘录以建立金融危机管理协调框架，为危机管理作出三方安排，同时定期进行压力测试。

3. "双峰"监管时期（2013年以来）

次贷危机爆发之前，全球金融机构大举参与利润丰厚但风险极大的债务证券化活动，借此为业务扩张进行融资。2007年年中，美国次级贷款按揭市场崩溃，令全球资金逐渐枯竭，导致英国北岩银行出现严重的流动性危机，发生了英国140多年来的首次挤兑事件[①]。其后两年，英国政府再救助3家银行，为恢复整体金融稳定，总共向金融机构注资1370亿英镑。FSA被指漠视金融风险，三方监管机构协调不及时，错过及时作出政策反应的时机。事后FSA的监管检讨认为，其未能在监督市场行为和审慎监管之间取得适当平衡，审慎监管能力不足，未能对北岩银行经营模式中的严重问题作出反应并保证银行采取有效的整改措施。

统一的监管模式存在专精不足，不利于培养专业人才，工作量大，机构不胜负荷，无法保证监管机构内各部门有效协调等问题。2013年英国对金融监管体系再次改革，取消了英国金融监管局，其日常监管权力被拆分为两个监管机构，即英格兰银行辖下的审慎监管局（Prudential Regulation Authority，PRA）和独立的金融行为监管局（Financial Conduct Authority，FCA），形成"双峰"监管模式。英格兰银行重新收回金融监管的权力并负责宏观审慎监管，同时设立金融政策委员会，就系统性问题向上述两个监管机构提供建议与指导。

---

① 最终英国政府出手救助。

（二）监管机制

1. 目前的金融监管体制

英国当前的金融监管是以央行（英格兰银行）为主，强化央行的审慎监管职能。同时，英格兰银行作为英国金融危机处置当局，负责制定金融机构危机管理和处置策略，并将关键信息提供给财政部用于政府及时评估风险。在英格兰银行下设金融政策委员会（FPC），负责实施宏观审慎监管，重点防范系统性金融风险，并且对审慎监管局和金融行为监管局给予工作指导，增强金融监管部门之间沟通和协调。FPC 的职能有四项：一是检测英国金融体系的稳定性，识别和评估系统风险；二是对外公布金融稳定情况，发布金融稳定报告（每年两期）；三是适时向 PRA 和 FCA 发布指令，保证宏观审慎监管的目标和执行；四是向英格兰银行、财政部、FCA、PRA 或其他监管机构提出建议（见图 4）。

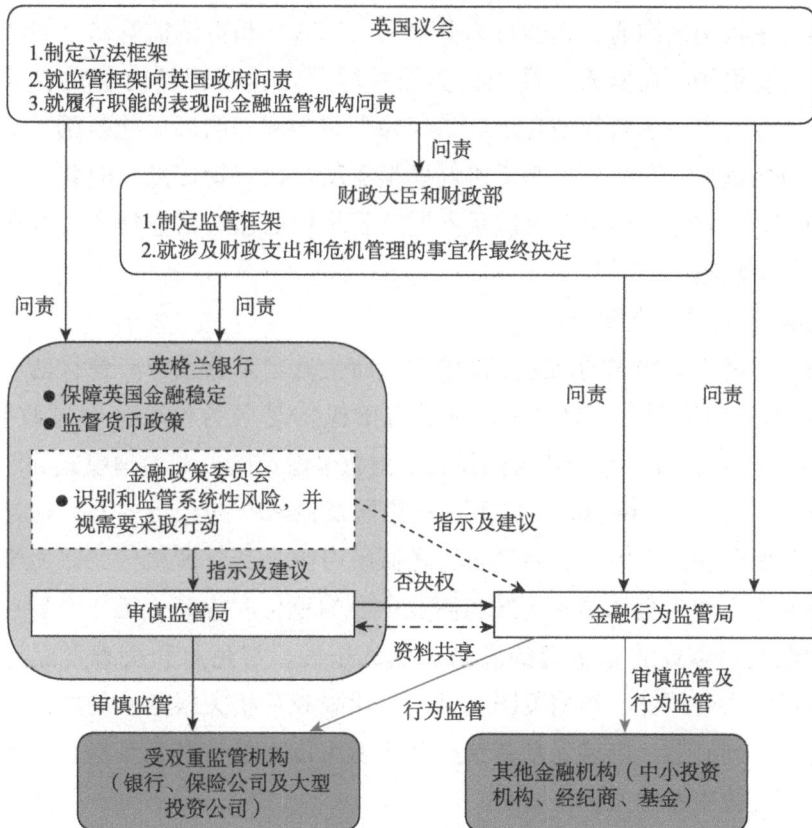

图 4　英国目前的金融监管体制

（资料来源：HM Treasury①）

---

① 资料来源于香港立法会秘书处资料研究组的《英国金融监管制度的演变》，IN01/2023。

审慎监管局（PRA）专职 1500 家大型金融机构（包括银行、保险公司和大型投资公司）和金融体系的审慎监管，以免再次发生"大而不能倒"的危机，确保金融系统稳健发展；金融行为监管局（FCA）负责对金融业务实施现场监管和非现场监管，保护金融消费者权益，打造信息透明、公平竞争、公开公正的市场环境，监管的对象为其余 4.8 万家被认为对整个金融体系稳定性影响较小的小型机构（包括银行、保险公司、证券公司、基金管理公司等）。这种分工降低了小型机构的合规成本，与之前的综合监管架构基本保持一致。PRA 和 FCA 相互协作并保持信息共享，接受 FPC 的指导。

此外，英国金融监管架构的设置全部为中央金融监管部门，对地方金融活动的监管覆盖主要通过机构自身层级的延伸，在人、财、物等方面对地方政府具有显著的独立性，可以归纳为"以垂直监管覆盖地方金融活动的监管模式"。在机构设置上，英国央行仅在 12 个地区设立了小型代表处，主要职能是收集信息、强化与当地金融机构的沟通，金融行为监管局（FCA）和审慎监管局（PRA）均未设置地方分支机构。在监管协同上，英国央行及内设监管机构主要通过"正式的、具有法律约束力的监管备忘录"来保障各机构间的明确职能范围，并成为日后职责划分的依据；同时，也基于协调机制实现金融监管信息双向共享和行动指导，使用一套金融监管信息系统满足不同监管机构的监管信息需求，补充机构设置下沉不足的缺陷。

2. 国际金融中心建设

伦敦一直是全球领先的国际金融中心，而伦敦国际金融中心建设的职能主要由伦敦金融城政府负责。2006 年，伦敦自治机构易名为伦敦金融城政府（The City of London Corporation），新名称代表了伦敦金融城的公司治理模式和结构。伦敦金融城（又称"Square Mile"）不仅是英国及伦敦市的经济中心，也是全球领先的金融、商业和经济中心。而伦敦金融城政府则是其管理机构，致力于提升伦敦金融城和伦敦作为全球领先金融和商业中心的地位和根基。工作主旨包括：支持伦敦金融城内企业的竞争力的提高和业务拓展，与企业和决策者保持紧密联系，探讨影响商业环境、影响英国金融、专业服务及相关服务业的经济增长和全球竞争力等系列问题，以确保创新精神和企业可以在最有利的市场、财政、监管和基础设施环境中蓬勃发展。

工作的重点聚焦于对英国金融服务业产生影响的相关问题，包括：税收；监管，主要是公司管理和英国监管架构的发展；技能的可用性和人才的获取；基础设施和交通运输；为中小企业融资，以及金融服务在为经济增长融资方面面临的挑战和机遇；发展金融科技、绿色金融和网络安全等创新商业领域。

伦敦金融城拥有独特的治理结构，拥有独立的行政与立法权，是一个高度自治的市政机构，由市长、市政司法长官、市府参事议事厅和政务议事厅等组成。主要官员均由选举产生，选举制度设计上充分考虑企业利益，经选举产生的各类官员共同维持和提升伦敦金融城金融服务业的国际竞争地位。经过两百多年的发展，伦敦金融城积累了丰富的金融事务管理经验，形成了一系列规章制度指导公司的运作与决策，以保障决策公平、高效、透明和担当。

组织结构上，伦敦金融城政府当局由议员（Councillors）组成，通过下设不同委员会（Committees），负责政策实施和地方日常行政事务。在下设委员会的报告基础上，政府通过议员辩论来决定政策方向，并由长期的行政雇员（Officers）予以支持。伦敦金融城市长是英国金融和专业服务业在全球的宣传大使，职责包括支持和促进英国的金融和专业服务，吸引海外投资或是公司来伦敦金融城开展业务。金融城市长也是伦敦金融城政府的领导者，其与伦敦金融城的其他领导一起确保伦敦金融城的利益在地方和国家政策中得以保证。伦敦金融城市长的地位与内阁大臣不相上下。金融城政府的另外一位主要领导是政策与资源委员会的主席，主要负责金融城的治理安排，监督和协调伦敦金融城的政策导向，确定其未来发展战略并分配重点资源，推动伦敦金融城成为世界领先的国际金融和商业中心，帮助公司在金融城内开展业务。

伦敦金融城通过拓展国别和地区市场不断扩大金融对外开放水平、提高金融业务交易量，这一点是其治理模式的最大特点。伦敦金融城的未来五年规划包括三个重要内容：营造世界级营商环境、提供高品质配套设施、建设宜居环境。

（三）监管特点

英国的"双峰"监管模式已实施近十年，尽管期间出现过欧洲债务危机和英国脱欧等事件，但总体表现稳健。这或可归因于其对审慎监管和金融体系整体稳定性的加倍重视，以及更严格的全球金融监管。目前，英国的"双峰"监管模式主要有以下特点。

1. 目标明确的专门化监管机构

新的监管制度将过往英国金融监管局的宏观审慎和市场行为监管进行了分拆，责任分明、权职明确，针对特定目标运用合适的专业知识。

2. 审慎监管优先，更加注重降低系统性风险和维护整体金融稳定

"双峰"模式下，英格兰银行拥有了更多的监管权力，因此，其可在金融体系面临潜在系统性风险时，强制实施额外监管或推翻金融行为监管局的决定。

3. 审慎监管局是其主导监管机构

根据审慎监管局与金融行为监管局签订的谅解备忘录，对于同时受两个监管

机构监管的金融机构，审慎监管局是其主导监管机构。两局共享监管信息，必要时可成立工作小组以缓解个别机构的金融风险，较少进行联合监管。此外，两家监管机构必须至少每年更新一次谅解备忘录以掌握市场最新发展情况。

四、启示：模式互有长短，没有"完美监管"

（一）次贷危机以来，金融体制改革更加突出央行核心地位且监管覆盖面不断加大

2008 年国际金融危机以来，各国都不同程度地推进了金融监管体制改革。主流的金融体制改革的核心依据是事前、事中监管与事后危机救助。经过多年实践，已取得重要的效果。突出表现在两个方面。

首先，更加突出央行核心地位。危机前原有金融监管体制注重金融机构个体稳健的微观金融监管，缺乏对宏观经济及系统性金融风险的监测、评估和管理，危机后，各国纷纷以法律形式明确中央银行具有监督管理金融体系的职责。

其次，金融监管覆盖面不断扩大。金融危机后，各国和主要经济体都扩大了中央银行监管范围，甚至将全部监管权力并入中央银行（新加坡），这使更多系统重要性银行和非银行金融机构被纳入监管范围，保证了金融创新的秩序和金融的稳定。

（二）监管模式各有优劣，全球金融监管体制机制处于动态调整之中

"伞形"模式最初是说美国金融控股公司监管，只是在中文语境下常常拓展至整个金融监管层面，而从整个金融监管层面看，将"伞形"模式称为"分业监管"模式更加恰当。美国 1999 年《金融服务现代化法》第 307 条规定美联储作为"伞形监管者"（Umbrella Supervisor），负责监管金融控股公司，必要时才会对金融控股公司旗下的银行、证券、保险子公司进行有限制的监管；对后者而言，主要按照业务领域分由美国证券、保险等监管机构予以监管，形成了监管架构上的伞状形态。《金融服务现代化法》同时规定，各具体业务监管机构若认为美联储对金融控股公司的有限监管措施不当，可优先适用其自身制度。

"双峰"模式的概念由英国经济学家 Michael W. Taylor 在 1995 年提出。Taylor 指出，金融监管有两个主要目标，一个是针对系统性风险进行审慎监管，维护金融体系稳定；另一个则是针对金融机构的机会主义行为进行行为（合规）监管，保护金融消费者。为此，Taylor 提出"双峰"模式，即一个机构负责审慎监管，另一个机构负责行为监管。有时人们会形成一种误解，认为"双峰"模式中一个是负责货币政策，另一个是负责审慎监管，其实货币政策并不在"双峰"之列，不属于金融监管体制范畴。实践中，"双峰"模式又演变为英国式的二元

"双峰"与澳大利亚式的三元"双峰"。前者由英国央行履行（宏观和微观）审慎监管职责、英国金融行为监管局履行行为监管职责；后者则由澳大利亚央行履行宏观审慎监管职责、澳大利亚审慎监管局履行微观审慎监管职责、澳大利亚证券与投资委员会履行行为监管职责。

"综合"模式将金融系统中所有金融机构、金融产品和金融市场纳入同一个监管机构的监管范围。该机构既负责所有金融机构的审慎监管，也负责所有金融服务的行为监管。"综合"监管模式始于 20 世纪 80 年代的挪威、丹麦、瑞典等北欧国家。21 世纪初，日本将所有金融业态置于日本金融厅的监管之下，既负责维系金融市场稳定，确保金融协调；又负责监管金融机构行为，保护金融消费者。

全球金融监管体制机制处于动态调整之中，随着外部经济社会环境的变化而不断演变，是一个在持续博弈与优化的过程中寻求监管效率和安全的平衡过程。特别是 2008 年国际金融危机对全球金融体系带来了深刻影响，主要发达市场在危机后都或多或少对金融监管体制机制和技术方法进行了改革。由于"双峰"架构的国家在金融危机中表现稳健，许多国家均尝试在不同程度上予以借鉴。

当前，发达市场金融监管体制已呈现融合、趋同迹象，新"双峰"＋"伞形"（主要体现为统一的行为监管机构下设分行业监管机构）金融监管架构似乎正在形成。例如，2008 年以来美国财政部、联邦政府先后公布的《美国金融监管体系现代化蓝图》与《金融白皮书》均建议设立审慎金融监管局专司审慎监管职责；德国作为传统的统一监管模式国家，危机后向"双峰"模式转变的特征也越发明显，德国央行与德国金融监管局在金融稳定委员会的协调下，金融稳定方面的合作也更多，审慎监管与行为监管的职责分工也更加明确。

（三）金融监管机构可同时肩负国际金融中心建设职责

在国际金融中心建设方面，伦敦属于自然发展型，即顺应经济增长的自动反应；新加坡则属于政府引导型，即在政府有意识的扶植下发展起来的。香港应属于两者的结合，早期经营环境宽松，资本自由流动促成了香港金融业的快速发展，随着营商环境、简单低税制、资金自由港、与西方接轨的司法制度、金融监管高效，以及最自由经济体等制度优势的建立，促成了香港国际金融中心地位的稳固及提升，而政府也在该过程中起到了不可忽视的引导作用。

目前，香港、伦敦、新加坡均由政府予以全面或部分积极引导，尤其是新加坡，政府发布了包括战略发展规划和软硬环境建设方方面面的政策指引。香港、新加坡、伦敦三大国际金融中心多年发展取得的成就也表明国际金融中心建设应发挥政府推动作用，其所提供的稳定的政治经济环境、良好的营商环境和监管环境都对国际金融中心建设至关重要。

不过，香港、新加坡、伦敦三者在金融监管与国际金融中心建设的职责分配上略有差异：新加坡的国际金融中心建设职能完全由金融监管局承担，监管与发展的职能完全融为一体；香港则部分进行了分离，即将国际金融中心建设的政策制定与发展分别交由财库局和金管局负责；而伦敦则采用了几乎完全的分离，其监管由英国央行、审慎监管局（PRA）、金融行为监管局（FCA）等共同负责，而国际金融中心建设则由伦敦金融城政府主导（很大程度上仍可理解为市场导向）。由此可见，金融监管与国际金融中心建设的职能是否一定要由不同的机构承担，并没有统一标准，关键还在于平衡好两者的关系，既不过度偏向也不过度偏颇，使两者协调促进，才是可持续发展的关键。

（四）英国脱欧对伦敦国际金融中心的地位产生了波动影响

英国脱欧后迟迟未能与欧盟达成全面金融服务协议，导致伦敦金融城资产向欧盟大规模转移，对伦敦国际金融中心的地位产生了影响。脱欧后，伦敦作为欧洲首要金融中心的地位一度被部分侵蚀，法国巴黎曾夺走它"总市值最高的欧洲股市"桂冠；荷兰阿姆斯特丹也曾取代伦敦成为交易最活跃的欧洲股票交易中心。据估计，自 2016 年英国脱欧以来，虽然远低于最初对脱欧影响的担忧，但英国金融系统仍损失了 7000 个工作岗位和 1.3 万亿英镑的资产①。虽然影响可能是短期的，但金融市场的不确定性大大增加。与之相对的是，新加坡政府长期重视金融中心发展规划的引领作用，稳定市场信心，为其金融中心地位的巩固及提升提供了重要保障。

对此，中国需引以为鉴，建议在国家战略层面进一步助力上海国际金融中心建设。自 20 世纪 90 年代以来，中央和上海市政府制定了许多有关上海国际金融中心的发展规划，虽已从地方推动上升到国家推动，但仍缺乏一个国家层面的统筹推进机构，上海建设国际金融中心向更高能级迈进过程中无法在中央各部委之间以及各地方政府之间形成更大合力。同时，近年来国内各中心城市纷纷大力发展金融业，北京、深圳等地也都有志于成为国际金融中心，如果各城市均在优惠性政策（如税收优惠）上比拼，也可能造成国内城市间"内卷式"竞争，使金融中心整体数量上升、但缺乏具有能与全球顶级国际金融中心较量的综合实力，可能令上海陷入类似伦敦的尴尬境地，最终也不利于中国金融业的整体发展。

纵观全球，各种监管模式互有长短，没有适用于所有国家的"完美监管模

① 资料来源于安永会计师事务所 2019 年的一项调查显，具体请见 http：//www.xinhuanet.com/world/2020 - 02/01/c _ 1125518630.htm。

式"。金融监管框架改革既不应墨守成规，也不应过于激进照搬别国模式，必须结合各国实际。伦敦是唯一一个在不足三十年内实行了上述三种主要监管模式的国际金融中心，但其在所有监管模式中，包括实施"双峰"监管以来的近十年，金融从业人员不当行为或中介机构不当销售仍时有发生。

五、对我国本轮金融监管体制改革的思考

当前，中国金融监管体制时隔五年再迎重大调整，各界对本轮金融监管体制改革高度关注。目前舆论多倾向于认为我国改革后的监管模式是一种"双峰"监管，实际从严谨意义上说，该种监管体制尚有别于标准的"双峰"监管模式，故称其为中国特色的"双峰"监管模式更为合适。

我们认为，本轮金融监管体制改革是在中国金融转轨大背景下的一种过渡性监管革新，由此构建的金融监管架构既不同于传统意义上的"伞形""双峰"或"统一"监管模式，也并非未来全球金融监管体制演化的趋势目标，而是当下中国特定约束条件和发展特征下的现实选择。

（一）本轮改革特征

长期以来，我国金融领域主要是以审慎监管为核心的分业监管机制，虽引入行为监管理念，但仅仅是作为审慎监管框架下内部分工的组成部分。2023 年 3 月，党的二十届二中全会通过了《党和国家机构改革方案》，方案明确在银保监会的基础上组建国家金融监督管理总局，统一负责除证券业外的金融业监管，统筹负责金融消费者权益保护，不再保留银保监会，人民银行恢复省级分行，证监会调整为国务院直属机构。此次调整后，"一行一局一会"的金融监管架构形成，功能监管、行为监管得到强化，并将逐步形成中国特色的准"双峰"监管模式。

其一，由"伞形（分业）"向新"伞形"演化。包括我国在内的许多国家历史上均有过向欧美国家金融制度广泛学习的经历，无论是我国 2003 年开始建立的"一行三会"体制，还是 2018 年构建的"一行二会"体制，"神形"均与"伞形"（分业）模式高度一致。本轮改革后，金融监管总局几乎承担除证券业之外的所有金融机构行为监管暨投资者保护职责。参考银保监会现行内设机构设置，有理由相信未来金融监管总局也将内设细分金融行业监管部门，叠加承接人民银行对金融控股公司的监管职能，从而在行为监管层面呈现新"伞形"特征。然而，金融监管总局不承担对作为最重要金融行业之一的证券业的监管职责，则又区别于相关国际经验。

其二，并未形成标准"双峰"格局。一方面，审慎监管包括宏观审慎监管和微观审慎监管两个方面，二者虽在政策工具上高度重叠，在逻辑起点、政策目

标、监管重点、政策反应上却大相径庭。如果"双峰"之其中"一峰"主要指向微观审慎监管，则在银保监会基础上组建的金融监管总局必将继续同时承担微观审慎监管与行为监管的双重职能，从而并未形成国际上标准的"双峰"格局。另一方面，如果"双峰"的其中"一峰"主要指向宏观审慎监管，则虽然履行宏观审慎监管职责的人民银行可作为"一峰"，但是在行为监管层面，金融监管总局由于并不负责证券业的行为监管，因而未在行为监管的层面形成另"一峰"。实际上，"双峰"监管涉及的审慎监管应当兼顾宏观审慎监管和微观审慎监管，由金融监管总局同时承担行为监管与微观审慎监管职能与标准"双峰"格局尚有距离。

其三，证监会剥离投资者保护职能。保护投资者利益在理论和实践中都是证券监管机构的核心职责。国际证监会组织发布的《国际证监会组织证券监管目标和原则》指出，证券监管主要有三项目标，首要的便是保护投资者利益。美国证监会（SEC）明确指出其首要工作目标是投资者保护，中国证监会在多个场合也有类似表述。根据危机后出台的美国《多德—弗兰克华尔街改革与消费者保护法案》，美国成立了消费者金融保护局，但其无权就 SEC 的监管对象实施任何权力。因此，我国本轮金融监管改革实践中，将投资者保护职责从证券监管机构剥离在世界范围内是比较特殊的。

综观之，我国本轮金融监管改革后形成的"一行一局一会"监管格局，与传统的三大金融监管模式均不尽相同。虽然从 2018 年原银监会、保监会合并与金融监管总局职责扩张的角度看，本轮金融监管改革在一定程度上体现出全球金融监管体制演化的部分特征，但又与全球金融监管酝酿中的新"双峰"＋"伞形"模式有所区别。作为一种非常具有中国特色的金融监管制度，"一行一局一会"监管格局本质上是一种过渡性监管革新的产物，对其形成与发展的理解须充分考虑当前中国社会经济转轨变迁的大背景。

（二）现实基础与约束条件

过渡性的金融监管体制根植于我国金融体系转型。我国正从中低收入国家向中高收入国家迈进，经济发展模式正从低效粗放向高质高效转型，产业链正向高附加值、高技术领域攀升，融资模式正从间接融资为主向直接融资转变，金融行业聚焦服务实体经济等。我们认为，中国金融监管体制改革面临独特的现实基础与约束条件有如下几点。

一是制度建设需要过程。假如以《美国金融监管体系现代化蓝图》设想的监管体制为目标，那么组建人民银行和金融监管总局之外的微观审慎监管机构需要整合现有"一行二会"分散的微观审慎职能，新机构的磨合及管理成本、监管制度设计成本都将过高。整合所有金融业务的行为监管也面临监管制度的系统性重塑，短时间内难以高质量完成。实际上，即便整合狭义的制度规则，本轮改革也带来了相当的工作量。例如，《金融控股公司关联交易管理办法》正式发布至今尚不满 2 个月，便需要根据本轮改革予以修订。

二是各方利益均需照顾。本轮金融监管体制改革并非小修小补，而是继五年前原银监会、保监会合并后的再度重塑。国家发展改革委企业债发行审核职责划入证监会、证监会作为国务院直属机构、证监会系统投资者保护职能并入金融监管总局，都可能涉及大量岗位、编制、人员的变更与调动，可以预见大量的不同利益诉求将同时涌现。如果像一些观点期待的那样一次到位整合行为监管、整合微观审慎监管、整合债券市场，利益碰撞必将更加剧烈，从而极有可能造成改革本身的迟滞甚至停滞。

三是路径依赖影响显著。2003 年，中国正式确立了人民银行、原银监会、原保监会、证监会组成的"一行三会"分业监管体制，演变至今不过二十年。与之相对，2001 年日本确立了以金融监督厅为主导的统一监管体制，运行至今尚无系统性变革；美国自 1999 年确立了"伞形"（分业）监管模式，受制于其国内各种制约，虽然早在 2008 年美国财政部就提出了充分借鉴"双峰"模式，由美联储负责宏观审慎监管、审慎金融监管局负责微观审慎监管、商业行为监管局负责行为监管的建议，但金融监管体制至今只有局部变革。中国金融监管体制改革的基础在于国内金融综合经营发展趋势，以及债券市场、资管行业分割带来的监管套利、投资者保护不力等问题，但这些问题已通过强化金控公司监管、颁布资管新规等措施得以部分修正，客观上强化了旧有金融监管体制的路径依赖。

四是证监会剥离投资者保护职能在世界范围内属于极具中国特色的举措。然而，如果注意到中国资本市场在当前阶段聚焦服务实体经济、支持科技创新、助力解决"卡脖子"问题等方面的特殊使命，叠加中国证监会较之于美国证监会而言的相对薄弱监管资源，该选择又不失为当前现实基础和约束条件下的合理做法。

（三）对金融监管体制改革的建议

一国监管模式和机制的设计与调整需要根据本国监管的历史沿革和宏观环境、金融业发展现状的客观实际进行设计，而并非对国际经验的单纯借鉴。作为一种金融转轨下的过渡性监管革新，本轮金融监管体制改革后的"一行一局一会"监管架构也需要在未来充分考虑本国特点、金融市场发展实际、全球最佳实践而不断优化，不断提升金融监管效率效能。我们提出如下政策建议。

一是组建人民银行下设的微观审慎监管机构。英国等许多国家在央行内部设立专门微观审慎监管部门，以强化宏观、微观审慎监管与货币政策的协调，提升审慎监管效率，该等设置实可借鉴。

二是组建金融监管总局下设的金融消费者保护机构。国际金融危机后，美国、英国等国家都强化了金融消费者保护，并为此设立了专门机构。然而，金融消费者保护是行为监管的重要目标之一，由一个机构统筹效率更高。上海率先在地方金融监管立法中提出维护"金融消费者"权益，并于2018年成立全国首家金融法院，积极探索"以监管促行业规范、以监管防金融风险、以监管优营商环境"的地方金融"双峰"监管实践，保障国家赋予上海的金融改革创新任务，营造更加优良的金融法治环境。同时，鼓励金融科技、监管科技及"沙盒监管"创新，在监管手段上也推出了系列举措。

三是证监会的行为监管职能择机择时并入金融监管总局，进一步完善行为监管机制。

四是上海金融服务业迈向更高发展水平，对金融市场的监管能级提出了更高要求，金融的制度型开放需要更适配的金融监管架构。一方面，实质性健全中央金融管理部门与上海地方金融监管的统筹协调机制至关重要。目前，人民银行设立上海总部以提升上海金融市场的监管能级，不少机构也积极在上海设立"第二总部"，但由于缺乏国家层面的统筹设计，这些总部型驻沪机构的实际监管功能作用有限，相对纽约而言，上海金融市场的监管事权明显偏弱。另一方面，上海的金融创新和混业经营态势明显，实行分业监管可能导致监管失灵和低效，所以需要对各类金融实践落实功能性、综合性监管。

五是关于"地方政府设立的金融监管机构专司监管职责，不再加挂金融工作局、金融办公室等牌子"，上海有其特殊性，在剥离地方金融监管机构的地方金融业发展政策规划等相关职责时，是否剥离及如何进一步加强上海国际金融中心建设的有关职能亟待进一步论证、设计。

金融控股集团风险处置机制[①]

随着我国金融分业经营向混业经营发展的转变，金融控股集团的风险事件能够对我国经济产生重大影响。本文在详细梳理国际上金融控股集团风险处置的实践和经验（包括处置目标、主体、工具及资金来源等）的基础上，针对我国不同类型金融控股集团的风险特点和现有处置模式进行了深入探讨，提出我国金融控股集团风险处置机制的建设思路：第一，央企金控确保能够持续提供系统重要性金融服务，地方金控确保地方金融资源持续整合，避免地方债务的累积，民营金控确保减少跨行业间的风险传染，降低对实体经济的冲击；第二，由人民银行和国家金融监督管理总局作为处置主体；第三，在处置策略上，央企金控和地方金控采取单点进入，民营金控（含互联网金控）采取多点进入；第四，首要处置成本分担者是金融控股集团本身，并确立包括监管机构、保险机构和政府等多方参与的成本分担机制。

一、引言

习近平总书记指出："防范化解金融风险，特别是防止发生系统性金融风险，是金融工作的根本性任务，也是金融工作的永恒主题。"党的十九大报告及中央经济工作会议多次强调，打好防范化解重大风险攻坚战，重点是防控金融风险；党的二十大报告再次强调，防控金融风险还有很多项工作要做。自 2020 年开始，人民银行会同相关部门取得重要成果，高风险金融机构风险、企业债务违约风险、互联网金融和非法集资等风险得到全面处置、化解和治理。

随着我国金融分业经营向混业经营发展的转变，金融控股集团已经成为经济新发展的重要动力。金融控股集团是指金融控股公司及其所控股机构共同构成的

---

①　本篇执笔：中欧陆家嘴国际金融研究院研究员孙丹博士。

企业法人联合体。因此，除了一般性风险，金融控股集团还面临着关联交易风险、交叉持股风险等特质性风险。这些风险事件对我国金融体系和社会稳定产生了较大冲击。

2020 年 9 月，《国务院关于实施金融控股公司准入管理的决定》① 和《金融控股公司监督管理试行办法》相继发布，标志着我国正式将金融控股公司纳入金融监管。为了与之相配套，2021 年 4 月《金融控股公司董事、监事、高级管理人员任职备案管理暂行规定》发布，2023 年 2 月《金融控股公司关联交易管理办法》发布。后续将逐步出台金融控股集团并表管理、风险隔离、资本管理、预警监测等方面的细则，基本涵盖了风险发生之前阶段的机制建设。

在风险发生后，如何规范地对风险进行化解和处置，达到风险缓释，相关机制研究还有较大的空间。金融控股集团的市场化处置机制是国家宏观调控在金融市场上的一种重要表现形式，目前国际上存在三种典型的市场化处置机制：一是早期干预制度，二是恢复与处置计划，三是危机处置制度。但这些研究主要针对单一金融机构进行分析和探讨。对于全球大型的金融控股集团而言，庞大的规模以及业务的复杂性和多样性，需要提供多元化的风险处置策略和工具。我国实践中主要采用接管、新设合并、吸收合并、收购、债务重组、关闭托管、清算后解散、破产重组等综合处置模式，但整体上缺乏综合性的机制研究。

事实上，无论是 2009 年英国的《银行特殊解析法》（*Banking Act*）②、2010 年美国的《金融稳定改革与消费者保护法案》（*Dodd – Frank Act*），还是日本 2011 年颁布的《金融恢复和解决法》（FRB 法）③、2014 年欧盟颁布的《欧洲银行业重建与解析指令》（BRRD）④ 以及欧盟 2023 年 8 月提出的《金融集团重大风险集中和集团内部交易报告指引》，都在不同程度和范围涉及了金融控股集团风险处置的机制建设。各国也在资本补充和重组、资产质量改善、监管协调和支持等实践中有较多的可借鉴之处。

2008 年国际金融危机带来的经验教训是，稳健的风险处置机制是一国金融体系维持韧性的关键。基于此，本文分为四个部分：第一部分是引言；第二部分系统梳理金融控股集团风险处置的国际经验与实践；第三部分结合我国不同类型金

---

① 人民银行已批准并正式成立的金融控股公司包括中信金融控股有限公司、招商局金融控股有限公司、北京金融控股集团有限公司、中国光大集团股份公司、中国万向控股有限公司等。

② 为英国政府提供了处理破产或金融危机中的银行和金融机构的特殊解析权力。根据该法案，政府可以干预、重组或清算处于危机状态的金融机构。

③ 规定了金融机构危机管理的程序和措施，旨在为日本金融机构的危机管理和解决提供法律基础。

④ 要求成员国设立危机管理框架和机制，包括设立危机管理委员会和资本重建工具，以应对银行破产风险，并确保银行资本充足性和债务重组能力。

融控股集团的风险特点，分析现有风险处置模式的不足；第四部分提出符合我国国情的金融控股集团风险处置机制建议。

二、金融控股集团风险处置的国际实践

（一）相关概念

1. 广义与狭义上的风险处置

风险处置的基本定义是制订并实施控制风险的计划，以降低风险或减少其不良影响，最后达到风险缓释和恢复的状态，其英文可以表述为 risk solution 或 risk disposal。其中，risk solution 更倾向于一种解决方案或方法，而 risk disposal 则更强调一套系统性的处理流程或机制。总之，这个定义强调了风险处置的两个核心要素：一是强调制订计划，二是侧重于具体解决的方式方法。

从广义上说，这个过程包括预防风险、评估风险、转移规避风险、降低风险、缓释风险等。从狭义上看，风险处置指的是对已经发生的风险，采取处置措施以达到风险解除的状态。这是一个动态的、持续的过程，需要根据不同的风险类型和条件变化进行调整和优化。本文研究的是后者，即更专注于已经发生风险后的处置。

2. 风险发生前的防范

从经济效益看，一旦风险发生，处置和恢复所需的成本通常远高于预防风险所需的成本，因此在风险发生前的防范措施非常重要。风险缓释（risk mitigation）就涉及识别、评估和早期采取措施以减少风险的影响或发生的可能性。

由于金融控股集团本身涉及金融和实体经济多领域的业务，这导致金融控股集团的风险预防措施有天然的优势，主要包括以下几个方面：一是多元化策略，通过扩展业务领域、地理分布和产品线来分散特定市场或行业的风险。二是资本充足率管理，确保充足的资本缓冲，以抵御潜在的财务损失；遵守国际标准（如《巴塞尔协议》），确保足够的资本水平。三是风险转移，使用保险（如债券保险）和衍生品（如期权和期货、信用违约掉期等）来转移或对冲风险。四是流动性管理，维持充足的流动性储备以应对资金短缺的情况。五是设定并定期调整风险敞口限额，以适应市场变化，限制特定类型风险的最大承受程度。总体上看，风险预防有效与否主要依赖金融控股集团的风控体系是否健全、监管机构的日常监管是否到位；同时也影响了风险发生后的自救能力。

3. 风险发生后的处置

风险清算（risk resolution）更多地涉及在风险已经发生后的处理，其目的是尽量减少对金融系统和公共财政的影响，尽量不造成严重系统性中断和不使纳税

人承担损失。因此，清算必须通过使股东和无担保及未投保的债权人承担损失的机制来维持重要的经济功能。但这种方式应遵循清算中债权人权利的层级，才能获得有效清算[1]。这属于本文的研究对象，即风险事件发生后金融控股集团的处置机制。

（二）处置目标

由于金融控股集团业务多元，各类金融风险交织，即使是单一金融风险处置事件的目标也具有多元性。例如，针对问题银行，IMF 和世界银行认为处置的目标主要包括三项：保障支付清算系统的正常运转、保护公众存款人的利益、维护银行的信用中介功能。

FSB（国际金融稳定理事会）认为目标包括保护金融机构的关键功能可持续，以及通过合理赔偿顺序维护股东和债权人的利益。

欧盟《2014 年银行恢复与处置指令》将处置目标归纳为五个方面：保持关键金融功能的可持续性、防止对金融系统产生重大负面影响、维护公共资金安全并减少依赖、保护相关债权人和投资者权益、保护客户资金与资产。

（三）处置主体

由于金融控股集团业务的复杂性和多样性，必须考虑各个子公司的监管规则和市场环境，一般需要多个主体共同参与风险处置。国际上对金融控股集团进行风险处置的主体包括以下五种。

一是中央银行。在涉及系统性风险或需要紧急流动性支持时，中央银行可能介入，通过提供短期贷款或其他支持措施帮助金融控股集团稳定其财务状况。

二是财政部门。在严重的金融危机中，政府财政部门可能提供救助资金或资本注入，特别是当金融控股集团的失败可能对整个经济产生重大负面影响时。

三是金融稳定机构。一些国家设有专门的金融稳定机构，如存款保险公司、金融稳定基金和行业稳定基金，在危机时提供必要的资金支持以及接管。

四是国际监管机构和协调机构。如国际货币基金组织、世界银行和巴塞尔银行监管委员会等，这些机构在全球范围内促进监管标准和实践的统一，在跨国金融机构的风险处置中提供咨询、资金和其他支持。

五是法院和破产管理人。如果金融控股集团破产或重组，法院和指定的破产管理人将介入，管理破产程序和债务重组。

这些主体各司其职，共同确保金融控股集团的风险得到有效管理和处置。例

---

[1] 资料来源于 2023 Bank Failures：Preliminary lessons learnt for resolution，https：//www.fsb.org/wp - content/uploads/P101023. pdf。

如，美国在判定系统重要性金融机构是否应纳入处置程序时，首先由美联储和联邦保险机构等部门提出书面建议，其次由财政部形成最终决定。如果有部门对被处置公司存在异议，可启动相应的司法审查程序。英国也建立了完整的评估流程，具体环节包括评估破产可能性，评估外部援助可行性、评估处置必要性、评估破产清算可替代性，并为每个环节指定了相应的负责机构，只有同时满足每个环节的处置条件才能进入处置程序。

值得关注的是，根据美国 2003 年银行业动荡的教训，云服务、社交媒体和数字支付会影响金融风险传递的方式，尤其体现为加速银行挤兑的速度，从而影响原有处置方案的执行。因此，第三方数字服务提供商在处置过程中的地位至关重要。

（四）处置工具及其资金来源

国际上金融控股集团风险处置工具可分为内部纾困和外部处置两大类。

1. 内部纾困工具（bail – in）

内部纾困工具是指债权人和债务人共同承担损失，包括股权和债务减记、债转股等手段①，这也是所谓的"自救机制"（Self – Rescue Mechanism），对于维护金融机构自身的稳定以及整个金融系统的稳定都至关重要。

其资金来源有多种。一是内部资金，包括金融控股集团的留存收益、资本储备和其他内部资金，以及集团内部的资金调配。这些资金可以直接用于风险处置，如增加资本充足率或覆盖运营损失。二是资产出售，通过出售非核心资产或不再需要的业务部门，金融控股集团可以筹集资金并优化其业务结构。三是私人投资，包括私募股权、风险投资或其他私人投资者的资金作为长期战略投资者介入。四是保险和再保险，对于某些风险（如操作风险、法律风险等），金融控股集团可以通过购买保险来转移风险，并获得相关的风险处置资金。

如在 2007—2009 年的金融危机期间，JP 摩根（JP Morgan）通过增加资本储备、调整资产组合以及收购贝尔斯登和华盛顿互助银行来增强其市场地位和资本实力。瑞士信贷（Credit Suisse）通过减持风险资产、提高流动性成功地自行稳定了其财务状况，而没有像许多其他大银行那样需要政府救助。巴克莱银行（Barclays）主要通过私人资本市场（尤其是中东投资者）筹集资金，增强了其资本结构，从而避免了政府的直接救助。

2. 外部救助工具（bail – out）

外部救助工具是由监管当局接管后，通过紧急贷款等流动性救助、过桥机

---

① 具体包括延长债务到期日、降低利率等。

构、收购承接、资产分离等手段进行风险处置。第一，在流动性紧张的情况下，央行可以提供短期贷款或紧急流动性支持，帮助金融控股集团应对短期资金需求。在极端情况下（如金融危机），还需要政府同步提供救助资金来稳定金融系统，包括资本注入、担保等方式。第二，建立坏账银行，识别和剥离不良资产，清理资产负债表，改善资产质量。第三，有序清算，如果金融机构无法恢复，需要采取有序清算的方式来最小化对金融系统和经济的影响。例如，在 2023 年美国硅谷银行 SVB 和签名银行 Signature Bank 出现流动性危机后，作为风险处置策略的一部分，存款保险基金（FDIC）和美联储根据联邦存款保险法，作出了系统风险的判定，使得 FDIC 能够扩大对其所有存款人的存款保险保护，并创建了桥接银行——存款保险国家银行（DINB），将所有受保险存款转移到 DINB，并计划为无保险存款人提供预付股息和剩余资金的接收证明，以完成有序清算。

此外，还有非常重要的保险和担保机制。在相关立法基础上，欧美发达经济体建立了用于维护金融稳定的保障基金，即动用公共或行业资源、由公共部门管理，用于特定金融机构（一般是系统重要性金融机构）的救助及处置或应对重大金融风险事件的基金（Bail – out fund）。主要包括以下三类[1]。

第一类用于处置金融机构风险，如欧盟单一处置基金和美国有序清算基金；第二类用于化解金融市场风险，如德国金融市场稳定基金；第三类用于化解主权国家债务风险，如欧盟金融稳定基金和欧洲稳定机制。这些基金的核心内容包括[2]，建立迅速清晰的系统性风险响应决策机制；处置重大金融风险；风险处置成本主要由金融行业内部承担；强化市场纪律和防范道德风险。其设立依据、资金来源、管理部门、资金使用、损失吸收或分摊机制如表 1 所示[3]。

表 1　　　　　　　　　　发达经济体金融稳定保障基金的主要内容

项目	设立依据	资金来源	管理部门	资金使用	损失吸收或分摊机制
美国有序清算基金 OLF	多德—弗兰克法案	事前不累积基金，需处置风险时，联邦存款保险公司（FDIC）作为系统重要性金融机构的处置平台，可通过财政部发行债券的方式募集资金用于风险处置	由财政部设立，FDIC 负责其管理	OLF 用于支付 FDIC 在处置系统重要性金融机构过程中产生的各项费用，包括有序清算费用、行政支出、FDIC 向财政部发行债券的本金和利息等	OLF 采用事后收费制，其在处置资产分配中享有优先受偿权，若处置所得无法全额偿付财政部借款，FDIC 须向系统重要性金融机构收费予以偿还

① 施红明，徐枫. 欧美金融机构风险处置制度经验及启示［J］. 银行家，2023（2）：94 – 97.
② 资料来源于《中国金融稳定报告（2022）》，中国人民银行，第 85 – 86 页。
③ 孙寅浩，田甜，陈伟. 探索建立金融稳定保障基金制度［J］. 中国金融，2023（3）：30 – 33.

续表

项目	设立依据	资金来源	管理部门	资金使用	损失吸收或分摊机制
欧盟单一处置基金 SRF	欧盟《第806/2014 号条例》	SRF 由欧洲银行业联盟 21 个成员国的全部信贷机构和部分投资公司事前缴费出资；欧洲稳定机制是 SRF 的后备融资支持，在基金耗尽时以贷款形式提供最高 680 亿欧元资金保障	SRF 由单一处置委员会负责管理和使用，其地位为独立运作的欧盟机构、银行业联盟下的中央处置当局	SRF 用于确保处置工具的实施，向被处置机构的资产或负债提供担保；提供贷款以购买被处置机构资产或直接购买；出资设立过桥机构或资产管理机构；在特定条件下，出资购买原债权人的债务减记或转换；当股东或债权人的损失超过走正常破产程序时，向股东或债权人提供赔偿。SRF 仅能在穷尽内部纾困措施且危及公共利益时才能动用	主要是事前累积的基金吸收损失，如果损失过大，可进行事后收费
欧洲稳定机制 ESM	2011 年 3 月 25 日，欧洲理事会通过欧债危机应对一揽子计划	该基金由欧元区成员国按比例认购 7000 亿欧元作为原始股本。ESM 可通过资本市场从银行、金融机构或其他机构、个人募集资金	ESM 为永久性的政府间机构，总部设在卢森堡市，ESM 理事会成员由欧元区国家财政部长组成	ESM 救助手段包括向成员国提供低息主权贷款、在一级和二级市场上购买成员国政府债券、直接向系统重要性金融机构注资等。接受 ESM 资金救助的成员国必须同欧盟委员会、欧洲中央银行和 IMF（如适用）签订备忘录，根据具体救助情况规定资金使用条件，欧盟委员会负责监督救助条件的遵守情况	ESM 运行如产生亏损，按储备基金（即管理 ESM 内部运行收益、罚金收入等的基金）、实缴资本、代缴股本的顺序吸收损失
德国金融市场稳定基金 FMS	2008 年颁布《金融市场稳定基金法》	FMS 可收取担保费用，财政部可为 FMS 的金融稳定措施提供 700 亿欧元的贷款，对于 FMS 因担保产生的损失，财政部可进一步提供 200 亿欧元的贷款	由受财政部管辖的金融市场稳定局（FMSA）负责管理，FMSA 管理委员会的成员由财政部协商中央银行任命。2018 年，FMS 被并入德国联邦债务管理局（由财政部监督）	FMS 可对金融机构的债务承担最高 4000 亿欧元的担保；参与金融机构注资或收购金融机构股份；购买金融机构风险资产；设立清算机构，承接信贷机构、金融控股公司或其国内外子公司及相关 SPV 的风险资产或业务部门	2013 年，德国出台新法案，规定 FMS 的损失可由重组基金弥补，重组基金可以定期向银行收费

上述风险处置工具的选择取决于金融控股集团的具体情况、市场环境、监管要求以及风险处置的具体需求。理想情况下，金融控股集团应该通过多元化的资金来源分散风险处置的影响。

（五）处置顺序及策略

1. 处置顺序

不同类型的处置工具有着不同的经济效应和使用成本，因此欧美等发达经济体在它们的使用条件和使用顺序方面多有明确规定。如美国在《多德—弗兰克华尔街改革与消费者保护法案》中规定了紧急贷款的三个使用条件，即需经财政部部长批准，贷款对象需为五家以上金融机构，贷款需有一定的担保品。英国及欧盟都规定在内部纾困工具对机构总负债的至少 8% 进行承担后，外部救助工具方可使用。总体原则为：首先由股东和无担保债权人承担风险处置成本，即内部纾困；其次由行业基金和公共资金提供支持。例如，在处置 2023 年美国硅谷银行和签名银行的风险时，由银行的股东和无抵押债权人承担了损失，FDIC 保留了其大量资产以供日后处置；而在处置第一共和银行的风险时，其资产和存款被转移到了摩根大通（JPMorgan）。

值得注意的是，目前国际社会对于外部救助仍有争议，主要原因在于传统经济理论强调道德风险，认为对问题金融机构实施外部救助，可能激励其不审慎经营，败坏市场纪律，诱发更大风险。例如，IMF 在 2023 年 4 月的《金融稳定报告》中提到，在市场承压期间，央行直接向非银行金融机构提供流动性可能是必要的——包括开展针对整个市场的相机决策式的操作，提供常备贷款工具，或是行使最终贷款人职能，但最重要的是应实施适当的保障机制，以避免道德风险。

在上述争议下，积极引入私人资本参与处置是更优的选择。历史上成功的案例是在 2008 年国际金融危机期间，美国政府为了稳定金融市场，采取了两大措施吸引私人资本参与风险处置。一是总额高达 7000 亿美元的紧急救助计划（TARP），该计划中的一部分资金以优先股的形式直接注资给金融机构。二是公私合作投资计划（PPIP），通过政府和私人投资者共同投资，创建专门的基金来购买不良资产。政府提供资金支持和信用担保，降低私人投资者的风险。这两大计划成功吸引了大量私人资本参与，有效清理了银行的不良资产，促进了金融市场的复苏。

2. 处置策略

与外部救助相比，内部纾困保护了纳税人，并避免了隐性担保扭曲。然而，这种自救也意味着向银行的债券持有人分配损失。由于金融控股集团大多在海外国家设有分支机构和子公司，受到多个司法管辖区监管的约束，在各国之间分摊损失必然面临着国家监管机构之间无法协调的困难，因为每个国家都倾向于保护本国债券持有人。

为了解决这些协调问题，FSB 提出了两种内部纾困的策略：单点进入（single point‐of‐entry，SPOE）与多点进入（multiple point‐of‐entry，MPOE）。在单点进入的情况下，金融控股集团母公司所在地的监管机构对整个集团拥有法定处置权；在多点进入下，不同地区的监管机构分别在当地进行干预。可见，两者之间的关键区别在于，是否允许在处置过程中跨子公司共享吸收损失的资本。单点进入策略若要实现较高的效率和可持续性，需要充分的共享资源、适当的法律框架以及处置主体之间高度可信的协调。原则上，单点进入策略应该通过引导母公司将跨国溢出效应和外部性进行内部化来解决协调问题。然而，在实践中，单点进入常常受到当地分支机构的监管机构的干预而失效。

根据博弈论模型分析可知[1]，单点进入能最大限度地减少总体福利损失，但也可能导致进入后金融控股集团减少细分市场；多点进入虽然会造成更大的债券持有人损失，但在子公司分散且相对均衡的情况下，多点进入可能更有效率。

根据美国纽约联储每年公布的在美金融机构恢复与处置计划清单[2]，可以发现，当前单点进入是大多数母国监管机构和全球金融控股集团的首选，目前仅有汇丰银行和西班牙对外银行选择多点金融策略。同时，单点或多点的选择与金融机构的资产规模大小无关。汇丰银行和西班牙对外银行（BBVA）的总资产分别是样本中最大和最小的[3]，但都具有高度分散的零售业务。例如，BBVA 通过收购当地零售银行在国际上（主要是在拉丁美洲）扩张，这些银行继续由当地资金运营，并且完全独立于总部。对于业务集中的金融控股集团来说，只要控股公司的监管当局能够协调，单点进入策略的风险处置就会更有效率。

（六）典型案例：瑞士信贷集团与美国国际集团风险处置

在面对金融控股集团风险时，应采取多元化和综合性的风险处置策略。以下为欧美地区两大典型案例。

1. 瑞士信贷集团

瑞士信贷银行因内部风控与管理缺陷导致频繁的风险事件，最终因巨额亏损而被瑞银集团收购。具体过程如下。

2023 年 3 月，瑞士金融市场监管局（FINMA）和瑞士国家银行（SNB）发布

---

① 资料来源于 Ester Faia，2016，https：//cepr.org/voxeu/columns/cross‐border‐resolution‐regimes‐global‐banks‐single‐versus‐multiple‐points‐entry。

② 资料来源于 https：//www.federalreserve.gov/supervisionreg/resolution‐plans‐search.htm。

③ 观察样本为资产规模在 1000 亿美元以上的金融机构。

公告称，"瑞信满足系统重要性银行的资本和流动性要求。如有必要，SNB 将向瑞士信贷提供流动性支持"；并允许瑞银未经任何实体股东批准全面接管瑞信，以及减记 160 亿瑞士法郎的或有可转换债权。同年 6 月，瑞银以 3.3 亿美元完成了对瑞信的收购，开始全面评估、整合，并计划在未来数年内出售瑞信的部分股份。同年 8 月，瑞银宣布已偿还瑞信向瑞士国家银行申请的 500 亿瑞士法郎的紧急流动性援助，并结束与瑞士政府的 100 亿美元损失保护协议，以及与 SNB 签订的 1000 亿瑞士法郎的紧急流动性支持，表明瑞信的资产状况比预期要好。

根据瑞信 2023 年上半年报[1]，第二季度税前亏损为 89 亿瑞士法郎；不包括收购相关影响，亏损为 43 亿瑞士法郎；调整后税前亏损 21 亿瑞士法郎。特许经营权基本稳定，2023 年第二季度净存款流入为 180 亿美元，净流入势头持续到第三季度。两者将分别运营至 2024 年完成法人实体合并，2025 年完成瑞信客户数据到瑞银数据库的迁移。

总结上述风险处置过程，第一，有效的公共部门流动性支持，瑞士政府提供了担保并促成了收购交易，银行在最后关头动用流动性；第二，需要解决跨境执行内部纾困时的法律问题；第三，实施了单独转让和出售业务工具与内部纾困相结合。

2. 美国国际集团 AIG

美国政府对美国国际集团（AIG）的风险处置过程主要包括以下几个关键步骤[2]。

第一，提供紧急信贷。2008 年 9 月，美联储向 AIG 提供了高达 850 亿美元的保障性循环信贷，以确保其不构成系统性风险。

第二，为重组提供联合财务支持。美联储降低利率，并延长贷款期限（从两年延长到五年）、美国财政部宣布计划购买 400 亿美元的 AIG 新发行优先股，其收益用于偿还美联储信贷设施的余额。

第三，创建特殊目的实体。美联储创建了两个特殊目的实体（SPVs）[3]，用于隔离不良资产、接收和管理救助资金，并通过持有和管理问题资产，简化 AIG 资产负债结构，使重组更加迅速可行。

第四，建立 AIG 信贷设施信托。纽约联储与美国财政部建立了 AIG 信贷设施信托，以持有 AIG 的优先股权益。

---

① 资料来源于 https：//www.ubs.com/global/en/media/display - page - ndp/en - 20230831 - 2q23 - quarterly - result.html。

② 资料来源于 https：//www.newyorkfed.org/aboutthefed/aig/。

③ 资料来源于 Maiden Lane II LLC 和 Maiden Lane III LLC。

第五，出售资产。AIG 同意以约 355 亿美元的价格将其子公司美国国际保险公司（AIA）出售给英国保险公司保诚。此外将其另一子公司美国寿命保险公司（ALICO）出售给美国保险公司大都会人寿，交易金额约为 155 亿美元。

第六，公开发行股票。AIG 计划通过在香港交易所上市 AIA 进行首次公开募股（IPO），以筹集资金偿还纽约联储的优先股利益，并减少信贷设施的未偿余额。

三、我国金融控股集团的风险特点与处置模式

（一）风险特点

金融集团联合论坛 2012 年发布的《金融集团监管原则》着重指出金融集团的监管需要解决三个方面的问题：一是资本充足率和杠杆率，尤其是双倍杠杆或多倍杠杆；二是金融集团风险，如传染风险、关联风险、管理风险、利益冲突等；三是监管套利，如在监管空白或监管灰色地带进行交叉产品设计或资本运作。

在当前宏观经济背景下，我国三大类金融控股公司（央企金控、地方金控和民营金控（含互联网金控））[①] 的风险特征互不相同。

1. 央企金控

按主营业务划分，央企金控可分为综合性金融控股集团和产业系金融控股集团。前者以传统的金融机构为代表，具有全金融牌照，业务综合，市场地位高，包括中信集团、光大集团、中国平安、四大资产管理公司 AMC 等；后者则是由于传统融资方式成本较高，资金借出方与产业资本存在信息不对称，设立金融控股公司以降低融资成本，包括招商局集团、国家电网、五矿集团等。由于国家战略需求，央企金控可能需要向某些特定行业或地区提供大量贷款，如果发生行业风险，可能导致不良贷款率上升；此外，央企金控的决策过程缓慢，可能对市场变化反应不够迅速，导致在国际投资中由于面临地缘政治风险而遭受损失。最重要的是，央企金控集团大都掌握着我国的核心金融资源和自然资源，具有系统性重要地位，其金融风险的蔓延会大面积冲击我国实体经济。

2. 地方金控

地方金控多由地方政府推动设立，作为地方政府持股金融企业出资人的角色，整合地方核心金融资源，推动金融资源由分散走向集中。如上海国际、北京金控、天津泰达等。从金融牌照的角度看，地方金控对银行、证券、信托资源最

---

① 资料来源于 http：//www.21jingji.com/article/20220412/herald/f492518cc54bc03ebdc4cd4360a082a4.html。

为重视，保险、基金、租赁次之，期货、小额贷款最末。这是因为银行、证券和信托既可以实现低成本的融资，又可以产生较稳定的现金流。

此外，近两年资产管理公司牌照（AMC）更加受到追捧。作为不良资产处理主体，资产管理公司在经济下行时期防范区域金融风险方面具有重要作用，原则上各地区均只有一块 AMC 牌照，但实际执行过程中 AMC 牌照发放较多，也几乎成为地方金融控股公司的标配。截至 2023 年 9 月，地方 AMC 共计 60 家，多数省份有 1~2 家，浙江、福建、山东等各有 3 家，广东则刚刚扩容至 4 家，这意味着地方化债需求迫切，地方 AMC 基本成为地方政府化解地方金融风险的主要工具。但相对于地方债的庞大规模，AMC 的体量较小，通过 AMC 化债的规模有限，且近年通过 AMC 化解地方债实质仍是向城投提供融资，融资平台的债务压力并未减轻。2023 年 9 月的盛京银行收购案①意味着，地方 AMC 在经济下行时期政策导向性增强，商业化程度降低，中小区域性银行的不良资产几乎没有折价地直接置换给地方国资控股比例高的 AMC，增加了地方政府未来的隐性债务。此外，在无相应资本注入的情况下，发行大量专项票据将大幅推升辽宁资产的杠杆率（地方 AMC 杠杆率的上限是 8 倍左右）。可以认为，在压实地方政府责任、防止形成区域性金融风险的背景下，这样政策导向性较强、商业化程度较低的大额对价项目将越来越多，不仅将大幅提高我国整体 AMC 的杠杆率，还会导致地方 AMC 资产端的坏账急剧增加，后期面临破产风险。

总之，地方金控的发展定位不明确。政府过多干预公司的内部治理，大量委外、担保，在一定程度上加剧了地方政府的债务风险。

3. 民营金控（含互联网金控）

由于传统主营业务（集中在房地产、零售贸易等业务领域）的盈利能力下滑，银行对民营企业贷款的审查更为严格，民营企业获取银行贷款的能力下降，转型意愿迫切，大多通过收购获得金融牌照②，成立金融控股平台，如中植系、明天系、泛海系等。如新希望主营证券和期货等金融业务以及畜禽养殖、饲料生产及贸易等非金融业务；泛海控股主营信托、证券和基金等金融业务及房地产、商品销售等非金融业务。

---

① 辽宁资产是辽宁金控的全资子公司，辽宁省财政厅持有辽宁金控的全部股权。2023 年 9 月，辽宁资产宣布将发行 1760 亿元 15 年期专项票据为收购盛京银行的资产筹集资金，仅较其账面价值 1837 亿元人民币低 4%。这样以接近面值的价格进行不良资产处置的情况非常少见。

② 由于监管限制，民营企业申请设立银行、证券、保险等子公司的难度较大，2014 年，原银监会公布首批 5 家民营银行试点方案，阿里巴巴、万向、腾讯、均瑶、复星等民营资本参与试点公司，此后相继成立前海微众银行、华瑞银行、金城银行、温商银行和网商银行 5 家民营银行，除此之外几乎无相关政策支持民营企业设立金融机构，民营企业主要通过兼并收购的方式获得金融企业控股权。

有些民营系金控公司过度追求各类金融牌照，但缺乏相关运作经验，使旗下子公司成为其循环注资、关联交易、股权代持等操作的载体，不仅在集团内部累积风险，还会带来跨机构、跨市场、跨业态的风险传染。如2022年被人民银行与银保监会联合接管的包商银行，被明天系控股公司长期违规、违法占用资金逾千亿元且大量逾期。

此外，互联网金融集团类控股公司存在新型风险。大型互联网金融公司凭借其平台、技术、客户优势，着力于打造全生态、全链条式的金融产品和金融服务，如蚂蚁金服、京东数科、度小满金融等。虽然在银行业，资本和流动性要求以及存款保险降低了挤兑发生的可能性，但货币市场和开放式基金带来的流动性风险尚未得到充分解决。

（二）处置模式及其不足

1. 模式

我国监管当局对风险暴露后的金融控股集团基本按照"全面接管及托管—解决流量问题（注资）—解决存量问题（处理资产）—新设承接"的顺序进行风险处置。自接管之日起，被接管机构的股东大会、董事会、监事会停止履行职责，相关职能全部由原银保监会派驻的接管组承担。接管组行使被接管机构经营管理权，接管组组长行使被接管机构法定代表人职责。被接管机构继续照常经营，公司债权债务关系不因接管而变化；客户交易不受影响，资金转入转出等均正常进行。

例如，处置安邦保险集团的风险。第一步，2018年银保监会工作组全面托管，进行资产"瘦身"，剥离了与保险主业协同性不强的海外资产和非核心的金融牌照（证券、金融租赁、银行等）。第二步，由保险保障基金注资，并引入战略投资者，进行股东变更，逐渐减少注册资本。第三步，2019年新设大家保险集团，相继出售成都农商行、和谐健康保险、世纪证券、邦银金融租赁等股权，于2020年完成资产重组。银保监会结束对安邦集团接管，兑付1.5万亿元存量理财保险产品①。

又如，处置明天控股集团的风险。第一步，2019年人民银行和银保监会依法接管了包商银行，并由建设银行托管。第二步，处置银行牌照。2019年将包商银行持有的泰安银行、潍坊银行、哈尔滨银行等相应的股权转让给当地国资，逐步完成大额债权收购与转让。2020年，被新成立的蒙商银行收购承接。第三步，处置非银行牌照。2020—2022年4家保险机构（天安财险、华夏人寿、天安人寿、

---

① 资料来源于 http：//money. people. com. cn/n1/2020/0222/c42877 - 31599778. html。

易安财险）、2 家信托公司（新时代信托、新华信托）、3 家证券公司（新时代证券、国盛证券和国盛期货）相继完成接管。

两家集团的风险处置都包括了全面托管和资产重组等步骤，有助于稳定公司运营，减少了对市场的负面影响。从实施效果看，托管期间均成功剥离了与主业协同性不强的海外资产和非核心的金融牌照，这有助于公司重回核心业务，并提高了运营效率。处置过程中的主要挑战是如何维护客户和投资者信心，如何有效管理和处置剥离的非核心资产，以及处理大量不良资产、保持业务连续性。从长期影响看，安邦的案例对我国保险行业的风险管理和监管制度产生了深远影响，促使监管机构和保险公司加强内部控制和风险管理；而明天系控股的案例强调了民营金控的内部风险管理的重要性。

2. 不足

第一，私人资本参与处置不足。我国在问题金融机构风险处置中较多依赖公共资金，收购承接、资产分离和股权重组多在政府部门的主导或斡旋下完成，转让对象多为中央或地方政府控股的金融机构，社会资本参与风险处置的渠道和激励机制建设不足，私营部门参与度不高。例如，在包商银行的处置过程中，由于缺乏战略投资者参与包商银行重组，只能由存款保险基金作为第一大股东参与蒙商银行的设立。再如保险保障基金对安邦集团的救助耗费了 52% 的资金余额，公共资金的过度使用强化了政府兜底的刚性兑付预期。

第二，常态化的处置资金退出机制不畅。例如，在成功使用公共资金完成了包商银行、安邦集团等的风险处置后，公共资金在新设立的机构中仍占有较大股份，截至 2023 年末尚未完成有序退出。这实质上把临时性的救助转为了长期性的控股，不利于公共资金的可持续运用，更不利于私人资本的积极参与。

这一问题主要有两个方面的因素。一是法律层面上尚未对公共资金的退出渠道和退出时间作出细致规定。二是实践中问题金融机构处置后的公共资金退出困难。保险保障基金作为大家保险集团持股比例达 98% 的第一大股东已持股三年，其间虽通过北京金融资产交易所等渠道尝试进行股权挂牌转让，但由于缺乏私营资本参与竞标，截至目前仍未成功；保险保障基金在中华联合保险中的股权历经九年时间才完成转让；在新华人寿的处置过程中，保险保障基金将股权转让至同为公共部门的中央汇金公司。

信托公司的风险处置也是如此，由于信托行业处于整体深度调整期，风险处置进展缓慢。不仅没有获得本公司大股东的增资帮助，也未能找到愿意接盘的增资方和战略投资者，投资人不断进行各类维权活动。新华信托于 2023 年正式破产，新世纪信托 2023 年以来在北京产权交易所多次挂牌转让全部股权，股权转让数次出现延期，司法拍卖无人出价的情况时有发生，截至 2023 年 9 月仍未完成交易，至今仍正寻求市场化重组。

可见，虽然市场化重组能最大限度地保护信托委托人合法权益，但也是最困难、最复杂、最耗时的风险处置路径。在这种情况下，公共资本不仅承担了危机期间的处置责任，更承担了处置完成后金融机构的经营风险。

四、我国金融控股集团风险处置机制思路

（一）总体目标与原则

1. 目标

巴塞尔银行监管委员会在 2012 年发布的《金融控股公司监管的核心要素》中，从范围与处置主体、处置权力、保障措施与客户资产隔离、跨境合作法律框架、恢复与处置计划等方面明确了高风险金融机构有效处置机制的整体框架和核心特征。

基于此，结合我国金融控股集团多样性的风险特征，可以确定如下风险处置的四大目标。

第一，央企金控集团确保能够持续提供系统重要性金融服务；地方金控集团确保地方金融资源持续整合，避免地方债务的累积；民营金控集团确保减少跨行业间的风险传染，降低对实体经济的冲击。

第二，保护客户资产并确保快速的偿付。

第三，明确损失分摊机制，减少对公共资金救助的依赖，降低道德风险。

第四，确保无法持续经营的机构得到有序清算并退出市场。

2. 原则

第一，由于金融控股集团的业务复杂性，需要明确对非系统重要性金融机构采取系统重要性机构风险处置的例外情况。

第二，应将很大一部分风险保留在市场上，尽量用市场手段处置风险。明确公共担保资金是最后手段，其运用应受制于严格的条件，以最大限度地降低道德风险。

第三，明确跨境纾困作为内部的补充作用，高度关注跨境调动抵押品或流动性方面存在的法律、监管障碍。

（二）处置主体（监管部门协调）

首先，人民银行作为处置主体。流动性支持措施应旨在解决流动性问题，而

不是偿付能力问题。因此人民银行只在应对系统性流动性风险时才进行干预①。

其次，国家金融监督管理总局作为处置主体。依据《保险法》《银行业监督管理法》《信托公司管理办法》《证券法》等，协调相关条线的监管部门分别接管不同类型的金融机构。接管后，被接管机构继续照常经营，公司债权债务关系不因接管而变化。

（三）处置策略（单点与多点）

针对我国三类金融控股集团的风险特点，可结合单点进入（SPOE）和多点进入（MPOE），确定如下三类处置策略。

第一，央企金控采取单点进入策略。我国央企金控大都涉及系统重要性银行和保险机构，总部位于国内，业务遍布全球，拥有众多海外分支机构。SPOE策略有助于我国监管机构高效地进行风险处置，并在需要时进行统一跨境协调、干预。

第二，地方金控采取单点进入策略。我国地理范围与欧盟相当，在国内不同地区的业务受到不同地方政府和监管机构的影响，地方金控大多局限在同一地区内，SPOE策略有利于减少跨地区协调的复杂性。

第三，民营金控（含互联网金控）采取多点进入策略。民营金控和互联网金控主要涉及城商行、农商行和互联网银行，业务特性和风险管理需求与大型跨国的金融机构有显著不同。城商行主要在特定城市或地区运营，服务于当地企业和居民，受益于金融科技，城商行近年来快速推进跨区域业务，采用MPOE策略可以使这些银行在面对风险时更加灵活地适应当地市场和监管环境的需求。类似地，农商行服务于农村和小城镇的客户，重点是为当地居民和小微企业提供金融服务，MPOE策略有助于这些银行根据自身规模和业务范围有效处置风险。

（四）处置成本分担

有效的风险处置成本分担机制应包括多方参与、风险管理激励和适当的政策支持，以确保金融系统的稳定性和可持续性。

第一，首要成本分担者是金融控股集团本身。提高金融控股集团内部资本充足率要求，确保它们有足够的内部资源来应对潜在风险，减少外部救助的需求，使风险处置成本更多地由金融控股集团自行承担。

第二，确立多方参与的成本分担机制。包括监管机构、保险机构和政府等外部处置主体多方参与的机制有助于分散风险处置的财务压力，降低金融控股集团的负担。一方面，政府应优先通过提供激励和降低风险的方式，吸引私人资本参

---

① 前期日常准备的措施包括流动性压力测试、资金模型、流动性准备以及监管协调与合作。

与金融机构的风险处置。另一方面，依赖互助基金和行业保障基金。金融机构的救助或重组成本主要由金融服务行业内的机构共同出资设立、共同承担，而不是由纳税人承担。目前我国分业体系下不同行业的保障基金是分离的，所以金融控股集团不同行业子公司的处置成本应当区别对待。金融控股集团中的证券、保险、信托等其他金融子公司，分别对应投资者保护基金、保险保障基金和信托保障基金。银行方面，需明确存款保险机构为主要成本分担机构，同时建立基于风险基础的保费体系，风险越高的金融机构支付更高的保费，以此鼓励金融控股集团更好地管理自己的风险，减少道德风险；同时为风险处置提供资金来源。

值得注意的是，应该为处置措施设定一个明确的结束日期，以便让市场在压力消退后重新发挥作用。

五、结论

本文强调，为我国金融控股集团制定有效的风险处置机制是维护金融稳定和防范系统性风险的关键。本文突出了不同类型的金融控股集团所面临的多样化风险特征，并指出从国际案例中吸取流动性管理和监管部门协调方面的经验对我国风险处置机制建设具有重要价值。建议由人民银行和国家金融监督管理总局作为处置主体；在处置策略上，央企金控和地方金控采取单点进入，民营金控（含互联网金控）采取多点进入；首要处置成本分担者是金融控股集团本身，并确立包括监管机构、保险机构和政府等多方参与的成本分担机制。展望未来，不断完善风险管理框架，并更多地发挥市场机制作用，减少对公共资金的依赖，提高私营部门的参与度，是提高金融控股集团风险处置效率的关键路径。

银行理财挤兑及监管应对的国际比较①

　　银行挤兑是金融突发事件中最难应对的情景之一。通常，银行挤兑的发生与银行规模、经营状况并没有直接关系。在持续挤兑的情况下，即使实力雄厚的商业银行也可能在短期内走向倒闭，进而影响金融安全和社会稳定。市场失灵、信息不对称和维护公共利益是对银行理财监管的三大动因。

　　发达国家和地区在理财市场与监管制度共同发展的过程中，强调投资者保护、理财机构受托义务、功能性监管等。金融创新发展推动了金融监管不断变革。硅谷银行等欧美银行破产事件表明，区域性中小银行面临的风险不容忽视，存款保险制度也并不足以消除金融系统的挤兑风险。市场恐慌实质上是对银行监管的不信任。现有审慎监管工具仍有缺陷，监管创新任重道远。

一、银行挤兑及监管原因分析

（一）银行挤兑事件突出特点分析

　　Diamomd & Dybvig（1983）提出银行挤兑（bank run）理论，该理论认为银行作为一种金融中介机构，其基本功能是将不具流动性的资产转化为流动性资产，但这种功能本身也使银行容易遭受挤兑。当银行的资产价值不抵债务价值时，银行就失去清偿力。若银行存款未予保险，触发挤兑风潮，则会发生银行危机。

　　银行挤兑是金融突发事件中最难应对的情景之一。通常，银行挤兑的发生与银行规模、经营状况并没有直接关系。在持续挤兑的情况下，即使实力雄厚的商业银行也可能在短期内走向倒闭，进而影响金融安全和社会稳定。

　　通常，银行挤兑突发事件的特点往往表现在以下几个方面。

　　其一，银行挤兑突发事件中，普遍存在诱发挤兑的负面消息。银行挤兑事件

---

① 本篇执笔：中欧陆家嘴国际金融研究院特约研究员李雪静博士。

通常由诸如"即将倒闭或将被收购"等谣言引发，并随之产生明显的蝴蝶效应。突发的诱因可能对正常经营的银行产生难以预料的影响，并可能发酵到无法挽回的地步。

其二，外部金融生态环境脆弱，进一步放大负面消息的影响。当外部金融市场环境发生变化时，往往使投资者及储户心理预期发生变化。此时出现的负面消息往往会被金融生态环境脆弱化带来的心理恐慌加剧，进一步放大了负面消息的影响广度和深度，短时间内可能使恐慌情绪集中爆发，进而引起挤兑事件，并可能以波浪式传导蔓延至其他区域。

其三，银行往往流动性不足以应对短期较高的挤兑成本。发生挤兑的银行往往流动性不足，短期内难以汇聚大量的人、财、物等资源来处置银行挤兑事件，进一步放大了对银行的声誉和运营管理造成的冲击。同时，也将消耗大量的社会公共资源，增加政府部门维护区域金融稳定的成本。

（二）银行挤兑监管动因分析

动因1：市场失灵需要政府高强度监管。市场失灵主要源于市场信息无法被价格体系全面覆盖，从而引发错误资源配置。商业银行理财产品本身的特殊性，使理财市场存在固有不足，且无法依托价格机制合理配置市场资源。同时银行在金融体系中的重要作用，需政府针对其理财产品市场实施更高强度的监管。

动因2：信息不对称需政府持续提升监管力度。相较于买方而言，卖方往往掌握更多具有较高价值的信息并从中获得一定收益。商业银行理财产品自身存在一定价值，且随着时间推移，价格不断显现。但银行机构促成产品交易过程中，投资者一般无法获得全面信息，投资决策准确度受到影响。这种信息不对称可通过市场信号来缓解，需要政府持续提升理财产品监管力度，建设良好的理财环境。

动因3：维护公共利益需政府提升银行监管力度。现代市场中并无纯粹市场经济，从而导致市场体制无法达到最优资源配置程度。银行作为资金支付与清算、货币创造等职能主体，拥有公共产品性质。银行挤兑危机将使金融市场秩序受到影响，因此，政府基于防范金融危机和维护金融市场秩序角度，不断提升监管力度，有效缓解金融市场失灵现象。

二、国际银行理财挤兑及监管应对分析

（一）美国银行理财挤兑及监管应对

1. 美国金融监管模式分析

美国的金融监管架构是"双层多头"格局，由众多权力交叠的联邦和州监管

机构组成。当金融危机出现时，通过建立新的监管机构来应对，而不是扩展原有监管机构的管辖范围。因此，美国监管机构的数量越来越多，造成了金融机构应对监管的成本越来越高，且多头监管也容易诱发监管松懈，信息交流效果有限。同时，在监管方向上，美国实际上还是实体监管，只在对金融控股公司的监管上实现了小范围功能监管，真正意义的功能性监管并未实现。

美国 1933 年的《银行法》，即《格拉斯—斯蒂格尔法案》确立了证券业与商业银行分业经营的格局；而 1999 年通过的《金融服务现代化法案》则为混业经营和功能监管奠定了坚实的法律基础，也开启了美国自 20 世纪 90 年代以来集中统一监管与综合性监管相综合的"双线多头""伞"式监管格局。金融监管也从个别、分散走向了综合、统一。但这种模式也带来了监管错位与滞后、监管体系机构众多、权力分散、监管职能重叠等问题。2010 年，美国通过的《多德—弗兰克华尔街改革与消费者保护法案》重构了金融监管框架，该法案以防范系统性风险和保护金融消费者权益作为核心目标，加强了对金融行业间的并购和金融控股公司的监管。新法案也带来了金融监管结构体系的变化，即新设立了金融稳定监督委员会负责系统性风险的监管和控制，并对大型的金融机构从事高风险活动进行识别并采取相应应对措施来管理风险。同时，强化了美联储的监督权力，美联储对金融稳定监督委员会认定的重要性风险机构进行直接监管。美联储系统下新设消费者保护局，负责保护消费者免受非法金融欺诈。该法案还对大型金融机构的自营交易进行了限制，并赋予联邦政府关闭濒临倒闭的大型金融机构的权力，并对信用评级机构提出了严格监管。

总体来看，美国的监管针对不同类型机构，采用了不同的监管模式。尤其是针对存款类金融机构，大多采用了联邦和州的双层多元监管体制。同时，美联储的成立及存款保险制度也成为维护金融市场稳定，尤其是避免银行挤兑的重要应对解决方案。美国自 1913 年成立美联储以来，作为金融市场的最后贷款人，美联储一直帮助维护金融市场的稳定；大萧条后美国逐步建立的联邦存款保险公司（FDIC），也成为防止银行挤兑的最主要的制度设计。美国大部分银行都被要求加入联邦存款保险，即使没有被要求加入的银行，也往往主动成为联邦存款保险的成员，稳定储户信心。银行倒闭时每个储户在不同银行的多个账户均可受到每个账户 25 万美元的保护。同时，2010 年美国出台《多德—弗兰克华尔街改革与消费者保护法案》，要求资产在 100 亿美元以上的银行要进行年度压力测试；2018 年美国通过了《促进经济增长、放松监管要求、保护消费者权益法案》，减轻对中小型银行监管要求，并将压力测试门槛提高到 2500亿美元。

2. 美国银行挤兑事件及监管应对分析

（1）"最后贷款人"和存款保险制度是监管应对的重要解决方案

银行挤兑造成的金融危机在美国历史上屡见不鲜。19 世纪中期，美国金融市场基本没有任何政府干预，且不存在美联储，在这一"放任自流的金融年代"，金融危机非常普遍。美国在 1873 年、1884 年、1890 年、1893 年和 1907 年都发生了由于挤兑造成银行大规模倒闭的金融危机，尤其是在 1893 年危机中，美国有超过 500 家银行相继倒闭，造成了美国当时有史以来最严重的经济衰退。此后，1907 年纽约第三大信托投资公司尼克伯克破产、2008 年雷曼兄弟破产等，都引发了美国金融市场危机，蔓延到存款人人自危，纷纷从银行等金融机构提款来避免损失，银行间也失去信任，相互间借贷冻结，银行一旦出现挤兑，最终往往以破产收场，并向其他金融市场蔓延。面对这些银行挤兑，最后贷款人和存款保险制度应对解决方案应运而生。这也使利用这两种解决方案的国家目前已经基本看不到大面积银行挤兑现象了。

（2）《巴塞尔协议》在引领全球银行业稳健性方面发挥了重要作用，但仍存在监管漏洞

当前全球经济发展不确定性不断加剧，全球金融监管机构均高度重视商业银行的风险与监管问题。以巴塞尔委员会为核心的国际银行监管体系目前被全球普遍采用，在构建全球银行业稳健经营方面发挥了重要作用。自 1988 年巴塞尔委员会（BCBS）发布《巴塞尔协议Ⅰ》以来，对银行业的监管框架不断更新和完善。2004 年推出了《巴塞尔协议Ⅱ》，2010 年 9 月通过了《更具稳健性的银行和银行体系的全球监管框架》和《流动性风险计量、标准与监测的国际框架》两个文件（俗称《巴塞尔协议Ⅲ》，随后又于 2017 年 12 月修订发布了《巴塞尔协议Ⅲ：后危机改革的最终方案》，并于 2023 年 1 月 1 日实施。可见，巴塞尔委员会的监管框架，是为了应对复杂的风险、不断试错与完善的结果，对全球监管机构加强银行监管与合作起到引领作用，强调了对系统性风险的预防，并提出了从逆周期调节、杠杆率及集中度风险三个方面加强对系统性风险的监管。

但是，随着 2023 年 3 月，美国硅谷银行等一系列银行破产危机，从侧面反映了《巴塞尔协议Ⅲ》与监管现实间仍存在监管漏洞。

（3）美国近期银行危机及监管应对

2023 年美国银行业动荡，始于硅谷银行（SVB），随后向纽约签名银行（SB-NY）和第一共和国银行（FRC）、瑞信银行等进行蔓延。虽然目前危机已过去，但对银行监管提出了新的问题。

硅谷银行是以服务科创企业为主的知名商业银行。为应对美联储加息带来的美债市场下跌，硅谷银行出售 210 亿美元证券用于再投资期限更短的证券。同时，

为应对利率曲线倒挂下上述操作的 18 亿美元损失和可能的存款减少，硅谷银行宣布再融资 22.5 亿美元。这些举动引发市场担忧和储户挤兑。2023 年 3 月 9 日，硅谷银行股价暴跌超 60%，储户试图从硅谷银行提取 420 亿美元存款（相当于 2022 年末硅谷银行存款的 23.9%），当天硅谷银行营业结束时，现金余额为 −9.58 亿美元。这种存款流失速度史无前例，最终导致银行破产。此外，市场担忧波及整个美国银行业板块，富国和美银股价当天跌幅也在 6% 以上。

受硅谷银行破产的传染效应，再加之银行本身没有实施基本流动性风险管理实践和控制，公司治理存在很大缺陷，导致美国签名银行（SBNY）破产，也成为美国历史上第三大破产的银行。同时，SBNY 破产还与其银行业务模式密切相关。作为 2001 年新成立的提供全方位服务的新型银行，数字业务成为了其重要业务之一，但 SBNY 没有深入了解与加密资产存款相关联的风险。

措施 1：监管主体快速响应，增强市场信心，防止风险扩散。事件发生后，美国联邦存款保险公司（FDIC）高度重视，迅速于 3 月 10 日因"流动性不足与资不抵债"接管硅谷银行，并为硅谷银行和签名银行的全部存款提供保险，相当于消除了最紧急的挤兑风险。同时，为防止风险扩散，美国财政部和美联储于 3 月 12 日亚洲市场开盘前推出救市措施。财政部、美联储和 FDIC 发布联合声明表示，3 月 13 日起硅谷银行储户可全额支取存款。2023 年欧美银行风险事件处置方案对比如表 1 所示。

表 1　　　　　　　　　　2023 年欧美银行风险事件处置方案对比

银行	资产规模	收购方	破产原因	处置方案
硅谷银行（SVB）	总资产 1670 亿美元；存款 1190 亿美元（截至 2023 年 3 月 10 日）	第一公民银行（FCNCA）	(1) 主要服务 PE/VC 与初创企业，积累大量活期存款，未受保护存款比例较高； (2) 资产端久期较长，与负债形成错配； (3) 加息背景下资产出现大量浮亏，初创企业融资困难，存款大量流出迫使公司抛售资产，导致浮亏并最终遭受严重挤兑和资不抵债	(1) 以 165 亿美元收购硅谷银行 1101 亿美元资产，其中包括 721 亿美元贷款；承接所有的贷款相关的金融资产； (2) 承接约 565 亿美元存款； (3) FDIC 接管 900 亿美元证券和其他资产，并提供损失分担协议
签名银行（SBNY）	总资产 1104 亿美元；存款 886 亿美元（截至 2022 年 12 月 31 日）	纽约社区银行（NYCB）	(1) 受加密货币市场波动影响，银行存款迅速流出，大量存款未受保护，加速存款挤兑； (2) 美联储加息导致资产面临浮亏，抛售资产导致浮亏发生	(1) 以 27 亿美元收购签名银行的 384 亿美元资产，其中包括 129 亿美元贷款，不包括数字资产或任何加密货币资产； (2) 承接约 340 亿美元存款； (3) 承接签名银行的财富管理业务； (4) FDIC 接管约 600 亿美元贷款

银行	资产规模	收购方	破产原因	处置方案
瑞士信贷	总资产 5.75 亿美元；存款 2.52 亿美元（截至 2022 年 12 月 31 日）	与瑞银全股票合并交易	（1）经营不善与利率上行导致巨额亏损；（2）市场信心不足，存款流失压力较大；（3）报告具有重大缺陷引发市场担忧；（4）美国银行风险事件接连发生，市场恐慌情绪蔓延	（1）瑞士信贷股东每持有的 22.48 股瑞士信贷股份可换 1 股瑞银股份，合并协议可以在未经股东批准的情况下实施；（2）若发生额外亏损，在瑞银承担 50 亿瑞士法郎损失后，瑞士政府会额外提供 90 亿瑞士法郎的损失担保；（3）减记瑞信的 158 亿瑞士法郎的其他一级资本（AT1）工具；（4）由瑞士央行提供充足流动性支持
第一共和银行	总资产 2291 亿美元；存款 1039 亿美元（截至 2023 年 4 月 13 日）	摩根大通（JPM）	（1）大量存款未受保护，存款流失严重；（2）公司大量借款维持运营，难以正常运行	（1）JPM 支付 FDIC 106 亿美元以接管 FRC 的主要资产，包括约 1730 亿美元贷款、300 亿美元证券；（2）承接约 920 亿美元存款，其中包括大型银行救助的 300 亿美元存款，合并完成后将偿还/抵消；（3）FDIC 提供损失分担协议（针对 FRB 的单户住宅抵押贷款和商业地产贷款）与 500 亿美元的五年期固定利率融资；（4）不承接 FRC 的公司债券和优先股

措施 2：监管主体做好"最后贷款人"职责，创新货币政策工具。FDIC 采用先支付受保存款、事后再出售银行资产回收成本的存款偿付方式；美联储也为与加密货币相关、濒临倒闭的签名银行提供类似支持。同时，美联储宣布创设流动性工具（BTFP），为所有符合条件的存款机构提供最长可达一年的贷款，让银行不需要为满足短期支付需求而抛售资产，很大程度降低了资产抛售风险（见表2）。

表 2　　　　　　　　美联储推出抵押贷款工具 BTFP 主要内容

计划目的	向美国存款机构提供流动性，借款人将符合条件的证券作为抵押品，联邦储备银行将向符合条件的借款人提供资金支持
借款人资格	任何美国联邦保险的存款机构（包括银行、储蓄协会或信用合作社）或外国银行的美国分支机构，只要有资格获得一级信贷，都有资格借款
合格抵押品	合格抵押品包括联邦储备银行在公开市场操作中有资格购买的任何抵押品，但前提是借款人在 2023 年 3 月 12 日拥有此类抵押品
贷款规模	贷款将限于合格借款人所抵押的合格抵押品价值

利率	定期贷款的利率为一年期隔夜指数互换利率加 10 个基点；该利率将在贷款发放当日固定
抵押品估值	抵押品估值为票面价值，保证金为面值的 100%； 提前还款：借款人可以在任何时候提前支付预付款（包括用于再融资）而不受罚款
贷款期限	合格的借款人可获得最长一年的预付款，且没有任何相关费用
财政部的信用保护	财政部利用外汇稳定调节基金向联邦储备银行提供 250 亿美元的信用保护
项目持续时间	贷款至少可申请至 2024 年 3 月 11 日

（二）德国银行理财挤兑及监管应对

2010 年 9 月，欧盟成员国财政部长通过的《泛欧金融监管改革法案》开启了欧盟全新的泛欧金融监管体系。这是首部突破国家间界限、跨国的金融监管法案。欧洲系统性风险委员会（ESRB）和欧央行分别履行宏观审慎和微观审慎监管职责。同时，1961 年德国出台的《银行法》赋予德国央行货币政策管理和金融监管两大职能，德国开始进入分业监管、混业经营发展阶段。为满足混业金融发展需求，德国政府 2002 年融合了保险业监管局和银行监管局，建立了金融监管局，让分业监管开始步入一体化监管阶段。

在商业银行理财产品方面，金融混合经营模式是德国最大特征之一。德国个人理财的方式包括银行存款、投资房地产、人寿保险以及购买基金等，投资高风险产品比例不大。德国在银行理财监管方面的特点主要体现在以下几个方面。

一是政府对消费者保护力度较高，严禁误导投资者。为规避信息不对称问题，德国政府严格要求国内商业银行宣传信息的真实性，要求银行确保信息披露的完整性和真实性。同时，由于不同产品收益水平不同，为规避对消费者误导，在个人理财产品监管方面，德国银行在宣传金融产品时明确规定不准承诺预期收益率，只允许公示历史业绩，严禁误导投资者。尤其是，德国对消费者保护力度很高。银行未能在投资决策中告知风险程度，未能根据投资者个人风险承担能力和经济实力帮助其进行投资决策，风险损失由银行承担。

二是政府建立了完备、管理精细的监管体系。对证券交易所、期货交易所的监管机构主要包括德国联邦金融监管局（BaFin）和地区性交易监管组织（交易所监管局）。德国中央银行同 BaFin 达成协议，由 BaFin 负责监督证券交易全过程，并监督市场信息的披露。企业虚假宣传、证券场外交易及腐败等内幕交易、市场操作等一旦发生，金融监管局会直接干预。交易所监管局则根据规则和法律规定对交易所的行为进行监管。尤其是，交易监察办公室是德国交易所监管体制中最具特色的监管机构。根据《交易所法》第 7 条规定，交易所必须根据州政府监管机构要求设立并运行交易监察办公室。当交易监察办公室发现可疑内幕交易或市场操纵行为时，必须首先向州政府和交易所董事会报告。如该行为进一步被认定为可能违反《有价证券交易法》，涉嫌犯罪，则必须向 BaFin 报告。BaFin 并没有联邦层面的监察团队，如发现违法行为，可以要求州政府和交易所进行配合调查，提供相关监察数据和协助。

（三）英国银行理财挤兑及监管应对

英国的金融监管是以央行（英格兰银行）为主，强化央行在宏观和微观的审慎监管职能。英格兰银行直属的货币政策委员会、审慎监管委员会、金融政策委员会分别负责货币政策、微观审慎监管和宏观审慎监管职能。同时，英格兰银行作为英国金融危机处置当局，负责制定金融机构危机管理和处置策略，并将关键信息提供给财政部用于政府及时评估风险。

2013 年 4 月正式生效的《2012 年英国金融服务法案》开启了英国新的金融管理体制序幕。英国对金融监管体制进行了彻底而全面的改革，赋予了央行宏观审慎和微观审慎双重监管职责。同时，英国在 2015 年 7 月又发布了《英格兰银行议案：技术咨询稿》，进一步深化了金融监管体制改革，调整了金融监管框架。

英国政府对理财产品的引导效果显著，理财业务主要有两个特点。

一是全民性特点。英国政府投入大量资金在教育机构普及和推广理财课程，并构建儿童信托基金。英国政府还利用金融交易所等渠道，负责在全国普及金融理财知识，提升全民理财知识水平，以便全民可以科学、合理地进行理财产品投资。此外，通过网上交易平台为消费者提供咨询服务，以便帮助消费者更好地进行投资决策。每年通过理财市场发展情况评估工作确保全国理财市场稳步发展。

二是个性化特点。英国银行将消费者分类，根据客户所属类别推荐不同的理财产品。高级客户推荐的服务一般是个人理财账户服务；普通客户则一般推荐低额透支信用卡服务。同时，英国法律规定银行每月要将理财业务明细发给消费者，以便消费者实时掌握投资情况。

（四）新加坡银行理财挤兑及监管应对

新加坡采用的是大金融监管模式，金融监管主要是由新加坡金融监管局负责，具有央行金融调控与金融监管两大职责。2008 年国际金融危机后，新加坡进一步扩大了金融监管局的职权范围，除属于央行职责的货币发行权力外，新加坡金融监管局同时对本国银行、证券、保险业等全部金融机构和金融市场进行统一规范管理，形成了其集中、高效、统一的大金融监管模式。

新加坡金融管理局对理财顾问的准入与监督制度均有严格规定。受《金融顾问法》管制的活动的实施人必须申请金融顾问执照。申请人的工作内容包括：就投资产品提供建议，如证券、信托、期货合同、人寿保险保单、外汇和杠杆外汇合同及其他结构性产品。同时，申请人有严格的准入和执业要求，并对不当行为施以严厉处罚。同时，金融管理局也要求采用 BSC（Balanced Scorecard）平衡计分卡框架等手段，每个季度对每一名理财顾问业务情况做严格筛查。若发现有违规操作，则会依照违规程度进行相应处罚，严重者被立即停职或被告上法庭。

（五）日本银行理财挤兑及监管应对

随着日本混业经营的快速发展，通过改革和一系列措施使日本原有的大藏省一元化监管体制逐步得到分离，金融监管厅承担了保险业和金融业监管职能。整体来看，日本银行和金融监管厅均可监管金融机构，且相互独立，形成了日本双重监管体系。同时，日本对《日本银行法》修订后，强调了银行对各金融机构进行现场检查的基本权利。

监管机构通过制定详细政策法规等方式，详细划分投资者类型，强调金融机构向投资者销售理财产品时，要详细介绍存在的风险和具体信息；强调规范销售机制。日本要求在发行和研发个人理财产品的过程中，银行要根据规定公开个人理财产品信息情况，在社会监督下确保客户对其基本信息及其存在的信息有所了解，以便在源头上有效管理和降低产品风险。若未根据规定开展工作，不仅要赔偿投资者的损失，还会受到法律惩处。

（六）启示

发达国家和地区在理财市场与监管制度共同发展的过程中，重点强调投资者保护、理财机构受托义务、功能性监管等方面。

启示 1：金融创新发展需要变革的金融综合监管相适应。从国际来看，2008年国际金融危机后，市场主导的"金融自由化"监管思路遭到质疑与挑战，全球范围迫切需要探索新的金融综合监管体制来适应金融市场的发展；从国内来看，中国产业结构和经济驱动方式的转变、间接融资向直接融资方向的发展、多层次资本市场建设、现有混业经营与分业监管错配等问题，使金融综合监管体制变革迫在眉睫。

启示 2：区域性中小银行面临的风险不容忽视。硅谷银行和签名银行从资产规模角度来看，在美国银行中分别仅排第 16 名和第 29 名，且与大型银行的规模相去甚远，但却拖垮了作为全球系统重要性银行的瑞士信贷，并引发了全球金融市场震荡。

启示 3：存款保险制度并不足以消除金融系统的挤兑风险。银行的期限错配（即借短放长）决定了银行天然存在脆弱性。长期资产难以随时变现，一旦大量储户取款，银行则会面临流动性不足问题。虽然存款保险制度在一定程度上缓解了这一问题，但由于批发融资并不受存款保险制度保护，且从各国实践来看，存款保险制度也不能覆盖所有零售存款等问题，存款保险制度效果有限。

启示4：市场恐慌实质上是对银行监管的不信任。从金融危机事件中可以看到，不管是2008年国际金融危机，还是硅谷银行挤兑等事件，都在不断刷新公众的认知。2008年国际金融危机中，固有的"大而不倒"认知被颠覆，雷曼等系统重要性银行依旧破产；硅谷银行事件中，不被金融风险特别关注的中小银行也引发了系统重要性银行被接管。虽然危机发生后，监管当局都进行了一定的救助，但这些银行危机也深刻影响了金融监管的走向，也加深了市场对监管的不信任。

启示5：现有审慎监管工具仍存在缺陷，监管创新任重道远。从银行危机来看，一方面，现有银行监管框架降低了中小银行的合规成本。突出表现在中小银行压力测试缺失，使累计的风险水平不易察觉。但风险爆发后监管当局的兜底，破坏了市场纪律，形成道德风险，为下次危机埋下隐患。"短期的金融危机救助行动会以长期的金融系统不稳定性作为代价，因为金融机构没有为其过度的风险行为承担后果"（Bernanke，2013）；另一方面，现有大银行的审慎监管要求仍存在缺陷。如现有压力测试没有考虑风险传染渠道，重要的流动性覆盖率指标仅考虑压力时期持续超过1个月的大量资金外流，仍低估了市场的恐慌程度和资金外流速度。

三、我国银行理财监管分析

（一）我国银行理财产品的发展演进

我国银行理财产品发展至今，先后经历了以下四个阶段。

第一阶段（2000—2004年）：萌芽阶段。2000年人民银行出台关于外币利率管理体制政策，标志着我国开始步入外汇理财产品领域。各大银行开始进入理财市场。但由于理财产品刚进入市场，初期发展速度较慢、市场规模较小。

第二阶段（2004—2008年）：发展阶段。随着我国经济快速发展，相关理财产品激励政策陆续出台。2004年正式批准国内商业银行可开展人民币理财业务，使人民币理财市场进入高速发展阶段。且随着投资者需求和认知的不断变化，银行理财产品种类不断丰富，从债券、股票、基金类产品逐步扩展到与利率、黄金挂钩的理财产品及信贷类理财产品，银行理财产品得到快速发展。

第三阶段（2009—2013年）：风险扩大阶段。2009年开始，商业银行开始实施银信合作模式，给银行信贷资产带来"出表"机会，一些银行利用银信合作模式规避政府监管，大幅提升信贷规模。信托机构与商业银行通过信托计划的构建将权益类和固定收益类资产转变为银行理财产品，理财产品风险不断增大。

第四阶段（2013 年至今）：转型阶段。由于银信合作模式带来巨大风险，导致国内理财产品纷纷转向资产管理领域，商业银行纷纷设立理财公司。2013 年 10 月，银监会准许国内 11 家银行开始实施"理财管理计划"和"理财直接融资工具"试点工作。这两项试点本质为理财产品，但隶属定期开放净值型，风险大幅降低，有效维护投资者利益，也为我国理财产品转向"净值化"奠定方向。

（二）我国银行理财产品的监管演进

第一阶段（1996—2004 年）：市场发育不完善、监管缺失阶段。我国商业银行最早的"理财"业务于 1996 年由中信银行在广州设立的私人理财中心开始，仅作为投资顾问服务极少数客户，此后，随着我国外币贷款和大额外币存款利率放开，中信银行又于 2000 年率先推出国内首只对公理财产品；2004 年光大银行发行国内首个人理财产品。从全国来看，这一时期全国性银行对理财业务的开展仅局限在广州、上海等地，且处于探索阶段，产品以保本、稳收益为卖点，为后续投资者的刚性兑付埋下隐患。此时，由于理财产品处于发展初期，相关概念并无明确定义，且全国总体业务量少，因此缺少配套制度加以约束。

第二阶段（2005—2017 年）：银行理财业务监管从无到有的创新阶段。由于前期监管缺少，且理财业务在创新中暴露出一些问题。2005 年，银监会颁布《商业银行个人理财业务管理暂行办法》和《商业银行个人理财业务风险管理指引》，首次对"个人理财业务"进行了官方定义和分类，也对商业银行管理体系建设和风控提出了要求；自 2006 年银行与信托公司"银信合作"开始发展，为了进一步规范银信合作业务，银监会又颁布了《银行与信托公司业务合作指引》；此后，随着我国 2009 年出台四万亿元经济刺激计划，理财产品规模日益扩张的同时，也产生了一系列问题，且自 2012 年起，借助券商资管、基金子公司等渠道的业务合作，银行理财产品多层嵌套、资金池、期限错配等问题不断暴露。为此，2014 年，银监会出台了《关于完善银行理财业务组织管理体系有关事项的通知》，要求银行建立理财业务事业部，希望从管理结构上推动理财行业良性发展。

第三阶段（2018 年至今）：着力完善现代金融监管框架阶段。随着金融行业改革的不断推进及市场竞争的日益加剧，我国商业银行开始应用区块链、互联网等技术开展多样化理财产品。种类繁多的银行理财业务也促使金融业面临更高的系统性风险。同时，银行在发展过程中通过融合嵌套诸如证券、信托等业务，使衍生产品资金链和资金面更长、更为广泛，且存在交易不透明和期限错配等现象，当某机构存在违约风险时，容易出现挤兑现象。银行在发展理财业务过程中，利用不同标准进行嵌套投资，导致竞争的公平性难以得到保障。各参与主体在发生兑付危机后，并未选择积极主动地解决问题，而是相互推诿，显然不利于健康发展金融市场。2017 年，银监会启动"三三四十"专项整治行动，并于 2018 年出台资管新规，即《关于规范金融机构资产管理业务的指导意见》，针对银行理财业务和资管业务创建统一标准，规定了理财业务、资管产品的具体操作规范、要求净值化管理，去刚兑，做到三单管理，不允许错配期限，针对各类产品风险等级确定相应负债杠杆等，大资管行业进入新老划断的过渡期。此后，商业银行加速成立理财公司的同时，老产品整改、净值化转型成为这一时期的代名词。通过 3 年的过渡期，理财业务监管制度逐步建立起涵盖净资本、流动性、产品销售、估值核算及内部控制等多方面规则体系，为理财行业发展提供了制度保障。

2022 年作为资管新规过渡期结束后的开局之年，银行所发理财产品逐步淡出历史舞台，理财公司开始全面净值化管理，继续续写理财业务新纪元，监管机制持续完善，已构建起基本健全的监管框架体系。以资管新规为中心，出台了《商业银行理财业务监督管理办法》《理财公司理财产品流动性风险管理办法》及《资产管理产品相关会计处理规定》等一系列理财业务相关监管制度，对理财产品形态及内核进行重塑，现金类理财产品及产品估值方法等得以全方位调整。同时，针对理财公司，出台了包括《商业银行理财子公司管理办法》《商业银行理财子公司净资本管理办法（试行）》及《理财公司内部控制管理办法》等。理财业务监管体系的核心制度框架如图 1 所示。

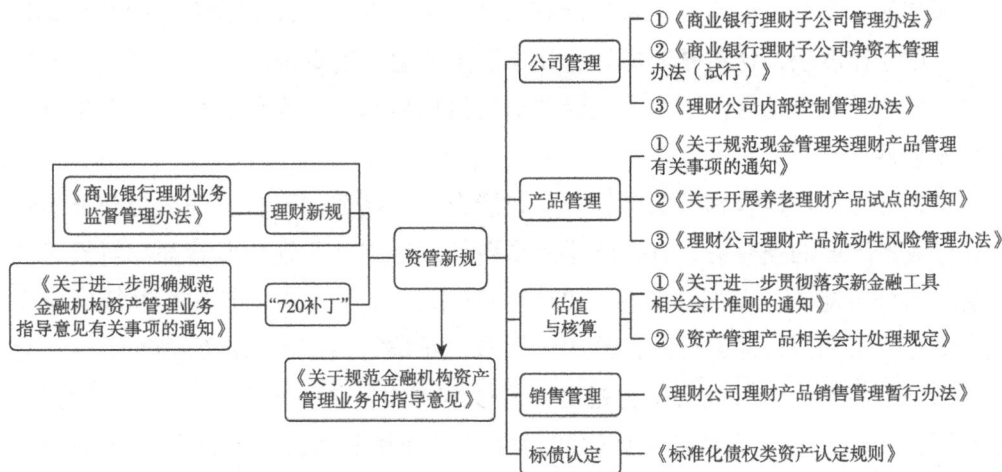

图1　理财业务监管体系的核心制度框架

（三）我国银行理财挤兑及监管应对分析

我国金融市场发展过程中，也伴随着风险的发生。银行作为金融体系的重要组成部分，更需要相对严格的监管、及时的风险处理与应对机制。在我国虽然没有法律明文规定，但政府一直对银行存款进行隐性担保，尽力避免银行破产造成储户存款无法兑现的现象。中国人民银行作为中央银行，一直履行着"最后贷款人"的角色，同时，2015年我国《存款保险条例》的正式出台，最高偿付限额为50万元人民币，也使存款保险制度可以作为应对银行挤兑危机的重要解决方案。

除了人民银行的"最后贷款人"职能和存款保险制度的建立外，我国政府往往对银行具有隐性担保，避免银行挤兑问题的产生。比如，2014年3月，江苏射阳农村商业银行储户挤兑事件。受射阳县几家信用合作社和贷款担保公司突然倒闭等事件影响，储户担心与之有业务关联的射阳农村商业银行也会倒闭，故纷纷取款，造成后者被疯狂挤兑。为平息储户恐慌，政府发表声明，人民银行和农商银行将确保不会出现对储户存款违约，确保储户存款的安全。

四、提高我国银行理财监管的政策建议

一是明确地方政府在金融应急管理中的主体责任。根据我国《突发事件应对法》和《国家金融突发事件应急预案》，在应对突发事件时，应建立统一领导、综合协调、分类管理、分级负责、属地管理的应急管理体系。应明确地方政府处置辖区金融突发事件的主体责任，承担辖区内金融机构的风险处置职责，并应对上级相关政府部门的应急工作给予积极配合。当前，金融业跨行业融合创新的趋势不断凸显，银行、证券、保险等行业的融合逐渐深化，准金融机构和类金融机构业务创新速度快，这些领域成为近几年发生金融突发事件的"重灾区"。因此，亟须由地方政府与辖区内中央金融管理部门派出机构协力合作，共同应对银行挤兑突发事件。

二是强化银行监管部门的监管力度和能力。近期美国银行业动荡也凸显了针对银行业各维度的强有力、有效监管的重要性。首先，要强化监管部门对银行业务模式的分析能力，及时识别银行的薄弱环节，对出现异常苗头的银行早期干预，快速采取和执行监管行动；其次，要强化对银行治理、风险管理有效性、合理性的评估能力，确保银行安全稳健。持续监测银行体系的外生和结构性变化，不断调整监管方式，特别是对规模快速增长或采用新型商业模式的银行加强监测，丰富监管工具箱，确保监管部门有适当数量和质量的资源，并保持有效、及时的跨境监管合作，应对国际银行监管问题。

三是加强跨部门协调联动，合力处置金融突发事件。集中取款事件多因谣言而起，一旦发生银行挤兑等金融突发事件，地方政府要迅速启用应急预案，综合评估风险形势，协调相关部门按照各自职责和分工，密切配合，共同处置金融突

发事件。快速调动相关非金融业务部门力量，及时采取稳控措施。金融管理部门联合行动开展应急监测，制订处置方案，共同应对跨部门、跨行业、跨机构金融突发事件，确保发生挤兑事件的银行有充足的现金流，协助做好储户存款兑付工作。

四是推进金融风险监测预警机制建设。银行挤兑等金融突发事件应急管理流程包括事前防范、事中处置和事后恢复，每一环节都不可或缺。现代应急管理理论强调事前防范是关键环节，因为一旦进入到事中处置和事后恢复阶段，则意味着事前防范已失效、区域金融突发事件已造成影响和损失，应急处置只是尽快地止损和将影响尽可能降到最低。而金融活动因其业务特殊性，扩散效应较强，一旦突发银行挤兑事件，其影响极易通过金融机构、金融市场以及媒体等迅速扩大，事中处置和事后恢复成本都比较高。如果能及时识别金融风险，控制事件发展演变，将金融突发事件及时化解，既可以避免事态扩大，提升应急管理效果，又可降低应急管理的工作成本。因此，区域金融突发事件的应急管理工作应重点加强金融风险监测预警，建立功能强大的金融风险监测预警系统，及时识别金融风险，对达到警戒线的监测指标及时提示预警风险，尽早采取有效措施，及时处置金融风险，防范突发事件形成和升级。金融机构发生集中取款事件时，地方政府应高度重视、快速反应，综合研判，并立即启动《金融机构突发事件应急预案》，督促当地人民银行分支机构、地方政府相关部门、事发金融机构采取应急措施。

五是加强对新兴风险（Emerging Risk）的研究和分析。新兴风险是风险监测雷达的"盲点"，其潜在危害和损失尚未被充分认知。金融行业的风险管理框架和管理模式几十年来经过多次迭代，形成了以信用风险、市场风险、流动性风险、操作风险、法律合规风险等各类专业风险管理为主的全面风险管理模式，但是依然不能避免风险事件的发生，一个重要原因就是总会出现未被充分认知和定价的风险因素。尤其是数字时代银行挤兑的行为特征发生了显著变化，例如，信息传播速度加快更容易引发羊群效应并迅速导致挤兑发生。在理财"赎回潮"中，"净值下跌—客户赎回"的循环冲击、客户行为模式的超预期也都是新兴风险因素的外在表现，应当充分重视并加强研究。

国际数字经济监管政策比较及
对中国的启示①

在全球范围内，数字经济的高速发展为各国监管者带来新的挑战。在数字经济发展初期，欧美主要经济体多主张自由放任，鼓励企业自我监管，监管机构以尽量减少不必要的干预为原则。然而随着数据安全、有害或非法内容传播、超大规模企业以及生成式人工智能潜在威胁等诸多监管难题的日益凸显，更新和完善数字经济监管变得日益紧迫，干预主义理论学派对监管政策选择的影响日益显著。

在此背景下，欧盟和美国在改革数字经济监管过程中选择了截然不同的监管路径。欧盟从以事后监管为主转向事前监管，旨在从根本上解决数据安全和市场集中等问题。而美国则仍主要依靠传统竞争法的监管框架，以反垄断执法作为规范和维护数字经济市场秩序的主要手段，多为事后监管。在权利界定方面，两个经济体也选择了不同的立场。欧盟将数据所有权更多赋予个人，并要求企业和开发者承担更多法律义务。美国给予了互联网企业更多数据处置权，监管机构虽然有限制企业规模，做更多结构性干预的倾向，但在实际操作中受到法律和制度约束较强，事实上仍主要依赖企业和行业的自我监管。

近年来我国数字经济飞速发展，在部分领域已跻身国际领先行列。然而，总的来看，我国数字经济的治理水平相对滞后于数字经济自身的发展。政府对数字经济监管缺少系统性、科学性的方法，干预手段仍以行政指令为主，且运动式干预数见不鲜，监管缺失、过度监管或监管不当的情况也时有出现。

本文在总结和比较国际经验的基础上，结合我国数字经济监管面临的难题，旨在提出具有可行性的政策建议，为我国数字经济监管水平的提升建言献策。

---

① 本篇执笔：中欧陆家嘴国际金融研究院研究员裴菊博士。

一、概述

从 20 世纪 90 年代开始，数字信息技术快速发展并全面重塑社会生产生活的方方面面。当前数字经济已经超出单一经济部门的范畴，并演变为一种经济形态，代表着未来社会经济生活发展的方向。在世界任何一个国家，数字技术带来的创新和高速发展都已经走在既有法律法规演变的前面，甚至可以说超出了大多数监管者知识体系范围。正因为如此，各国政府特别是数字技术发展较快的国家和地区的监管者都感到了更新立法和管制政策的紧迫性。

数字经济管制关系到国民经济的各个部门，对数字经济的监管路径选择将在很大程度上影响国民经济整体结构和质量。当前国际社会在数字经济领域的竞争日趋激烈，政府这只"看得见的手"发挥着越来越重要的作用。中国数字经济发展已经跻身国际第一梯队，进一步推动创新和发展需要更科学的决策，更理性的战略和政策规划，助力市场这只"看不见的手"，最终驱动国民经济实现结构转型和高质量发展。

我国已将发展数字经济上升为国家战略。《"十四五"数字经济发展规划》中提到："数字经济是数字时代国家综合实力的重要体现，是构建现代化经济体系的重要引擎。"依托顶层战略推动，超大市场优势和企业创新，我国数字经济近年来得到飞速发展。据统计，2022 年我国数字经济规模达到 50.2 万亿元人民币，占 GDP 的比重为 41.5%，同比名义增速 10.3%。[①]数字经济已经成为中国经济增长名副其实的主力引擎之一。

然而，数字经济的发展对我国政府治理水平提出了更高的要求，诸多新的监管难题，如数据安全、不实或非法内容传播、超大企业规模、新业态与系统性经济金融风险防范等监管难题层出不穷。应当看到，我国目前数字经济的治理水平落后于数字经济自身的发展水平，对数字经济治理缺少系统性、科学性的制度框架，干预手段多依靠行政指令，且运动式干预数见不鲜，监管缺失、过度监管或监管不当的情况时有出现。

在此背景下，本文研究总结和比较国际经验，并结合当前我国数字经济监管面临的困境，旨在为建立更为系统化、科学化的数字经济监管体系提出政策建议。本文第二部分从数字经济的定义出发，简要介绍了全球数字经济监管概况。第三部分梳理并比较欧盟和美国数字经济监管体系的搭建，以及两个经济体近年来的实践经验和政策趋势。第四部分介绍中国数字经济监管现状，并归纳出当前

---

① 资料来源于中国信息通信研究院的《中国数字经济发展报告（2023 年）》，2023 年 5 月。

监管者面临的几个两难问题。报告的最后提出相应的政策建议。

二、数字经济监管概况

（一）数字经济的概念和范畴

数字经济发展起步于 20 世纪 90 年代。对于数字经济的定义，国际范围内目前尚缺乏统一的标准。传统上，各国官方经济统计中主要围绕着产出品来划分经济部门，由此划分的数字经济部门专指信息通信技术产业（ICT）部门。ICT 部门通常又划分为信息通信制造业和信息通信服务业两大部门。

然而，随着数字技术的发展，数字经济的价值创造更多体现在对传统行业的数字化改造和新行业创新方面。如果将 ICT 等同于数字经济部门，将会大大低估数字经济的规模和实际影响力。目前，各类商品的生产和交付方式几乎都在受到数字技术的改变和重新塑造，几乎所有的经济部门都在使用数字技术，并经历着数字化升级蜕变。由数字技术和数据资源为传统产业带来的产出增加和效率提升的部分被视为产业数字化。本文关注广义的数字经济，涵盖 ICT 数字产业和产业数字化两大部分。

基于广义数字经济的定义，数字经济监管体系的发展涉及国民经济各个部门，更多是对传统监管制度框架的重塑，既包括对现行法律的修改，也包括新的立法，还有管制原则和工具的更新及迭代。从经济学的视角出发，本文讨论的重点将围绕政策干预对数字经济市场主体产生的激励和约束这一问题展开。

（二）全球数字经济监管发展概况

根据数字政策警报数据库（Digital Policy Alert, DPA）[①] 的历年数据，全球主要经济体对数字经济部门的管制立法从 2020 年开始进入快车道。截至 2022 年底，G20 国家和欧盟所有成员国共推出了 1731 项法律或行动规划，其中 55% 已进入实施阶段，其余 41% 在立法和政策工具输出的管道中。国家层面对数字经济的干预呈现越来越密集的趋势。例如，2020 年第一季度，G20 国家加上欧盟成员国和瑞士，共推出了 71 项新的数字经济领域国家级法规，到 2022 年第一季度，迅速增加到 217 项。

根据欧洲经济政策研究中心（CEPR）[②] 的研究，2020 年 1 月 1 日以来的两年

---

① DPA 自 2020 年 1 月 1 日起，开始追踪并提供有关 G20 国家、欧盟成员国和瑞士的立法、司法、行政机构在数字经济相关政策的动态，参见 https：//digitalpolicyalert.org/activity－tracker？offset＝0&limit＝10&period＝2020－01－01，2023－09－21。

② 全称 Center for Economic Policy Research，是欧洲一家知名的独立、非营利性研究机构，位于伦敦，旨在通过提供政策相关研究，改进政策决策的质量。

间，G20 国家加上欧盟成员国以及瑞士共有 1000 项具有约束效应的数字经济政策和管制变化，其中包括 400 项软约束法律（soft law，如指导文件和建议）和 250 项强制性法案。到了 2021 年，几乎每天都至少有一项数字领域相关的管制政策、指导意见或执行法案出台。法案出台最活跃的经济体为美国和欧盟。中国的立法活跃程度紧随其后，是金砖国家中推出立法数量最多的国家。

在各国推进的立法或管制政策中，最核心的包括四个方面的内容：（1）数字治理（包括数据安全和隐私保护）；（2）在线内容审核；（3）反垄断和竞争法的执法；（4）税收。而在这四个领域中，单就立法数量上看，数字治理又是在各国中最受关注的，每三个新法案中就有一项与数字治理相关。具体到每个国家，侧重点会略有不同，例如，欧美国家对于不实信息和有害言论的重视要高于其他国家，巴西和印度在数字税收方面的关注相对较高。[①]

三、国际数字经济监管实践和趋势比较

（一）欧盟数字经济监管实践

欧盟的数字经济管制以竞争法为基础，最早的针对数字经济的里程碑式立法为 2000 年开始生效的《电子商务法令》（E - commerce Directive），用于规范电子商务领域的活动和法律责任。但该法令在欧盟的约束力并不是很强，虽然在各成员国强制执行，但具体的实施形式和方法由各成员国自行决定。法令对在线平台的法律责任也做了较为宽松的界定，例如，对于平台上面第三方发布的内容仅承担有限责任，除非被监管机构明确告知某些内容非法或有害，否则公司无须删除，并且不承担禁止传输或对内容进行监控的责任。这一时期监管者的主要立场还在于促进在线平台的发展，免除其不必要的法律压力和限制。[②]

从 2014 年开始，欧盟意识到既有的竞争法体系已经无法满足数字经济发展的需要，欧盟委员会开始致力于分步骤建立、健全针对数字经济的监管法规体系。从 2014 年至今，从总体监管原则和路径选择来看，大体可以分为以下两个阶段。

第一个阶段：2014 年到 2019 年期间，以数据安全为监管重心，以反垄断介入等事后监管为主要干预手段。

从全球范围看，欧盟是最早开始关注数据保护的经济体，也是目前对数据安全和个人隐私保护最为严格的地区。早在 1995 年，欧盟就推出了针对个人数据的《数据保护指令》（Data Protection Directive）。2016 年 4 月颁布的《通用数据保护

① Evenett, Simon J and Johannes Fritz. Emergent Digital Fragmentation—The Perils of Unilateralism [M]. London：CEPR PRESS, 2022.

② 资料来源于 European Parliament, Regulation of the Digital Sector, EU - US Explainer, July 2021。

规则》（*General Data Protection Regulation*，GDPR）取代《数据保护指令》，成为欧盟对数据保护和数据出口的统一规范。GDPR 于 2018 年 5 月正式生效执行，适用于位于欧盟境内以及位于欧盟之外但向欧盟境内提供产品和服务的所有企业和组织，保护范围覆盖个人所能产生出的任何数据，包括电话号码、地址、车牌等个人身份相关，指纹、照片、面部识别等生物特征相关，以及 Cookie、IP、设备 ID、社群网站活动记录等电子足迹相关的所有数据。

GDPR 对欧盟境内的企业和组织产生了重要影响，提高了企业和个人的数据保护意识，极大推动了数据保护体系的改善。GDPR 所明确的权利和义务以及数据保护的基本原则，成为其他国家制定数据保护法规的重要参考，推动了全球范围内数据保护立法和实践。迄今为止，已有许多国家采纳或模仿 GDPR 的监管系统和思路，中国是其中之一。

在没有进一步完善竞争法体系以应对数字经济的监管挑战之前，欧盟委员会主要通过反垄断执法来限制和规范企业行为。欧盟针对数字经济的反垄断执法具有多重目标，特别是针对美国科技巨头，除了维护欧盟统一市场竞争原则，还有保护欧盟自身数字企业发展，增强欧盟数字经济竞争力的目的。

作为一个标志性的事件，2017 年欧盟委员会向脸书开出罚单，原因是脸书在 2014 年收购 WhatsApp 时提供了误导性信息。这一事件事实上标志着欧盟针对数字经济监管的态度发生了转变。2012 年和 2014 年，脸书收购 Instagram 和 WhatsApp 在美国和欧盟都获得了批准，当时欧盟仍然秉持相对自由放任的竞争政策。但随着美国科技巨头发展为富可敌国的企业实体，以及对欧盟企业创新和成长的威胁日益增大，欧盟开始采取更加强硬和主动的介入，针对美国科技巨头采取了一系列事后监管行动。影响较大的监管行动包括：2017 年，谷歌因在购物搜索结果呈现中优待其自身的购物服务，被裁定为滥用市场支配地位；2018 年，谷歌因其和智能手机生产商的协议中有优待谷歌服务、Chrome 浏览器等行为而再次被罚。然而，从结果来看，反垄断调查和惩罚这一类的事后监管并没有从根本上解决平台经济的集中问题。因此，欧盟开始进一步完善事前监管的法律体系。

第二个阶段：从 2019 年开始，欧盟逐步建立起针对数字经济的事前监管体系。

这一阶段以《数字市场法案》（*Digital Market Act*，DMA）和《数字服务法案》（*Digital Service Act*，DSA）的推出为标志。总的来说，这一时期欧盟的监管原则发生了很大变化，突出表现为三点：（1）要求数字平台企业承担更多的法律责任和义务；（2）赋予个人更多权利，并对个人设置了更多保护机制；（3）监管者权力扩张，被授予了更多干预的权力。

DSA 旨在限制有害或非法内容的传播，包括仇恨言论、错误和虚假信息或恐怖主义信息。它要求在线平台更加透明地管理内容或使用广告算法。此外，数字服务法将根据数字平台的规模和影响力，实施"按比例"监管原则，即平台越大，适用的法律义务和受到的监督就越多。

DMA 则旨在限制大型在线零售商或"门卫"（gatekeeper）平台的反竞争行为，保护新公司进入数字市场的机会。DMA 根据企业财务营业额、活跃终端用户和用户数量以及在欧盟内部市场的覆盖范围，对互联网平台或企业进行分类，针对不同类型的监管对象设置相应的责任、义务和惩罚措施。企业承担的义务包括应避免"锁定效应"和自我优先行为，确保即时消息服务具有互操作性，避免将自家产品排名高于其他人的产品等。DMA 意在从源头解决数字经济市场集中的问题，维护公平和有效的竞争秩序。

DSA 和 DMA 将提供事前的监管框架和监管环境，直接对被认为有害的行为进行禁止。两项法案生效后，非常大型在线平台（Very Large Online Platforms, VLOPs）[①] 和门户网站（Gate Keepers）[②] 将面临更为严格监管规则和压力。

此后，欧盟监管原则的转变延续并覆盖至生成式人工智能技术的应用。2022 年底，OpenAI 的 ChatGPT 证明了生成式人工智能技术的跨越和强大，极大刺激了该项技术的商业推广和应用。然而，人们对该项技术潜在的威胁也表现出了强烈的担忧。2023 年 5 月，来自世界头部科技公司的人工智能领域的科学家集体签署联合声明，认为"降低因人工智能技术导致人类灭绝的风险应该成为全球的重要优先事项，与其他诸如流行病毒、核战争同等重要"。[③]

对此，欧盟委员会着手起草严厉措施，延续此前的监管原则，将技术安全的责任更多交给了原始开发企业，更确切地说，模型的原始创造者要为模型的安全性负责，也就是说，即使另一个公司获得授权使用这一模型，一旦违反法律，仍由原始模型创造者负责。2024 年 5 月 21 日，欧盟理事会正式批准了《人工智能法案》。欧盟希望在 AI 立法方面走在世界前列，类似 GDPR 一样，为世界范围的 AI 监管设立模板或可模仿的标准和框架（见表1）。

①　使用者覆盖"超过欧盟 4.5 亿消费者的 10%"，并且可以带来特定风险，如可能导致虚假新闻或非法内容的大范围传播的平台。

②　即连续三年在欧盟市场年收入超过 75 亿欧元，或者市场价值超过 750 亿欧元，并且月消费端用户超过 4500 万，或者欧盟的企业用户超过 1 万，被定义为门户网站的平台还必须在至少 3 个欧盟成员国控制一项或更多项的平台服务，如在线交易市场、App Store、搜索引擎等。

③　资料来源于 FT, The Global Race to Set the Rules for AI, https：//www.ft.com/content/59b9ef36 – 771f – 4f91 – 89d1 – ef89f4a2ec4e。

表 1　　　　　　　　　　　　　　欧盟数字经济监管法规的完善

法案/条例	提出/（拟）颁布/执行时间	主要监管目标
电子商务法令 E – commerce Directive	2000 年开始执行	主要内容包括在线平台对在其上面发布的内容承担有限责任，意味着除非被明确告知某些内容具有非法或有害性质，否则公司无须删除内容，并且不承担禁止传输或对内容进行监视的任何义务。目的是帮助在线平台发展，免除其受到不必要的法律压力和限制
通用数据保护条例 General Data Protection Regulation （以下简称 GDPR）	2018 年 5 月 25 日执行	加强个人数据保护和隐私权利，促进欧洲数字市场的统一和创新
数据治理法案 The Data Governance Act	2022 年 6 月 23 日执行	促进不同经济部门和成员国之间的数据共享，主要针对医疗、交通、环境、农业和公共行政领域的非个人数据
数据法案（立法倡议） The Data Act 2022	2022 年 2 月 23 日提出	B2B 数据获取和使用
电子隐私条例 ePrivacy Regulation（立法倡议）	最新一版倡议于 2018 年 7 月 10 日更新	旨在通过规范 Cookie、元数据和其他电子通信数据进一步保护用户隐私
数字服务法案 Digital Service Act（DSA）	2024 年 1 月执行	要求在线平台防止仇恨言论、恐怖主义等非法内容的共享和传播，为用户创造安全的在线环境
数字市场法案 Digital Markets Act（DMA）	2024 年执行	维护数字领域的公平竞争，拥有重大市场地位的公司需要与竞争对手共享数据，并且避免利用不公平优势地位妨碍竞争
人工智能法案 The Artificial Intelligence Act（AIA）	2024 年 5 月 21 日正式批准	划分并针对三类风险级别的 AI 进行管制
云服务计划 The EU Cloud Services Scheme（EUCS）	—	旨在统一欧盟内乃至国际云服务监管标准

资料来源：欧盟委员会。

（二）美国数字经济监管实践

美国数字经济监管起步实际上要早于欧盟，第一个标志性立法是 1996 年通过的《通讯规范法》第 230 条（Section 230 of the Communications Decency Act）。该法案主要用于规范网络内容和在线平台的法律责任，特别强调了免除互联网服务平台对第三方用户生成内容的法律责任，同时鼓励平台自我管理，本质上是要尽量避免干预。这一法案目前已经成为美国社交媒体和在线零售商的免责牌，避免了因有害或非法内容传播而受到惩罚。

近年来，尽管民主党和共和党都有改革第230条的意愿，然而，两党从各自政治立场出发，对改革的方向存在不同意见。例如，共和党很多人认为互联网平台的内容过多反映了政治偏见，压制了保守派观点。而民主党则认为在控制和移除有害信息方面监管部门做得不够，如关于新冠疫情和选举安全有害言论及错误信息。由于众多分歧的存在，美国国会和最高法院无法有效推进立法更新。其结果是，美国数字经济监管立法行动要远远慢于欧洲。为了应对数字经济的监管挑战，联邦机构不得不仍然依靠反垄断和消费者保护等传统竞争法框架下的干预手段。联邦立法推进缓慢，一些州政府选择率先行动，并试图以州法案影响联邦立法。例如，《加利福尼亚隐私权力法案》（*California Privacy Rights*）和《弗吉尼亚消费者数据保护法案》（*Virginia Consumer Data Protection Act*）都在2023年1月生效。[①]

尽管依托传统竞争法，但伴随着数字经济监管难题的出现，美国政府秉持的自由放任的监管原则发生了很大变化。长期以来，芝加哥学派在美国反垄断执法理论基础中占据主导地位。芝加哥学派以消费者福利作为衡量竞争和反竞争行为的核心标准。按照这一标准，美国反垄断机构在案件调查中，以价格变化作为核心测量和评估指标，并以尽量避免不必要的干预为主要原则。与芝加哥学派观点相对立，新布兰戴斯主义学派关注过程和结构，认为市场结构集中本身就是有害的，会鼓励反竞争行为，危害系统稳定性，造成"大而不能倒"的问题。为了维护竞争，该学派主张更多干预和接入，限制市场集中。

从不同学派立场出发会导致政策方面显著甚至极端的差异。按照芝加哥学派的观点，只要价格没有上升，市场集中是被包容的，对抗垄断主要依靠市场的动态机制。而新布兰戴斯主义学派奉行干预主义，主张引入结构性变化，包括拆分大型平台，解绑不同服务，甚至直接禁止某些平台运行或参与市场竞争等较为强硬的介入手段。[②]

特朗普执政时期，联邦政府连同14个州政府于2020年10月对谷歌发起诉讼，指责其为垄断搜索引擎业务采用了反竞争手段。这一事件显示联邦政府受到布兰戴斯学派的影响显著增强。2020年12月，联邦贸易委员会连同48个州对脸

---

① 资料来源于 European Parliament, Regulation of the Digital Sector, EU – US Explainer, July 2021。

② 资料来源于 Agbanrin, Hanna, Toshali Swngupta, and Fabian Siau, "The Importance of Adopting a Sector Specific Approach to Big Tech Reulation", Students Policy Brief, SciencesPO, https://www.sciencespo.fr/public/chaire – numerique/en/big – tech – and – COVID19/。

书收购 Instagram 和 WhatsApp 涉嫌限制竞争和消费者选择重新展开调查。拜登政府延续了针对科技巨头反垄断的压力，任命 Lina Khan（布兰戴斯学派代表人物）担任联邦贸易委员会主席。

然而，原则转变不等于原则落实，联邦贸易委员会的强硬转向受到美国科技巨头的强烈抵制，同时，受限于美国的法律制度体系，美国新的反垄断法改革仍然徘徊不前。

（三）欧盟和美国数字经济监管趋势的比较

我们从以下几个维度来比较欧盟和美国数字经济监管路径的差异。

在最受关注的数字治理领域，监管者需要平衡个人隐私保护和数据驱动的商业创新。在天平的两端，欧盟和美国各代表两种倾向。欧盟的天平更倾向于个人隐私保护，GDPR 授予个人更多数据处置权，并设置了企业默认需要遵守的数据搜集和隐私保护的限制条款。而美国的天平更倾向于商业利益和创新保护，并没有将数据控制权更多赋予个人，原则上也坚持尽量避免创造诸如非歧视性、隐私保护等企业需要履行的义务，增加企业的监管负担。

1. 内容审核

内容监管的核心是定义言论被允许的边界和规则实施，监管者需要平衡公民言论自由保护和限制不实、有害、违法信息传播并危害公共利益两个方面。欧盟主张在线内容平台负有内容审查的义务，诸如用户通知、补救措施，以及下架违规信息等都应当由互联网平台企业承担，为此，DSA 已经提供了一个较为全面系统的监管框架。美国 1996 年通过的《通讯规范法》第 230 条仍然赋予互联网平台对第三方发布内容免责的权利。虽然不实和非法信息传播对美国的政治、社会秩序已经构成了严重威胁，改革第 230 条的呼声越来越高，但言论自由在美国被视为至高宪法原则的前提下，这一状况短期内预期不会改变。

2. 竞争和反垄断管制

近年来，欧盟和美国针对数字经济反垄断执法均趋向主张强硬干预的新布兰戴斯学派。然而不同的是，欧盟已将事前干预转化为立法，搭建起了新的监管框架，但美国仍在沿用传统的竞争和反垄断法进行事后监管。

此外，两个经济体都将保护主义的目标夹带进了反垄断执法的目标当中。美国主要针对中国的科技公司的竞争挑战，而欧盟聚焦于美国的科技巨头。两大经济体数字领域单边国家行动盛行导致数字经济国际贸易壁垒日益增多。有调查显示，有三分之一的数字经济产品在国际贸易中面临市场准入的障碍，数字经济部门外国企业遭遇的歧视性待遇是一般性国际贸易的两倍（用新增歧视性措施和所

有改革措施数量的比值计算）。①

四、我国数字经济监管难题和国际经验启示

（一）中国数字经济监管现状

中国数字经济在过去十年经历了几何级增长。根据中国信息通信研究院的统计，2022 年中国数字经济规模达到 50.2 万亿元人民币，是世界第二大数字经济体。数字经济占 GDP 的比重，由 2012 年的 20.9% 上升至 41.5%。目前，中国已经拥有世界上最先进的数字基础设施，截至 2023 年 3 月，中国已建成 143 万个 5G 基站，拥有超过 5 亿 5G 用户。

数字经济发展已上升为中国国家发展战略。《"十四五"数字经济发展规划》明确了数字经济发展路线图。在数字经济监管方面，《"十四五"数字经济发展规划》重点强调加强网络安全和数据安全。相较于欧美国家的监管改革，我国数字经济监管体系的建立具有高速、高效和全面的特点。从 2021 年开始，多个维度密集推出数字经济监管立法，用短短不到三年时间迅速搭建起了相对较为完备的数字经济监管法规体系（见表 2）。目前，在一些领域，如未成年人网络安全立法、人工智能相关立法等方面，我国的立法已经走在世界前列。接下来为了便于和前文国际经验进行比较，我们从数据治理、内容审核以及反垄断执法三个维度来总结中国数字经济监管现状。

表 2 中国数字经济监管体系发展时间线

时间	监管法规、文件或事件	核心内容
2017 年 6 月	《网络安全法》	中国第一部管理网络安全的基本法律，主要监管对象为网络运营者，以及关键信息基础设施运营者
2021 年 2 月	《关于平台经济领域的反垄断指南》	主要针对大型平台公司经营者集中，利用数据、算法和其他技术手段，推行反竞争性协议，或者滥用市场支配地位损害消费者和商家利益的行为。依据该指南，2021 年对大型平台公司的执法行动数量明显上升
2021 年 6 月	《数据安全法》	为信息安全和数据隐私保护提供了新的法律框架，法案首次明确对"数据"进行了定义，并明确了数据处理活动的义务边界，并重点对于数据本地化、数据跨境传输和数据保护规则做了规定

① Evenett, J Simon and Johannes Fritz. Emergent Digital Fragmentation—The Perils of Unilateralism [M]. CEPR Press, 2022.

续表

时间	监管法规、文件或事件	核心内容
2021 年 10 月	全国人大常委会发布《反垄断法》（修正草案）	《反垄断法》2008 年发布生效以来的第一次重大修订
2021 年 11 月	《个人信息保护法》	该法案参照了欧盟 GDPR 的框架，建立了相对完整的个人信息处理活动和使用的体系框架，对个人信息权益进行了界定，禁止企业将个人数据转移至境外
2021 年 11 月	国家反垄断局成立	市场监管总局的反垄断部门升格为国家反垄断局，级别为副部级，标志着顺应数字经济发展趋势，反垄断在国家监管体系中地位的提升
2021 年 12 月	《互联网信息服务算法推荐管理规定》	对使用算法进行内容排序或推荐进行规范，规定算法备案、变更等程序
2022 年 1 月	国家互联网信息办公室发布新修订的《移动互联网应用程序信息服务管理规定》	强调了移动终端应用程序的数据隐私和安全管理问题
2022 年 6 月	新修订的《反垄断法》在全国人大常委会表决通过	新法将鼓励创新纳入立法目的，为公平竞争审查制度提供了法律依据，完善了包括行为界定、惩罚等反垄断制度规则
2023 年 1 月	《互联网信息服务深度合成管理规定》	针对使用人工智能深度合成技术提供互联网信息服务建立了监管机制，首次将"数字人"纳入监管范围，强调服务提供者主体负有技术使用的安全责任
2023 年 7 月	《网络暴力信息治理规定（征求意见稿）》	要求网络信息服务提供者履行信息内容管理主体责任，建立网络暴力信息治理机制，通过健全账号管理、信息审核、监测预报、举报救助等机制，强化网络暴力信息治理，营造良好网络生态
2023 年 8 月	《移动互联网未成年人模式建设指南（征求意见稿）》	旨在预防和干预未成年人网络沉迷问题，针对不同年龄段未成年人规定差异化使用时长，对未成年人模式下的服务内容做限定
2023 年 8 月	《生成式人工智能服务管理暂行办法》	要求生成式人工智能内容服务提供者，在涉及具有舆论属性或社会动员能力的服务时，应开展安全评估，并依法履行算法备案、变更、注销等程序
2023 年 10 月	《未成年人网络保护条例》发布，2024 年 1 月 1 日施行	要求大型网络平台承担未成年人网络保护义务，开展未成年人网络保护影响评估，提供未成年人模式或者设置未成年人专区等

资料来源：中国政府网，中国信息通信研究院，国家发展改革委。

1. 数据治理

2017 年颁布的《网络安全法》，连同 2021 年生效的《数据安全法》和《个人信息保护法》（PIPL），共同构成了我国数字治理的法律框架，较为全面覆盖了数据安全和数据隐私领域的治理问题。作为三项法律的延伸和补充，2022 年 1 月，《移动互联网应用程序信息服务管理规定》重新修订并发布，重点强调了手机等移动终端应用程序的数据安全和隐私保护问题。

中国数据治理监管在制度搭建上，一些原则和欧盟的《通用数据保护规则》（GDPR）相接近。例如，《个人信息保护法》（PIPL）和 GDPR 一样，都强调数据主体对数据的所有、处置和控制权，在使用个人数据前，使用者需获得数据主体的明确许可。但 PIPL 对于数据传输，特别是跨境传输方面，PIPL 更多兼顾国家安全需要，做了更为严格的限制。

2. 内容监管

内容监管始终是中国数字经济监管的核心。20 世纪 90 年代初，中国开始和国际互联网接轨，国务院颁布《计算机信息系统安全保护条例》，成为我国数字技术监管的奠基性法规，此后一系列针对国际联网的法规政策出台，其中很多规定沿用至今，其中的核心内容是通过联网管道的监管，实现内容监管的目标。[1]到 21 世纪初期，以《互联网信息服务管理办法》的出台为标志，我国基本上形成了较为完善的互联网内容监管机制。2010 年 9 月，针对数字技术应用领域的扩大，国家开始修订《互联网信息服务管理办法》，对互联网监管制度做出进一步的优化，除了以内容监管为核心，引入了诸如市场竞争、支付、税收、个人信息保护等更多元的监管议题。

2013 年爆发了斯诺登事件，网络安全引起国际社会的广泛关注。2014 年，我国成立中央网络安全和信息化领导小组，由中央层面直接负责网络安全，标志着网络安全正式成为国家安全战略的重要组成部分。围绕网络安全的立法进入"快车道"，先后出台《反恐怖主义法》《国家安全法》《网络安全法》等，网络数据安全屏障、关键基础设施保护体系、网络安全审查制度、跨境数据流动评估制度等相继建立和完善。[2]

随着数字经济的发展，内容监管挑战层出不穷。首先引起监管部门关注的是基于大数据的算法推荐内容可能造成非法或不良信息传播，依据消费者偏好和消费习惯，对消费者进行差别待遇的所谓"大数据杀熟"问题，损害消费者利益。更令人担忧的是针对未成年人的算法推荐可能诱导造成未成年人用户沉迷网络、

---

① 王融. 中国互联网监管二十年 [J]. 互联网前沿, 2017.
② 王融. 中国互联网监管二十年 [J]. 互联网前沿, 2017.

过度消费等问题。为此，2021 年底生效的《互联网信息服务算法推荐管理规定》，提出了针对算法推荐的监管体系，建立分级分类备案制度，旨在规范和引导算法推荐服务。针对未成年人保护问题，《移动互联网未成年人模式建设指南》于 2023 年 8 月开始向社会征集意见，征求意见稿提出了未成年人模式下的内容限定和使用时长限定。同一时期，针对非法内容传播的立法也在推进当中，2023 年 7 月，《网络暴力信息治理规定》开始向社会征集意见。

人工智能技术、大语言模型应用的快速发展是近期监管者面临的最大挑战。目前相关立法仍在研究和推进阶段。2023 年 8 月生效的《生成式人工智能服务管理暂行办法》，主要针对涉及社会舆论和公共安全的内容监管。

总的来看，我国内容监管的原则和立法趋势更接近欧盟，倾向于赋予监管部门更多的权力，并要求互联网公司承担更多对第三方内容的法律责任。

3. 竞争和反垄断执法

2021 年，监管部门针对大型互联网公司开展了一系列监管行动，旨在确保数字经济的有序发展，并保护消费者利益，维护社会稳定。针对互联网的监管行动肇始于 2020 年第四季度，阿里巴巴持股三分之一的金融科技巨头蚂蚁集团拟于 11 月在内地和香港上市，号称史上最大 IPO，引发监管部门的关注。2020 年 12 月，中央政治局会议明确提出"强化反垄断和防止资本无序扩张"。12 月 24 日，市场监管总局宣布对阿里巴巴涉嫌垄断行为立案调查，互联网监管风暴拉开帷幕。

2021 年 2 月，市场监管总局发布《国务院反垄断委员会关于平台经济领域的反垄断指南》，两个月后，市场监管总局指控阿里巴巴集团违反《反垄断法》，对其罚款 182.28 亿元人民币，创《反垄断法》颁布以来的最高罚款纪录。阿里巴巴被裁定为滥用其网络零售平台的市场支配地位，禁止或限制其入驻商家到其他平台开店，限制市场竞争，侵害了商家合法权益和消费者的利益。

同一时期，市场监管总局针对未依法申报经营者集中的问题，向包括百度、腾讯、滴滴出行、软银在内的十多家公司开出罚单[1]，对 27 家主要的互联网公司进行了约谈[2]，要求其进行反竞争行为自查。密集展开执法行动的同时，监管部门开始着手修订《反垄断法》，出台了《反垄断法》（修正草案）。

持续一年的监管行动给互联网行业造成了巨大压力，加之中美紧张局势造成外部营商环境变差等因素的影响，中国科技互联网公司市值出现大规模下降。据

---

[1] 详细信息参见国家反垄断局官网，http：//fldj. mofcom. gov. cn/。

[2] Lilian Zhang. A Timeline of China's 32 – month Big Tech Crackdown that Killed the World's Largest IPO and Wiped Out Trillions in Value［N］. South China Morning Post，2023 – 07 – 15.

统计，截至 2023 年 7 月，中国主要的科技互联网公司两年内市值缩水 1 万亿美元，相当于荷兰一年的 GDP 总量。[①]

一般认为，这一轮的监管风暴到 2023 年 7 月基本画上了句号。此前，2022 年 12 月的中央经济工作会议充分肯定了互联网平台在促进经济发展、创造就业和国际竞争中发挥的重要作用。蚂蚁集团上市风波是引发此轮监管风暴的开端，而监管风暴也以对蚂蚁集团 71 亿元的罚款（因违反消费者金融信息保护管理规定等）落幕。此后，互联网行业反垄断监管进入"常态化监管"阶段。作为后续，阿里巴巴分拆为六大业务集团独立运营。

中国针对互联网平台的"监管风暴"引起了国内外的广泛关注。监管部门迅速行动，旨在平衡经济发展和社会利益，降低因"大而不能倒"可能引发的金融风险，促进共同富裕，维护市场竞争，保护消费者权益。然而，回顾整个过程，运动式监管特征相对较为明显，过度追求高效率解决问题也易忽视对经济和社会成本的评估和考量。

从国际比较来看，我国的反垄断执法更接近新布兰戴斯学派，主张较强的结构性干预。不同的是，我国的监管部门拥有的权力更大，事实上可以达成的干预效果更强。

（二）我国数字经济监管面临的两难问题

1. 管控和激励问题

实行严格的内容管控，有助于维护政治稳定和互联网环境的相对安全。然而如何把控内容监管的边界，确保技术、应用和内容的创新不会因为内容监管而受到限制甚至抹杀，是内容监管面临的核心难题。

内容监管一定程度上成为中国数字经济发展的围城。客观来讲，对中国互联网科技企业的发展同时起到了保护和限制双重作用。一方面，谷歌、脸书等美国科技巨头退出中国市场，实际上给国内同领域企业留下了生存空间，事实上帮助国内互联网科技公司得以崛起并成长为具有国际竞争力的企业。从其他国家的经验来看，美国互联网科技巨头依靠技术、规模优势，经常在本土企业发展的初期就迅速"吃掉"或挤压掉它们的生存空间。包括像欧盟这样的发达经济体，为保护本土数字经济的发展，也在竭力遏制美国互联网巨头的扩张，但达成的效果往往十分有限。然而，另一方面，没有国际领先的竞争者参与，一定程度上造成我国企业在某些方面过多依仗国内市场规模，出现创新动力不足的问题，甚至在某

[①] Donny Kwok and Scott Murdoch. Beijing's Regulatory Crackdown Wipes $1.1 trillion off Chinese Big Tech ［R］. REUTERS, 2021.

些领域不断拉大了和国际先进企业的差距。

此外，如果让企业过多承担内容监管责任，将增加企业的成本，对商业创新形成束缚。相反，放松企业监管责任，内容监管的目标则无法落实。总之，我国监管部门面临内容审查和创新激励之间的两难选择。

2. 个人隐私和国家安全问题

这一问题是各国监管者面临的共同难题。在大数据时代，个人信息通过数字足迹被搜集、处置和利用。对于个人来说，隐私很容易受到侵犯。个人数据构成的大数据对于企业来说是重要的商业资源，可以用于训练模型，提升商品和服务的质量，开发新的商业创新。监管部门需要在保护个人隐私权和促进商业创新之间做权衡。如何界定数据权利归属成为其中的核心问题。过多将数据权利赋予个人，将极大增加企业的数据使用成本，如将该权利赋予企业，个人隐私和信息安全又很难得到有效保障。

个人信息对于国家安全部门维护社会稳定、反恐、调查犯罪等也具有很高的价值。例如，人脸识别信息、DNA 数据库的使用就大大降低了很多案件的侦破难度，然而也会导致个人隐私安全受到威胁，同样是监管者需要权衡的难题。

3. 垄断和国际竞争力问题

同欧盟和美国面临的问题一样，互联网企业规模的快速扩张令我国的监管者感到担忧。为了防范"大而不能倒"带来的系统性风险，将互联网扩张限制在可控的范围，我国开展了针对互联网行业的监管风暴。然而，中国的很多数字经济企业在国际市场上取得了显著的地位，已经成为中国国际竞争力的重要代表，也是引领中国经济创新的领军力量。监管部门因而面临这样的矛盾：既要鼓励创新，支持中国企业获得国际竞争力，又要约束互联网企业规模的扩张。这其中还夹杂着另一层的矛盾：既要中国互联网企业符合中国内容和数据安全监管的标准，同时这些企业还要满足国际社会监管和贸易标准的要求。这种情况下，中国监管者需要面临如何协调中国监管目标和国际监管标准之间的差异的难题。

（三）关于解决我国数字经济监管难题的政策建议

基于前文对于欧盟和美国数字经济监管实践的梳理和比较分析，我们从中总结出一些有助于破解我国数字经济监管难题的经验和做法，并提出在我国制度环境下具有可行性的政策建议。

1. 关于数据安全和个人隐私保护

我国的数据安全和个人信息保护是参照欧盟的 GDPR 的基本框架，赋予个人数据主体的权利，规定个人具有访问、纠正和数据删除等权利。但在执行层面，个人维护权利面临挑战，且对于违规行为处罚力度低，从实际效果看，个人数据安全和隐私没有得到切实的保护。而与此同时，法律原则上，企业处理和使用数据的权利受到限制，又不利于提高数据利用效率和创新水平。

针对这种情况，有必要参照 GDPR 的细则，进一步明确数据主体以及企业的权利和责任，并且明确行使权利的程序工具，确保个人可以依法行使权利并可以对违规行为发起诉讼。同时，应加大对违规行为的惩罚力度，加大数据安全法规的震慑和约束力度。

目前，多头监管的局面也不利于数据安全法规的实施和落实，应增强国家数据局的监管权力和职能，集中权力监督数据隐私法规的执行，从而提高对个人数据和隐私保护的程度。集中监管权力也有利于开展政策评估，追踪了解监管措施对于市场主体创新的影响，并致力于持续优化监管措施和监管工具。

2. 关于反垄断和国际竞争力

近年来我国监管部门针对数字经济反垄断问题行动积极，在展开监管行动的同时，迅速修改《反垄断法》，建立新的监管框架。然而在这个过程中，过强的行政性干预，运动式干预特征明显，造成了不必要的经济损失和代价，挫伤了我国互联网企业的国际竞争力。

这方面欧盟和美国有丰富的反垄断实践经验值得我们借鉴。例如，增强政策的透明度，强调经济学理论和科学评估方法在反垄断执法中的作用，提高反垄断监管的系统性和科学性。注意维护政策的稳定性，杜绝运动式执法，并在事前、事中和事后，持续监测，审慎评估政府干预造成的影响。

3. 关于监管目标和标准的跨境协调

目前各国针对数字经济的监管体系都在建立和发展当中。如我们前文所总结的，欧盟和美国在诸多方面选取了不同的监管路径。中国作为国际社会数字经济发展的引领者之一，应致力于通过多边沟通和协商，推动数据跨境流动、新的贸易标准、国际化监管标准的制定；通过搭建新的合作框架，协同国际社会共同解决安全和开放问题，降低国际贸易中因安全标准和监管体系不同而造成的壁垒和摩擦。

4. 关于监管部门的能力建设

通过改革培训和人才招聘制度，增强监管部门执法者对数字经济相关专业知识的学习，提高监管者对数字经济了解的专业度，以提供更专业的监管服务。

加强监管部门和实体数字经济部门的沟通，通过建立常态化的政策征询会、专题讨论会等方式，确保监管改革和演进能够快速适应数字经济的发展变化。

上海打造金融风险管理中心的
内涵、目标、路径和举措研究[①]

当前，上海金融市场的格局日益完善，金融中心的核心功能不断增强，人民币金融资产定价、支付清算、风险管理等功能不断提升，沪港通、沪伦通、互换通、债券通等金融市场互联互通的产品相继上市；金融机构体系日益健全，一批重要的中外资金融机构落沪，示范带动作用明显，上海国际金融中心建设目前已进入升级版。上海国际金融中心的全面进阶发展，需要更深层次的改革创新与更高水平的金融开放，而金融开放与创新往往蕴含着潜在风险，为有效防范化解金融风险，有必要构建与金融开放创新相适应的金融风险管理体系；与此同时，实体经济高质量发展内在要求金融体系高水平的功能发挥，而风险管理则是链接金融与实体的一项重要功能。

《上海国际金融中心建设"十四五"规划》要求，"到 2025 年，上海国际金融中心能级显著提升，人民币金融资产配置和风险管理中心地位更加巩固"。该目标的设定，进一步明确了风险管理中心与金融中心建设之间的相互依存关系，即上海金融风险管理中心建设的水平将构成支撑上海国际金融中心迈向更高能级的底座。因此，厘清打造上海金融风险管理中心的内涵、目标，并通过有效的路径举措突破上海金融风险管理中心建设的瓶颈，对上海国际金融中心"升级版"建设意义重大。

一、上海打造金融风险管理中心的背景条件

上海国际金融中心建设已经取得重大进展，基本建成了与我国经济实力以及人民币国际地位相适应的国际金融中心。同时，上海积极推进金融风险管理中心

---

① 本篇执笔：中欧陆家嘴国际金融研究院副院长、研究员刘功润博士，中欧陆家嘴国际金融研究院研究员孙丹博士、田伟杰博士。本文系 2023 年度上海市人民政府决策咨询研究重大课题成果（2023 - A - 13）。

建设方面的探索，特别是在《上海国际金融中心建设行动计划（2018—2020年）》明确提出建设金融风险管理与压力测试中心后，上海衍生品市场加速完善，产品序列持续丰富，为实体企业和金融机构提供了多元风险管理工具。此外，在技术应用方面，上海先后开展了多项金融科技创新监管试点以及资本市场金融科技创新试点项目，通过监管沙盒来平衡创新与监管，将潜在风险控制在一定范围内，为上海打造金融风险管理中心奠定了良好基础。

（一）上海具备打造金融风险管理中心的优势基础

1. 要素市场完备

上海是我国金融要素市场最为齐备的城市，集聚了股票、债券、货币、外汇、黄金、期货、票据、保险等各类全国性金融要素市场。一方面，金融要素市场的聚集引发了范围经济，股票、债券、货币、外汇、黄金等市场成交活跃，催生了风险管理需求。另一方面，上海期货市场长足发展，已覆盖国债、股指、能源、化工、有色、黑色、贵金属以及航运等领域，为金融与实体经济管理风险提供了丰富的衍生品工具，客观上促进了金融风险管理中心建设。

相对而言，我国其他城市金融要素市场的完备性稍显不足。北京和深圳具有股票和债券市场，但尚无具备风险管理功能的期货市场；广州、郑州和大连虽然具备期货市场，但缺乏基础资产相关市场。因此，从金融要素市场完备性来看，在上海建设风险管理中心的基础最为扎实。

2. 金融机构集聚

金融机构的集聚意味着种类多元且规模巨大的金融业务，其业务并发过程中必然充斥各种风险。鉴于金融机构之间风险偏好的差异，风险分散、风险转移、风险对冲以及风险承担等风险管理需求由此产生。与此同时，保险公司与期货公司及其风险管理子公司等金融机构的集聚，能够更好发挥在风险管理方面的规模效应，进而助力金融风险管理中心建设。从风险管理机构的集聚度来看，北京集聚了大量的保险公司，上海则拥有更多期货公司，因此，上海和北京更具有建设金融风险管理中心的比较优势。

3. 金融产品丰富

随着金融开放的不断深入，金融产品的价格越来越多地受到全球经济与地缘政治等因素的影响，日趋频繁的价格波动推升了金融产品的风险程度，客观上增加了风险管理需求。当金融产品的种类增加时，整个金融系统的风险相应提高，更加需要建设风险管理中心。当多元的金融产品现货规模较大时，相应的风险管理需求会促使衍生品及其他风险管理工具的产生与发展，同时其他金融产品积累的产品开发能力也将发挥协同效应。得益于完备的金融要素市场，上海同样具有丰富的金融产品，对金融风险管理工具的需求及协同发展具有促进作用，而北京金融产品的多元性则相对欠缺。因此，从金融产品的丰富度以及风险管理工具的协同发展方面来看，上海打造金融风险管理中心具备优势。

4. 经济体量巨大

巨大的经济体量从源头上推动了风险管理中心建设，经济体量大意味着涉及的市场主体多、产业链条长、业务范围广，面对全球化程度高以及跨境资金流动频繁的情况，当地生产经营活动更易受到国内外风险事件的冲击，因而巨大经济体量引致的旺盛风险管理需求迫切需要建立风险管理中心。从经济体量的角度来看，上海是最适合成为风险管理中心的城市，同时上海的经济中心、金融中心、贸易中心、航运中心以及科创中心建设均对风险管理中心的建设具有协同作用。

（二）上海打造金融风险管理中心存在客观不足

1. 金融市场国际影响力有待提升

上海虽然具有完备的金融要素市场，且规模上取得了长足发展，但其全球资源配置功能仍有待提升，国际投资者占比仍然较低，导致在国际上的定价能力和影响力还不够强。鉴于金融市场尚未完全开放，境外投资者尚不具备参与全部金融产品的机会，同时交易规则与人民币计价等和自身交易习惯之间存在差异，导致境外投资者参与程度仍然较低。此外，境外投资者对价格形成过程的参与程度不足，导致相应价格在国际上的定价权和影响力仍显不足。期货市场是与风险管理联系最为紧密的金融市场，目前上海期货市场对外开放的特定品种仅有原油、20号胶、低硫燃料油、国际铜以及航运指数期货。这些品种虽有境外投资者参与，但占比仍需进一步提高，同时期货价格在国际贸易中作为价格基准的实际使用相对较少，导致其虽具规模但全球影响力仍有限。

2. 高能级金融机构总部集聚度不够

高能级期货公司和保险公司等风险管理机构的集聚，对于建设和巩固金融风险管理中心地位至关重要。上海虽集聚了国内最多的期货公司，但尚无本地上市期货公司，业务模式单一且规模较小，国际竞争力不足，高能级期货公司的不足在一定程度上制约了对境内外投资者风险管理需求的满足程度。此外，大型保险公司大多聚集在北京，上海高能级的保险公司较少，整体的风险保障能力仍需进一步提升。

3. 金融产品种类多元性尚待加强

期货与期权等衍生品是重要的风险管理工具，其完备性方面的不足一定程度上制约了风险管理中心建设进程。上海衍生品市场已上市衍生品呈现商品与金融并行、期货与期权并重的态势，上市产品已涵盖能源、化工、有色、黑色、贵金属、航运、股指以及国债等领域，较好地服务了现阶段实体经济的风险管理需求。但在"双碳"目标下，需要加快发展方式绿色转型，而上海衍生品市场尚未挂牌新能源、碳排放等相关衍生品。此外，随着上海国际金融中心建设推向更高能级，境外投资者参与程度逐步提升，汇率风险管理的需求日益提升，但期货市场尚无场内外汇衍生品。与此同时，保险领域存在产品同质化严重、产品集中度高、产品开发缺乏针对性等问题，导致保险产品数量虽多但有效种类尚待丰富，上海仍需加快推出新能源、碳排放、外汇等领域衍生品以及特定领域保险产品。

4. 监管协调机制仍需优化

一是中央和地方金融监管部门协调机制不够完善。中央垂直监管难以对游离于银证保体系之外的地方金融进行覆盖，地方金融监管又存在标准不一与职能分散等问题，导致中央与地方金融监管的职责边界不清，易产生监管重叠与监管盲区，造成区域性风险因素积累。应加强与"一行一局一会"派出机构的沟通协作，完善政策传送机制，推动政策落地落实，加强跨部门、跨领域、跨地区的信息共享与跟踪研究，形成风险防范联动合力。二是金融与法治协调联动不足。有必要在地方金融立法、司法、执法、普法等领域加强金融与法治的协调联动，加强金融法律法规制度与金融法治基础设施建设，更好地维护金融市场稳定。三是监管科技的发展与应用总体规划不足。相应规则和标准的制定滞后，导致监管科技在风险防范中的应用相对不足。应加强监管与技术部门的协调，提升科技监管合力，强化新兴科技在监管领域的应用，丰富监管工具和数据模型，提高风险精准识别能力。

二、上海打造金融风险管理中心须应对的风险挑战

我国国内面临的金融风险集中体现在地方政府债务、房地产市场和部分中小银行等领域；同时，随着全球资本跟随美元加息流动，持有人民币资产的经济主体在国际市场面临的风险也日益增加。上海作为深度参与全球市场的金融中心，聚集了大量国内外金融机构和交易场所，连接国内和国际资本市场，极易产生交叉风险。

（一）各类金融风险交织并存、相互作用

1. 国内风险与国际风险交织

当前，逆全球化思潮蔓延，气候变化、乌克兰危机等全球性问题凸显，国际关系反复、局部冲突频发等带来了各种不确定性风险。以美元流动性收紧为核心因素所导致的风险传染渠道相互叠加强化，对新兴市场经济体的金融稳定造成了严重影响，外部冲击与内部风险交织。2023年上半年，以美国硅谷银行倒闭为导火索的地区性银行破产事件相应风险输入了全球主要经济体，欧洲百年金融集团

瑞士信贷银行由于持有大量硅谷银行的股份导致破产。上海浦发银行硅谷银行（SPD－SVB）是我国第一家科技银行，在我国科技行业有较高的市场渗透率；湖北汉口银行与杭州银行都是效仿硅谷银行模式成立的科技型城商行，硅谷银行的倒闭对我国的科技型银行有一定负面影响。

2. 传统金融风险与新兴金融风险共存

正规持牌机构与各种准金融、类金融机构的风险并发，线上违法违规的金融活动与线下金融风险并存，尤其是以互联网金融平台（如 P2P 借贷、股权众筹、互联网支付等）、金融科技公司（FinTech）、消费金融为主要代表的数字信贷风险、由供应链金融成员之间的博弈所引发的供应链金融风险，以及洗绿、漂绿等绿色金融领域的新型风险。

3. 宏观风险与微观风险相互作用

我国中小企业融资困难在新冠疫情后仍较为突出，中小企业在我国经济具有"5678"的作用，这意味着大量同质的微观风险表象下隐藏了宏观风险。中小企业是供应链的重要组成部分，融资困难可能导致供应链中断，供应链中断扩大到整个行业或跨行业，将形成供应链风险；如果大量中小企业无法偿还贷款或利息，银行的资产质量将受到压力，对银行的资本充足性和偿债能力产生影响，而供应链风险叠加银行流动性风险则可能引发系统性风险。

此外，我国与房地产相关的贷款占银行信贷的比重接近 40%，房地产业相关收入占地方综合财力的 50%，房地产占城镇居民资产的 60%。从房地产市场与金融市场双重摩擦下的金融风险传染机制、房地产金融化对商业周期性波动的影响以及对家庭和企业资产负债结构的影响来看，我国在坚持"房住不炒"、消除多年来"高负债、高杠杆、高周转"发展模式弊端的推进过程中，房地产领域风险如果处置不当，也容易引发系统性风险。

（二）金融风险演变呈连带性、多元化趋势

1. 连带性趋势

随着主要发达国家央行 2022 年持续加息，全球金融条件收紧，各类资产价格波动频繁，新兴经济体普遍面临着经济基本面疲软和大量资金外流的困境。国家和企业的借贷成本已经上升到近十年甚至历史最高水平，以美元或其他主要货币计价发行的新兴市场债券发行速度已放缓至 2015 年以来的最低水平。如果无法持续获得外部资金，许多发行人将不得不进行债务重组。以美国硅谷银行倒闭为代表的银行业动荡说明，因杠杆率升高、流动性错配和高度关联性而出现的规模较小、风险较高的金融机构破产危机仍可能会发生。此外，地缘政治紧张局势也影响了资本的跨境配置，加剧了国际支付系统的摩擦，增加了银行的融资成本，降低了盈利能力，全球多数银行业不良贷款率呈现升高趋势。根据 IMF 最新的全球银行压力测试，如果全球金融条件急剧收紧，导致高通胀情况下出现全球衰退，那么 29% 的新兴市场银行（按资产计）将因违反资本要求而出现金融动荡。

2. 多元化趋势

全球范围内，数字金融这一新金融模式已渗透至各行各业，必然蕴含了各类传统风险，如数字货币市场下的市场波动和流动性风险、交易平台的信用风险、技术和法律合规风险，以及跨境数字支付风险和数字法定货币体系下的商业银行挤兑风险等。同时，以数字保险为代表的数字金融产品风险和基于可持续发展（即气候变化、环境恶化、社会不平等）所引发的新兴风险也在逐步增加。

（三）金融风险管理新要求

1. 重心前移

预防优于补救。通过加强预防，可以在风险发生之前识别和控制潜在的风险因素，降低金融风险对金融系统的冲击。从经济效益看，一旦风险发生，处理和恢复所需的成本通常会远高于预防风险所需的成本。多次金融危机表明，仅满足偿付能力和流动性等传统监管要求属于事后监管，无法实现金融稳定的审慎目标，必须将风险管理重心前移，强化对潜在风险的监测和分析。需要在潜在风险引发偿债能力恶化和流动性比率降低之前，对其根源进行追踪，在问题恶化前采取有效的风险缓释措施。

2. 加强稳定性

由于金融风险的多元化和连带性增强，系统性风险的概率较以往提高。监管机构和相关主体需要关注系统性风险的扩散和传染效应，采取措施加强金融系统的韧性和稳定性。同时，针对特定地区的区域性风险和特定领域的多元化风险，相关当局需要制定特定的政策和措施来缓释风险带来的冲击，促进地区金融市场的稳定和发展。

3. 工作流程化

将风险管理视为一个动态的、综合的过程，从风险识别到风险监测、评估、控制和应对，从降低个别金融机构面临的潜在风险，最终达到增强整体金融系统的稳健性和持续性。构建合理的风险管理流程可以有效缩短识别、分析、缓释风险之间的时间跨度，提高风险控制的效率。金融危机后，大多数国家都开始加强风险管理的流程化、规范化，并建立风险评估和处置的工作流程。

4. 处置目标多元化

由于国际金融中心交织着各类金融风险，使单一金融风险处置事件的目标具有多元化。例如，针对问题银行，IMF 和世界银行认为处置的目标主要包括三项：

保障支付清算系统的正常运转、保护公众存款人的利益、维护银行的信用中介功能。FSB（国际金融稳定理事会）认为是保护金融机构的关键功能可持续，以及通过合理赔偿顺序维护股东和债权人的利益。欧盟《2014 年银行恢复与处置指令》将处置目标归纳为五个方面：保持关键金融功能的可持续性、防止对金融系统产生重大负面影响、维护公共资金安全并减少依赖、保护相关债权人和投资者权益、保护客户资金与资产。

三、国际金融中心风险管理的典型经验借鉴

2008 年国际金融危机爆发后，世界各国均加强金融监管体系的改革力度，国际金融中心的风险管理逐步形成了相对成熟的体系和范式。

（一）建立综合的危机管理体系

纽约早期设有美国的中央银行（即纽约联邦储备银行，为美联储成员之一）以及独立的金融监管机构，即美国证券交易委员会（SEC）和美国商品期货交易委员会（CFTC）。2008 年国际金融危机后，纽约逐步建立了综合的危机管理体系。纽约联邦储备银行（Federal Reserve Bank of New York）通过提供流动性支持、危机管理和监测金融系统风险等方式，促进金融市场的平稳运行。纽约州金融服务部（New York State Department of Financial Services，NYDFS）确保金融机构遵守风险管理和合规要求。纽约市金融管理局（New York City Office of Financial Empowerment）致力于提供金融援助和危机管理服务，特别为低收入和弱势群体提供金融教育、预算辅导和紧急援助等服务。纽约市紧急管理局（New York City Emergency Management）负责应对各类紧急情况和灾害，尽管该机构的重点是综合紧急管理，但在金融危机方面也扮演一定角色，协调各方资源和行动以维护城市的稳定。

（二）发展多层次的风险评估和监测

当前，国际金融中心普遍从四个层次进行风险评估和监测，以纽约为例。一是系统性风险评估和压力测试由央行负责。二是行业风险由不同监管机构负责。如 SEC 对美国上市公司的财务报告、交易行为和市场操纵等进行监测；CFTC 负责监测和监管美国各大商品交易所等衍生品市场；纽约州金融服务部负责批准和监督银行、保险公司、虚拟货币交易所等金融机构。三是各证券交易所均通过自己的监测系统，监测交易所市场的风险和异常交易行为。四是集聚独立的研究机构和咨询公司，提供金融风险研究报告、风险模型和咨询服务，帮助金融机构和投资者更好地理解和管理风险。

（三）参与系统性风险管理的国际标准制定

国际金融中心集中了各类国内外金融机构，在资产相互关联的情况下，金融机构体系的清算机制、金融机构的资产变卖策略及引发的相关传染效应可能导致系统性风险，需要与其他金融中心和监管机构进行紧密合作与协调，共同应对跨境金融风险和挑战。因此，主要国际金融中心的监管机构普遍积极参与了国际金融稳定理事会（Financial Stability Board）和国际证券事务监察委员会组织（IOSCO）等国际组织，共同制定全球金融监管标准和最佳实践。例如，由于国际金融中心对系统性风险的识别和评估有更高的要求，2014 年，国际证券事务监察委员会组织（IOSCO）提出了识别和测量证券市场系统性风险的标准框架，包括多层次指标、双向分析方法和两项原则（适用性原则和灵活性原则）。各监管机构根据该框架在系统性风险的识别、评估过程中可以更清晰地给定范围和设置阈值，完善专业标准的风险分析工作流程，强化风险相关数据收集机制，着力提高系统性风险管理的前瞻性。

（四）统一金融风险处置立法、设立金融稳定保障基金

2008 年后，受国际金融危机的深远影响，主要经济体都制定了不同的金融机构风险处置立法和政策，并根据其金融体系和监管环境的特点进行调整。英国《银行特殊解析法》（Banking Act）于 2009 年通过，为英国政府提供了处理破产或金融危机中的银行和金融机构的特殊解析权力。根据该法案，政府可以干预、重组或清算处于危机状态的金融机构，以保护金融体系的稳定性。美国《多德—弗兰克华尔街改革与消费者保护法案》（Dodd - Frank Act）于 2010 年通过，是美国对金融机构风险处置的重要立法。它增强了金融监管的权力和范围，建立了金融稳定监测机构，规定了系重要性金融机构的监管要求，并推动了更加严格的风险管理和透明度要求。欧洲银行业重建与解析指令（BRRD）于 2014 年颁布，要求成员国设立危机管理框架和机制，包括设立危机管理委员会和资本重建工具，以应对银行破产风险，并确保银行资本充足性和债务重组能力。日本《金融恢复和解决法》（FRB 法）于 2011 年颁布，规定了金融机构危机管理的程序和措施，旨在为日本金融机构的危机管理和解决提供法律基础。

在上述立法基础上，欧美发达经济体建立了用于维护金融稳定的保障基金，即动用公共或行业资源、由公共部门管理，用于特定金融机构（一般是系统重要性金融机构）的救助及处置或应对重大金融风险事件的基金（Bail - out fund）。主要包括三类[①]。第一类是用于处置金融机构风险的欧盟单一处置基金和美国有

---

① 施红明，徐枫. 欧美金融机构风险处置制度经验及启示［J］. 银行家，2023（2）：94 - 97.

序清算基金①，第二类是用于化解主权国家债务风险的欧盟金融稳定基金和欧洲稳定机制，第三类是用于化解金融市场风险的德国金融市场稳定基金。其核心内容包括②：建立迅速清晰的系统性风险响应决策机制；处置重大金融风险；风险处置成本主要由金融行业内部承担；强化市场纪律和防范道德风险。

（五）建立完备的问题金融机构处置机制

在统一的金融风险处置立法下，欧美发达经济体逐渐聚集在问题金融机构的处置机制上。首先，处置流程的市场化程度较高，私营部门参与度高。国际上对于问题金融机构的处置工具可以分为流动性救助、内部纾困和外部处置三类。流动性救助工具包括央行和财政部门的紧急贷款，主要针对具有流动性危机的金融机构。内部纾困工具是指强制由股东或无担保债权人承担损失，包括股权和债务减记、债转股等手段。外部处置工具则是由监管当局在接管问题金融机构后，通过过桥机构、收购承接、资产分离等手段进行风险处置。不同类型的处置工具有着不同的经济效应和使用成本，因此欧美等发达经济体在它们的使用条件和使用顺序方面多有明确规定。如美国在《多德—弗兰克华尔街改革与消费者保护法案》中规定了紧急贷款的三个使用条件，即需经财政部部长批准，贷款对象需为五家以上金融机构，贷款需有一定的担保品。英国及欧盟都规定在内部纾困工具对机构总负债的至少8%进行承担后，外部处置工具方可使用。

其次，在问题金融机构的认定或判定上具有明确的原则或触发条件，避免了"一事一议"的弊端。美国在判定系统重要性金融机构是否应纳入处置程序时，先由美联储和联邦保险机构等部门提出书面建议，再由财政部综合意见形成最终决定，如果有部门对被处置公司存在异议，可启动相应的司法审查程序。英国则建立了完整的评估流程，具体环节包括评估破产可能性，评估外部援助可行性、评估处置必要性、评估破产清算可替代性，并为每个环节指定了相应的负责机构。问题金融机构的评估环节按顺序进行，且只有同时满足每个环节的处置条件才能进入处置程序。

（六）开展跨境监管合作

主要集中在跨境金融机构合规监管。纽约和伦敦都有大量的跨境金融机构，如国际银行、投资银行和资产管理公司等的分支机构或子公司。这些金融机构在两个城市之间开展业务，因此需要同时受到两地金融监管机构的监督。纽约州金

---

① 目前国际社会对于是否设立外部救助性质的金融稳定保障基金的讨论并不充分，主要原因在于传统经济理论强调道德风险，认为对问题金融机构实施外部救助（Bail - out），可能激励其不审慎经营，败坏市场纪律，诱发更大风险。

② 资料来源于《中国金融稳定报告（2022）》，中国人民银行，第85－86页。

融服务部门（New York State Department of Financial Services）和英国金融行为监管局（Financial Conduct Authority）等监管机构之间经常就这些金融机构的合规性进行信息共享和合作。此外，纽约证券交易所（NYSE）和伦敦证券交易所（LSE）通常会就两地市场的监管标准、交易活动进行合作和信息共享，以确保市场的稳定和透明，以及在全球金融市场中的一致性。这些标准可能涉及资本要求、风险管理、信息披露等方面。

四、上海打造金融风险管理中心的内涵与目标

上海打造金融风险管理中心是在遵循一般规律和国际惯例的原则基础上，按照上海国际金融中心高能级建设需要，构建出的金融风险防范、化解、缓释和处置的全流程管理体系，旨在统筹上海国际金融中心的发展和安全问题，为高水平建成上海国际金融中心提供可靠保障。

（一）内涵维度

1. 国际金融中心建设的内在要求

规模金融市场要求防范系统性风险。国际金融中心一般拥有较为健全的规模金融市场，包括发行市场、交易市场和风险管理市场。三个市场定位不同、功能互补，构成了稳固的现代金融体系。国际金融中心拥有众多全球性金融机构和交易所，涉及几乎所有金融行业，并提供一级、二级、三级完备的金融服务。因此，其风险管理重点在于处理大规模的市场风险和系统性风险。

金融产品复杂要求较高的风险评估能力。从金融产品看，国际金融中心的金融市场均涉及复杂的金融产品和交易，如各类衍生品和结构化产品，以及以此为底层资产的各类基金，杠杆作用较强，需要对复杂金融产品有全面深入的风险评估能力。

金融科技发展要求先进的监管手段。发达经济体的国际金融中心拥有便利的资本市场和多元化的投资者结构，吸引了大量的金融科技公司投资区块链和加密货币，部分城市已成为领先的金融科技中心，必须有专业的监管框架来管理这些风险活动。

金融机构高度集聚要有严格的内控制度。国际金融中心集聚了大量金融机构，必然强调市场自律，金融机构自身承担较大的责任，因此要求建立有效的内部控制体系。尤其是由传统的大型金融机构主导的国际金融中心，如日本东京，投资者普遍倾向于保守的投资策略，即储蓄和传统投资产品。

2. 构建高效、稳健的全流程风险管理体系

完善金融法制建设。宏观层面，通过国家层面和地方层面的立法，建立两者

与中央监管部门之间的信息共享和协调合作机制，提高监管效率，避免监管真空和监管重叠现象。中观层面，通过专业的司法体系完善金融合约执行、金融机构破产清偿等的相关司法执行，避免市场中的风险不断积累。微观层面，引导金融机构和企业优化内部治理结构，减少因代理问题而造成的成本和风险。

加强金融风险监测。通过现代化的数字管理技术和人工智能手段，对大数据建模并识别潜在风险。在宏观层面，监测开放金融条件下资本流动对一国经济增长与金融运行的影响；在中观金融市场层面，监测单一行业的联动性与经济系统共振的风险；在微观层面，监测主要企业客户的流动性和杠杆率，提前识别金融机构的风险。

优化金融风险防范与处置。宏观层面，常态化的准备金要求可能降低，但考虑到羊群效应和社会风险，需要增加逆周期的风险准备。在中观层面，具备完善的、国际化程度高的风险对冲市场，尤其是以本币计价结算的大宗商品、利率、汇率衍生品市场等，以及各类风险处置新型工具。在微观层面，集中各类领先的国内外风险管理机构（见图1）。

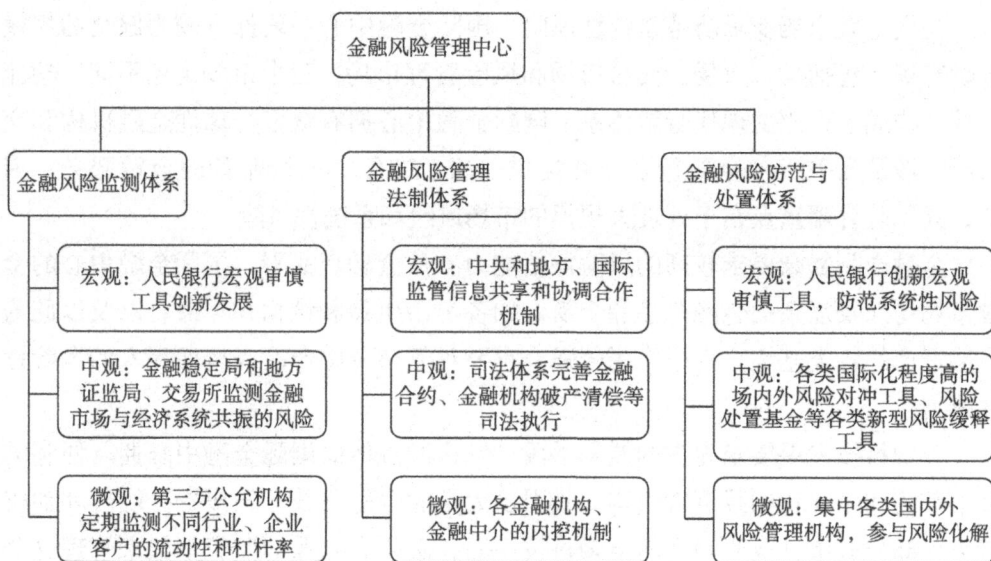

图1　全流程风险管理体系

3. 推动上海国际金融中心能级提升

保障金融开放。建设更高能级的国际金融中心需要进一步扩大金融开放，这就意味着更多的制度型安排，以及引进更多外资金融机构与境外投资者开展金融业务，客观上增强了境内外金融市场间的联动。资金与信息更加频繁的跨境流动使外部突发事件的冲击得以强化，跨境风险传染变得更为便捷，因而更加需要防范伴随金融开放的输入性风险。鉴于此，建设金融风险管理中心是深化金融开放的保障。

推动金融创新。金融工作尤其需要坚持统筹发展与安全，尤其需要处理好金融创新与风险管理之间的关系。《上海国际金融中心建设"十四五"规划》对金融创新做出明确指示，支持多元化金融市场创新发展，支持金融市场产品和工具创新。值得关注的是，过度创新可能导致风险更加集中并更具隐蔽性，从而提高金融风险爆发时的破坏力。首先，部分金融创新可能引发相关主体跨越理性边界。部分金融创新潜藏多种非理性因素，加剧信息垄断风险，并引导客户非理性消费。其次，部分金融创新可能加重期限错配风险、灰犀牛风险以及模型风险。最后，金融创新由于复杂度过高，可能增加风险传染性和法律风险，从而走向管理的边缘地带，因而需要加强金融创新风险评估和压力测试，提升金融风险管理水平。

完善金融功能。风险管理是金融的重要功能，完善风险管理功能对于提升金融服务质量和效能至关重要。从这点来看，建设金融风险管理中心是提升国际金融中心能级的重要切入点。金融不仅具备资金融通的功能，还有着信息传递和风险转移等功能，这就需要在满足融资需求之外重视风险管理方面的需求。换言之，风险管理是完善金融功能的重要抓手，金融风险管理中心是更高能级国际金融中心的重要维度。

服务实体经济。金融不但能为实体经济提供资金融通服务，还能助力实体企业管理风险。随着国际金融中心能级的提高，其对实体经济服务的质效也需相应增加，而风险管理中心建设则是提升服务实体经济质效的着力点。保险和衍生品连接着金融和实体经济，通过帮助实体企业以风险对冲和风险转移等方式管理风险，进而锁定成本和利润，助力实体企业稳健经营。在上海国际金融中心建设过程中，"保险+期货"是通过风险管理助力实体经济高质量发展的典型案例。具体而言，在保险端由保险公司为实体农业产业提供价格保险，在期货端由期货公司提供对冲工具，通过对生产风险的重新分配，管理农产品价格波动风险，实现农产品保供稳价与农民稳收增收。与此同时，打造风险管理中心还能联动金融中心与航运中心建设，2023 年上市的航运指数期货便是助力外贸行业风险管理的成功案例。

（二）目标要求

上海打造金融风险管理中心的目标与内涵相辅相成。上海作为"五个中心"的集成地，其打造金融风险管理中心的目标则更具战略全局性，对于防范系统性金融风险的意义不言而喻。一是防范系统性风险，引导金融活水为我国经济增长和就业提供有效支撑，防范和化解系统性金融风险；二是有序推进我国防范化解金融风险攻坚战，使我国金融体系能有效地应对潜在冲击、有效地吸收或缓释冲击，确保金融体系的整体韧性；三是加强人民币资产的抗风险能力，到 2025 年，伴随人民币资产在全球配置比率的提高，进一步提高上海国际金融中心的全球竞争力；四是杜绝金融风险演变为社会风险和政治风险。

五、上海打造金融风险管理中心的现实障碍

2020 年，上海基本建成了与我国经济实力以及人民币国际地位相适应的国际金融中心，集聚了门类齐全的金融市场交易平台，汇集了众多金融产品登记、托管、清算等重要金融市场基础设施，推出了一系列重要金融产品工具，市场要素齐全，技术手段先进，为金融资产发行、交易、定价和风险管理等提供了坚实保障。但要建设人民币金融资产配置和风险管理中心，还在诸多领域面临现实障碍。

（一）金融风险监测体系效率亟须提升

1. 人民银行宏观审慎工具范围有限

宏观审慎工具是为了维护金融稳定、抑制系统性风险、应对经济周期和防范金融危机而设计的。在我国，人民银行 2018 年开始推广金融机构评级，但应用场景较少，主要是与人民银行再贷款、存款保险的费率挂钩。2019 年首创 MPA 和全口径跨境融资宏观审慎管理。2020 年陆续建立了逆周期资本缓冲机制、针对金融控股公司的审慎监管、系统重要性银行评估以及房地产贷款集中度管理制度。但总体上看，由于不同国家或地区的监管实践不同，国际通行的多项宏观审慎工具中还有较多未在我国实施。例如，新冠疫情以来针对资本流入我国过快，可以采取的是宏观审慎利率和宏观审慎税。前者是监管机构可以根据金融稳定的需要，在特定的市场设定较高或较低的利率，引导信贷资金流向特定的部门或抑制过度的资本流入；后者则是针对不同的银行的负债流入进行收税而限制资本流入。此外还有一项叫作系统重要性附加费（Systemically Important Institutions Surcharge），是针对被认定为系统性重要的金融机构额外征收资本费用，以鼓励其更为稳健的经营和风险管理策略，减少潜在的系统性风险。

2. 金融数据监测存在数据壁垒

金融风险管理中心的有效运作需要实现各类机构间的信息共享和数据整合。在数字化转型的背景下，大数据作为金融机构和监管部门识别风险的基础作用更为重要。过去金融监管部门主要分析金融机构报送的经营数据，但风险并不仅仅孕育在经营结果里，而是隐藏在客户及其交易对手方之间的经营过程里。一方

面，金融监管部门获取企业的数据主要通过金融机构，而这些数据规模相对于互联网平台而言，量级不可比；另一方面，政府其他部门有很多企业的公共数据，但并不能直接、安全地与金融监管部门共享，造成了当前的数据壁垒状态。

数据壁垒的原因主要是涉及数据隐私和金融安全。例如，人民银行自 2020 年全国金融数据库完成第一批金融基础数据采集后，至今尚未进行数据共享，外汇实时监测系统建设也推进缓慢。又如，上海跨境清算公司 CIPs 在其展业过程中随着信息和数据的跨境流动，可能面临被截获、篡改、伪造、泄露等风险，触及个人信息保护、危害网络空间主权、国家安全和社会公共利益；如未事先明确约定数据使用和报告的权利边界，可能产生泄露商业秘密的违约风险及数据不正当使用的相关风险。

数据壁垒导致了风险预警的低效甚至失效。其一，当前主流的风险预警方式是通过舆情跟踪，甚至是根据监管部门的零散行政处罚公示，大数据模型的预警作用无法得到充分发挥。其二，导致新的风险。以绿色金融为例，目前我国尚未有全面的企业环境信息披露制度，金融机构获取信息存在障碍，缺乏对项目的投资风险的预估准确率，部分绿色信贷、绿色债券支持项目存在"漂绿"行为；部分企业有虚构账目数据或其他暗箱操作使项目中断并骗取相关保障资助金的"假绿"行为。

3. 金融基础设施互联互通不足

成熟的金融市场，根据市场发展需求，交易平台之间、交易平台与清算设施、清算设施与证券和资金结算系统等通常会建立起紧密交织的连接网络。目前，我国的市场网络还不完善。

一是境内衍生品市场在境内外基础设施间的联通还未实现。在境内设施互联互通方面，目前证券交易所与期货交易所、期货交易所与中国证券登记结算公司、证券交易所与期货市场保证金监控中心、期货交易所和外汇交易中心、期货市场保证金监控中心与上海清算所等之间的互联互通机制不够顺畅，还不能实现保证金联合计算、市场联合监管等功能。在境内外互联互通方面，目前，"债券通"作为内地与香港债券市场互联互通的创新合作机制，可以买卖香港与内地债券市场交易流通债券，但未涵盖衍生品，有必要尽快实现境内基础设施对更多交易平台、更多清算机构和更多金融市场的覆盖。

二是缺乏权益类场外集中交易和清算平台。国际金融危机后，国际主要风险管理中心在积极推动场外交易的"场内化"，即通过交易所、清算所提供场外交易和清算服务，并加强对场外衍生品的监管。我国利率、外汇和信用的场外衍生品可以在外汇交易中心和上海清算所交易清算，但权益场外交易仍以场外直接交易，并在中证协、中期协备案为主，还没有集中的报价和清算平台，中金所、上交所和中国结算目前也没有针对场外交易和清算的服务。

（二）金融风险防范与处置体系功能不强

1. 场内风险对冲市场发展缓慢

上海发展三级风险管理市场，配套完善的期货市场必不可少。期货市场可与大宗商品、股票、债券和外汇等基础（现货）市场发挥协同效应，对各类企业和投资机构形成磁吸和集聚。但目前来看，上海在期货市场建设领域还有若干困难。

中金所金融期货品种数量较少。2022 年，全球金融期货和期权成交量 467.3 亿手，占据场内衍生品交易量市场约九成的份额，而中金所的成交量占国内期货市场的份额还不足一成。同时，主要国际金融中心交易所的金融期货品种都在 100 个以上，而中金所只有 11 个产品，利率类期权、汇率类期货和期权产品更是长期缺位。

国债期货交易不活跃，参与者不均衡。国债期货为机构投资者提供了非常重要的风险管理工具，也增强了债券市场的韧性。但当前境内证券公司和私募基金参与国债期货较多，内资银行和保险机构参与较少。主要原因有两个：一是政策原因，人民银行担心商业银行不了解期货市场，政策限制较多；有外资背景的商业银行虽然经验丰富、有意愿参与国债期货，受到对外开放政策的限制，交易量很少（但风险对冲效果很好）。二是文化原因，外资银行普遍采用了包括国债期货在内的各种衍生品工具对冲风险，通过内部人员轮岗的机制把风险管理的理念带到了各个岗位上，内资银行一般认为利率衍生产品的风险大于收益。事实上，国债期货在促进国债和地方债的成交发行、提高现货债券市场的活力方面起到了很多作用。

国际化程度较低。截至 2023 年 6 月，上海期货交易所已上市 21 个期货和 8 个期权品种，仅有 4 个期货（原油期货、低硫燃料油期货、20 号胶期货、国际铜期货）和 1 个期权（原油期权）品种对全球交易者开放。而这 5 个开放品种的境外投资者占较低。中金所的利率衍生品和权益类衍生品也是如此，整体落后于现货市场的对外开放程度。究其原因，一是严格的准入制度，导致各类型、多层次的机构投资者参与较少，容易出现交易方向单一的问题；二是金融基础设施体系互联互通不够，无法吸引大量的国际机构投资者参与。

2. 信托、保险业保障基金处置流动性风险受限

行业保障基金是政府以市场化手段处置行业风险的重要工具，近两年主要发挥作用的是信托业保障基金和保险业保障基金。2018 年以来，受资管新规约束，

信托行业须严格落实"两压一降"的要求，压降融资类信托业务规模。在这一过程中，风险资产处置和化解的需求较大。

但是，信托保障基金使用范畴是有限制的。对于面临严重清偿风险、需撤销或破产清算的信托公司，不得使用保障基金对其实施救助。类似的局限在保险行业更为明显。保险保障基金制度是我国保险行业风险防范的一道重要屏障。根据中国保险保障基金公司风险评估报告①，截至2022年9月，财产险行业多数中小公司战略转型方向难定，车险和非车险业务均经营困难，超半数公司连续五年承保亏损。

未来出现流动性风险、需要得到流动性救助的财险公司可能达到一定规模。流动性救助是指动用保险保障基金，以提供借款、购买保险公司债券等方式对出现流动性问题的保险公司进行债权救助的风险救助方式。流动性救助可以使风险处置关口前移，适合于出现暂时的流动性困难的保险机构。但当前我国相关法律并没有规定这种救助方式，保险保障基金主要以管理救助和财务救助的方式参与。原因在于，流动性救助也存在一定风险，容易混淆救助的使用目的，形成利益博弈。此外，如果以提供借款或发行债券的方式，还需要与相关监管部门（主要是财政部）达成共识。

3. 私人资本参与处置不足

我国在问题金融机构处置中较多依赖公共资金，收购承接、资产分离和股权重组多在政府部门的主导或斡旋下完成，转让对象多为中央或地方政府控股的金融机构，社会资本参与风险处置的渠道和激励机制建设不足，私营部门参与度不高。例如，在包商银行的处置过程中，由于缺乏战略投资者参与包商银行重组，只能由存款保险基金作为第一大股东参与蒙商银行的设立。再如，保险保障基金对安邦集团的救助耗费了52%的资金余额，公共资金的过度使用强化了政府兜底的刚性兑付预期。

此外，常态化的处置资金退出机制不畅。目前，我国已成功使用公共资金完成了包商银行、安邦集团等的风险处置，但公共资金在新设立的机构中均占有较大股份，尚未完成公共资金有序退出。这实质上把临时性的救助转为了长期性的控股，不利于公共资金的可持续运用，更不利于私人资本的积极参与。原因主要有两个：一是法律上尚未对公共资金的退出渠道和退出时间作出细致规定；二是实践中问题金融机构处置后的公共资金退出困难。保险保障基金作为大家保险集团持股比例达98%的第一大股东已持股三年，其间虽通过北京金融资产交易所等

---

① 资料来源于《中国保险业风险评估报告2022》。

渠道尝试进行股权挂牌转让，但由于缺乏私营资本参与竞标，截至目前仍未成功，而保险保障基金在中华联合保险中的股权历经九年时间才完成转让，在新华人寿的处置过程中，保险保障基金将股权转让至同为公共部门的中央汇金公司。在这种情况下，公共资本不仅承担了危机期间的处置责任，更承担了处置完成后金融机构的经营风险。

（三）金融法制体系有待进一步完善

1. 金融风险处置立法碎片化

我国金融业借鉴了美国金融业在 20 世纪 30—70 年代的早期经验，建立了当前的银行、保险、证券、信托等金融分业经营与监管体系。分业监管之下，银行监管机构成为处置银行风险的主要机构，其他与银行风险处置有密切关联的机构如金融控股公司或影子银行，未能纳入风险处置框架。为了解决这种风险处置适用范围过窄所引发的问题，只能根据每一类型的金融机构制定不同的风险处置规则，立法碎片化的情况凸显[①]。虽然 2023 年成立了国家金融监督管理总局，统一负责除证券业以外的金融业监管，但相应的金融风险处置立法还未能统一。例如，《商业银行法》和《银行业监督管理法》分别规定了银行的风险处置，《金融稳定法》也涉及银行的风险处置。此外，大部分法律法规都仅规定了原则性条款，缺乏具体的实施规则，也没有很好地吸收国际上金融风险处置的最新成果，实践中可能难以有效处置相关金融风险。国际上早在 2008 年后已从宏观层面建立统一的金融风险处置机制，目的是将原先仅适用于商业银行的风险处置措施适用于所有非银行金融机构。这种统一的立法模式能够统一风险处置的理念和技术手段，避免类似的金融机构适用不同处置规则和措施的情形出现，也能够预防非银行金融机构风险导致的系统性金融风险。

由于上海具有全国性的股票、债券、期货、货币、外汇等金融市场，也是全球领先的国际金融中心，各类金融风险相互交织，相关性较强。上述立法碎片化的问题将导致上海在面临金融中心特有的风险时的困难更为巨大。此外，从企业角度看，上海集中了大量持有多类牌照的外资、中外合资金融机构，立法碎片化、与国际接轨程度低也给这些企业造成较大的合规风控压力。

2. 金融衍生品立法无法满足市场需求

在法律保障方面，存在场内和场外集中清算均涉及的结算最终性、终止净额有效性、抵押品隔离和快速处置等法律确定性问题。第一，在终止净额有效性方

[①] 《金融控股公司监督管理试行办法》规定了金融控股公司的风险处置规则；银保监会规定了信托公司的风险处置规则。

面，部分境外机构仍然存有疑虑，认为我国在法律上尚未明确认可终止净额结算合同条款在破产情况下的适用，在法律的强制规定具有优先于合同约定适用的效力前提下，当交易一方进入《破产法》破产清算程序时，终止净额结算的合同安排可能无法有效对抗《破产法》赋予破产管理人的挑拣履行权和抵销主导权。第二，在结算最终性方面，我国虽然通过发布部门规章和规范性文件确保银行间市场相关金融交易结算具有最终性的法律效果，但未从法律层面解决对结算最终性的顾虑。第三，在抵押品的隔离和快速处置方面，还存在保证金隔离与快速处理两方面的问题。保证金隔离问题是指保证金被认定为担保物权存在一定的法律不确定性，从而影响保证金的安全隔离；保证金快速处理问题是指在期货相关法规中，赋予期货交易所直接扣划保证金的权利，但在场外衍生品市场，由于相关法律的缺失造成中央对手方未被法律明确授予上述权利。

在规则制度方面，一是集中清算规则制度，各类金融机构参与集中清算业务的市场准入、会计处理、风险资本计量等透明度不足；二是场外市场信用类产品相关信用事件后续处置有待完善，特别是在合理可控范围内适当允许风险暴露并快速处置，需要建立并完善违约债券流通转让机制，还需要进一步完善信用衍生品信用事件后续处理配套机制，通过设立信用事件决定委员会明确信用事件触发与通知、信用事件后续处理流程，借鉴违约债券处置经验推进信用事件拍卖结算等。

3. 独立的金融检察机构缺位

金融检察院是指专门负责金融犯罪案件侦查和起诉工作的法律机构。其主要职责包括金融犯罪案件侦查（涉及金融机构、金融交易、金融产品等方面的犯罪行为，如金融诈骗、洗钱、内幕交易等）、代表国家向法院提起公诉、法律监督和指导及法律教育和培训。由于金融行业的复杂性和专业性，金融犯罪也呈现出新形势和新特点。成立金融检察院可以集中专门的检察力量，针对金融犯罪进行专业化的侦查和起诉工作，提高对金融犯罪的应对能力和效果。

主要发达经济体普遍建立了专门的金融检察机构以应对金融犯罪和维护金融秩序。如美国金融犯罪执法网络（FinCEN），负责监测和调查金融犯罪，包括洗钱、恐怖主义融资等；并与联邦调查局（FBI）、美国财政部等部门紧密合作，开展跨机构的金融犯罪打击工作。英国金融欺诈调查署（Serious Fraud Office，SFO）独立于警察机构，拥有专业的调查和起诉团队，专门负责调查和起诉严重金融欺诈犯罪，致力于打击重大金融犯罪，维护金融市场的诚信和稳定。香港金融犯罪调查局（Commercial Crime Bureau，CCB）是专门负责调查和打击金融犯罪的机构，如金融诈骗、内幕交易等。这些经验表明，建立专门的金融检察机构有助于加强金融犯罪的打击和预防工作，提高金融市场的健康发展水平。这些机构通常拥有专业化的调查和起诉团队，与监管机构和执法机构合作紧密，形成协同作战的合力。此外，它们也注重国际合作和信息交流，与其他国家和地区的金融执法机构保持密切联系，共同应对跨境金融犯罪挑战。

我国当前在金融领域的专门执法部门，主要包括国家监察委员会的金融反腐败部门、公安机关的经济犯罪侦查部门和金融法院等，没有单独设立金融检察院的制度，金融犯罪案件的侦查和起诉工作由各级人民检察院负责。随着金融行业的不断发展和金融犯罪形式的变化，各类金融风险交织，独立金融检察院的缺位势必会影响打击金融犯罪的力度和效果。尤其如前文所述，我国当前面临着各种准金融、类金融机构的风险和线上违法违规的金融风险，如以互联网金融平台（如 P2P 借贷、股权众筹、互联网支付等）、金融科技公司（FinTech）、消费金融为主要代表的数字信贷风险，都需要金融检察院统一代表消费者对违法机构和人员提起公诉。

六、上海打造金融风险管理中心的路径举措

上海打造金融风险管理中心应从市场、技术和立法等多方面着手，系统谋划、循序渐进。要推动金融数据共享，促进金融基础设施互联互通和金融"统一大市场"建设；建立一体化的金融产品管理和交易系统，实现数据的实时采集和监管；完善金融法治体系和风险防范处置流程机制等。建议在国家战略层面推进，先行先试，成熟一项、推出一项。

（一）优化金融风险监测体系

1. 搭建上海国际金融中心数据共享平台

借鉴人民银行国家金融基础数据库的实践，建设上海国际金融中心数据共享平台。主要步骤为：第一，根据金融基础数据统计制度，标准化逐笔采集金融数据。上海地区覆盖存款、贷款、同业、债券、股权、SPV 等各类金融工具，600多个维度。建议在 2024 年上半年完成第一批数据采集，开始分批推进统计。例如，逐笔金融基础数据支持展示贷款、债券等金融工具在不同企业的分布，准确反映金融资源分布，有效服务优化金融资源配置。第二，搭建完善主体信息库，实现数据有效关联。建议在 2024 年底初步建立上海地区金融机构主体信息库和企业主体信息库。数据关联建立后就可以监测股权链、担保链、资金链等较为复杂的关联关系，实现对金融机构、金融市场、金融交易对手、金融活动的刻画，分解金融体系复杂性，反映金融机构关联性，测度金融市场传染性。第三，进行金融风险传染研究，服务系统性风险防控。对上海地区金融机构同业关系、银行企

业信贷关系进行系统性梳理，形成同业关系和共贷关系网络，从机制上深入研究金融风险的关联性、脆弱性、传染性、危害性和预防性，并建立模型模拟金融风险传染过程。

在搭建平台的过程中要把握以下主要原则：一是隐私保护与数据安全。数据共享政策应重视个人隐私保护和数据安全。确保数据共享平台采取有效的数据加密、脱敏等措施，保护用户的个人隐私和敏感信息。二是数据标准与互通互认。建设数据共享平台时应推动建立统一的数据标准与格式，以确保不同数据来源的数据可以互通互认。这有助于提高数据的有效性和共享效率。三是法律法规的支持与合规性。制定数据共享政策时要充分考虑现有的法律法规，确保政策的合规性和可执行性。同时，鼓励制定相关支持政策，为数据共享提供便利。四是合作与创新。积极与企业、研究机构和社会组织等建立合作关系，共同推动数据共享的创新和应用。鼓励数据共享平台的多方参与，促进数据资源的共享和开放。五是数据价值与利益共享。鼓励数据共享平台的参与机构在数据共享中获得合理的价值回报，促进数据资源的积极利用。同时，要注意平衡数据共享的公共利益和商业利益，避免数据垄断和滥用。

2. 加强金融基础设施互联互通

一是债券市场基础设施。率先在债券市场试点，打通发改委、银行间和交易所三大债券市场的账户登记、托管、发行、交易，全面监测债券市场的账户关系和资金流动；设立债市 VIX 指标，提示债市风险；推广我国特有的一级托管模式，解决沪港通、沪伦通、债券通等多级托管的穿透式监管问题；鼓励第三方评级机构、数据提供商利用大数据抓取等金融科技手段，提供对全市场、各行业广泛的信用评估、分析。

二是金融衍生品基础设施。建议人民银行支持上海清算所和外汇交易中心继续拓展互联互通范围，研究在"债券通"机制下提供衍生品交易及清算服务，更大程度发挥风险管理能力。

三是清结算基础设施。建议上交所建立权益场外交易集中的报价和清算平台，中金所、上交所和中国结算公司提供场外交易和清算的服务。

（二）完善场内风险管理产品体系

伴随人民币在国际货币体系中占比的提高，人民币金融资产的抗风险能力和稳定性也需进一步加强，应加快建设人民币金融资产风险管理产品体系。建议通过配合上海"五大中心"及其他相关建设，丰富人民币风险管理产品。

1. 配合国际贸易中心建设

国际大宗商品和汇率衍生品是国际贸易的重要风险对冲工具，能够使跨国企业管理和降低由汇率波动引起的风险，更好地规划国际贸易业务。在成熟的国际金融中心，各类汇率期货、货币掉期、远期和期权合约相辅相成。对标纽约，上海可以推出系列人民币风险管理产品。一是针对短期的人民币风险管理需求，加快人民币货币基金市场的对外开放。由于货币基金主要投资高度流动的人民币短期债券和货币市场工具，等同于加快了人民币债券市场的对外开放。二是针对涉及多种货币的国际贸易，扩大人民币掉期和远期合约的对外开放。三是针对海外持有人民币的企业和全球十余个离岸人民币资金池，提供离岸人民币美元期货和欧元期货合约，促进人民币的海外循环和回流。

2. 配合航运中心建设

我国航运市场长期缺乏必要的价格风险管理工具，近年来紧张的地缘政治局势以及持续高通胀致使国际航运价格波动剧烈，航运产业链企业经营面临较大的风险敞口，市场对相关航运衍生品翘首以盼。一方面，大商所集装箱运力期货于2019年立项，合约以特定航线集装箱运力为交易标的，将采用实物交割的方式，已完成上市准备工作；大商所干散货运价指数及指数期货的研发工作也提上了日程。另一方面，上期所深化和上海航运交易所的合作，上海出口集装箱结算运价指数（欧洲航线）期货已上市。建议加快推进上期所美洲航线、非洲航线航运衍生品的研发，显著提升上海港在国际航运市场的价格影响力，同时也为国内外航运市场相关企业提供了有效规避价格波动的风险管理工具，优化航运资源配置。

3. 配合绿色金融枢纽建设

尽管经过近十年的发展，全国及地方碳交易市场仍然活力不足，碳排放权质押、碳回购、碳基金、碳信托等碳金融业务对碳减排的战略作用没有得到充分发挥。为配合"到2025年，上海绿色金融市场能级显著提升，基本建成具有国际影响力的碳交易、定价、创新中心，基本确立国际绿色金融枢纽地位"的目标，建议加快推进对碳金融产品的市场结构、衍生品的底层研发，吸引金融机构参与碳交易市场，大幅提高流动性。

（三）探索设立上海金融稳定保障基金

当前我国金融风险化解和处置的资金主要来源于问题机构及股东自筹、存款保险基金和行业保障基金出资、地方政府出资以及人民银行再贷款支持。由于相关行业保障基金规模有限且部分基金的使用范围受限，地方财政面临预算约束、短时间内可筹集的资金有限，在应对系统性金融风险时，可能出现资金不足的困境。通过建立金融稳定保障基金制度，筹集中央掌握的应对带有系统性影响的重大金融风险处置资金，在存款保险基金、行业保障基金或地方政府资金不足以应对风险的情况下，可由金融稳定保障基金为系统性风险处置提供资金支持。面对未来开放条件下流动性风险缓释的巨大需求，上海需要统筹信托与保险保障基金，建立一种基于整个金融业的风险处置机制。

1. 设置原则

完善风险处置和资金使用机制。通过建立金融稳定保障基金制度，明确资金来源、使用条件、范围、损失分担等机制，在紧急情况下，按照风险处置和资金使用机制，按程序启动风险处置工作，确保及时有效应对风险。

向行业收费优于政府买单。通过完善资金运用和损失分摊机制，可有效降低道德风险。根据金融稳定理事会出台的《金融机构有效处置机制的核心要素》，金融风险处置的成本应由金融行业自身承担，减少公共资金投入，强化市场纪律、防范道德风险。

基金使用与风险处置有序衔接。资金使用作为风险处置的重要一环，应做好与风险处置整体安排和后续机构改革、审慎监管的匹配和衔接，由具有处置经验的专业队伍负责金融稳定保障基金的管理。

2. 具体模式

其一，财政部门事前出资筹集。参照欧洲稳定机制，金融稳定保障基金事前由财政部门出资筹集。事先测算确定合理的基金目标规模、归集年限和费率，由财政部门从预算内明确列支资金，或发行特别国债，累积形成金融稳定保障基金。在此模式下，人民银行不再向资不抵债或存在资不抵债可能的风险机构放款。相应地，为处置系统性金融风险可能产生损失的救助性公共资金支出由财政部门承担。该模式需新建相应的基金管理机构，由财政部门管理。保障基金参与风险处置形成的损失由基金自身承担。

其二，事前向行业收费筹集。参照欧盟单一处置基金，金融稳定保障基金事前向行业筹集。事先测算确定合理的基金目标规模、归集年限和费率，由金融机构和金融基础设施缴费出资，用于处置具有系统重要性的金融机构风险，或应对重大金融风险事件。金融稳定保障基金的动用由金融委进行风险判断并作出决定。借鉴目前成熟机制，依托现有的存款保险基金和行业保障基金管理机构进行筹集和管理，节约操作成本。在此模式下，各行业保障基金依据现行法律法规对投资者权益予以保障的基础上，金融稳定保障基金可为系统性金融风险处置提供资金支持。金融稳定保障基金参与风险处置形成的损失由基金自身承担，如事前缴费无法满足需要，可进行事后收费。

其三，依托现有机制，中央银行再贷款垫资、事后向行业收费。参照美国有序清算基金，金融稳定保障基金采取事后收费制，先行由中央银行再贷款垫资处置风险，后续向行业收费弥补损失。在此模式下，金融委对风险情况进行判断并依法决定使用金融稳定保障基金，由人民银行向存保基金、其他行业保障基金管理机构发放再贷款，作为过桥性质的资金，用于处置具有系统重要性的金融机构风险，或应对重大金融风险事件。若处置所得无法全额偿付再贷款，由存保基金、其他行业保障基金管理机构向各行业具有系统重要性的金融机构收费予以偿还。

（四）完善金融风险管理法制体系建设

1. 探索设立金融系统性风险委员会

建议由人民银行上海总部牵头，设立金融系统性风险委员会。其主要职责包括：一是建立早期金融风险预警机制。借鉴 IOSCO 证券市场系统性风险识别体系，可以对现有系统性风险识别机制进行改进。二是监控和评估金融稳定性的冲击因素及其危害。系统性风险委员会的目标是降低系统性风险。在传统监测范围基础上，将政策环境、业务模式、商业战略、行为和文化等潜在因素纳入监管范围，强化对潜在风险监测和分析；协调不同监管主体、被监管对象以及风险管理专家之间的信息交流和资源共享，及时了解金融行业风险管理现状。三是规范风险管理流程，缩短风险处置时滞。行为流程化是应对金融风险日益复杂化的必要手段。加强风险管理的流程化、规范化，以缩短从识别到缓释风险的时间跨度，提升系统性风险预警的有效性和可靠性。监管机构应建立一套风险识别、分析和处置的合理工作流程，优化管理程序，减少冗余环节；应建立内部质量控制机制，确保工作流程质量；应运用外部独立审查方式，保证监管流程质量，提高监管公信力。

2. 成立上海风险管理协会

全球范围内风险管理协会数量众多，在全球范围内扮演着推动风险管理领域发展、提供专业支持和促进交流的角色。主要分为两类，一类是以专业研究为主的学术组织①，另一类是以机构为主的行业自律协会②。建议统筹上述两类协会体系组建上海风险管理协会，承担以下职责：第一，教育和培训。通过举办培训课程、研讨会和学术会议等活动，提供风险管理领域的专业教育和培训，帮助提高上海地区金融从业者的技能和知识水平。第二，认证和资格考试。设立我国首个风险管理领域的认证和资格考试，确认从业者在风险管理领域的专业能力和知识

---

① 如美国风险与保险管理协会（ARIA）、欧洲国际风险管理研究所（IRM）、美国风险与保险管理学会（RIMS）、欧洲风险和保险管理学会（RIMS Europe）、国际风险和保险管理学会（AIRMIC）、全球风险和保险管理学会（GARP）、国际风险管理学会（IRMI），以及我国的中国风险与保险管理学会（CRIMS）。

② 包括美国风险管理协会（RMA）、中国香港风险管理协会（HKRMA）、新加坡风险与保险管理学会（SIRIM）、国际风险管理协会（IARCP）。

水平。通过取得认证资格，从业者也可以获得更高的职业认可和信誉。第三，知识共享和研究。组织研究和发布国内外风险管理领域的最新趋势和最佳实践，为在沪金融机构提供相关的报告、指南和研究成果，帮助从业者了解行业动态并提高风险管理的水平。第四，政策倡导和监管合规。与上海金融监管机构、司法机构合作，就风险管理政策、制度和标准进行倡导和建议。第五，国际交流和吸引人才。与国际主流的 FRM 资格互认，与美国、欧洲、新加坡和中国香港地区的风险管理协会开展定期学术交流，吸引领先的风险管理人才流入。

3. 推动设立"上海金融检察院"

金融检察院的主要职责是金融犯罪案件侦查（涉及金融机构、金融交易、金融产品等方面的犯罪行为，如金融诈骗、洗钱、内幕交易等）、代表国家向法院提起公诉、法律监督和指导及法律教育和培训等。

上海具备设立独立的金融检察院的条件：一是全国首家金融法院的专业司法经验；二是相对充足的专业检察人员、调查人员和其他支持人员；三是充足的财政支持。此外，上海还需要额外的合作机制来支持金融检察院的运作，即与其他执法机构、监管机构和金融机构就金融犯罪实现信息共享和协作。

当前，推进上海金融检察院的建设可以开展三个方面的基础性工作。一是数字赋能，积极发掘数字金融检察院的领域和场景，用数字监督手段助力司法办案。二是围绕"建设国际金融司法中心"的目标，参照国际高标准实践，提高案件专业化审理水平，增强案件审判的国际公信力和影响力。三是吸引金融司法人才。广泛开展金融司法国际交流，推动与金融监管机构、高校、专业研究机构建立交流渠道，培养更多适应上海国际金融司法中心建设需要的法治人才。